本书为铜仁学院博士科研启动基金（trxyDH1818）资助成果

光明社科文库
GUANGMING DAILY PRESS:
A SOCIAL SCIENCE SERIES

·历史与文化书系·

清代黔东北经济开发研究

（1644-1840年）

黎　帅｜著

光明日报出版社

图书在版编目（CIP）数据

清代黔东北经济开发研究：1644—1840 年 / 黎帅著
. --北京：光明日报出版社，2021.5
ISBN 978－7－5194－5964－2

Ⅰ.①清… Ⅱ.①黎… Ⅲ.①区域经济—经济史—贵
州—清代 Ⅳ.①F129.49

中国版本图书馆 CIP 数据核字（2021）第 069933 号

清代黔东北经济开发研究：1644—1840 年
QINGDAI QIANDONGBEI JINGJI KAIFA YANJIU：1644—1840 NIAN

著　　者：黎　帅

责任编辑：朱　宁　　　　　　　责任校对：陈永娟
封面设计：中联华文　　　　　　责任印制：曹　净

出版发行：光明日报出版社

地　　址：北京市西城区永安路 106 号，100050

电　　话：010-63169890（咨询），010-63131930（邮购）

传　　真：010－63131930

网　　址：http://book.gmw.cn

E - mail：zhuning@ gmw.cn

法律顾问：北京德恒律师事务所龚柳方律师

印　　刷：三河市华东印刷有限公司

装　　订：三河市华东印刷有限公司

本书如有破损、缺页、装订错误，请与本社联系调换，电话：010-63131930

开　　本：170mm×240mm

字　　数：261 千字　　　　　　印　　张：16

版　　次：2021 年 5 月第 1 版　　印　　次：2021 年 5 月第 1 次印刷

书　　号：ISBN 978－7－5194－5964－2

定　　价：95.00 元

序

　　黔东北是武陵山区的重要组成部分，更是从中原地区进入西南山区的重要通道。从地理分布上来看，黔东北主要是由沅水、乌江两大河流区隔而成的三省交界地带；从文化分区上来看，黔东北是汉、苗、土家、侗等民族的交汇之处，是我国民族文化保存相对完好的"文化沉积带"；从经济结构来看，黔东北是中原经济向西南山区辐射的重要缓冲区。笔者曾在《土家族文化史》一书中着重阐述了这一地区民族文化的生成及发展问题，并分析了人口流动、土司政策等对此地区发展的影响，因此对黔东北的相关研究一直较为关注。听闻由笔者指导的黎帅博士将出版《清代黔东北经济开发研究（1644—1840 年）》一书，笔者甚为欣慰。

　　黔东北是贵州开发较早的地区，其在贵州行省设立之前，就设置了土司、府、县、卫所等行政建制，并有大量中原地区的汉民迁徙至此。清代以前，黔东北地区的经济发展较为缓慢，这一方面源于区域内经济基础相对较差；另一方面也在于行政建制不完善、民族纷争较多。因此，从历史进程来看，清代是黔东北经济、社会、文化得到发展的重要时期。本书以"清代黔东北经济开发研究（1644—1840 年）"为题，侧重研究清代黔东北地区的物资生产及交换，并将区域经济发展与中原地区的市场网络加以结合，梳理出了内地边远地区的经济发展模式，进而展现出了由中央到地方纵向的经济推动策略、由中心市场到边缘集镇的市场贸易规则以及行政设置完善度、社会发展程度、区域人口结构等与经济发展的横向互动进程。基于此研究目的，本书对清代黔东北地区经济发展所带来的历史影响进行了较为细致的总结，展现出了历史时期内地边缘地区经济发展的经验及其教训，对当前西南民族地区的经济社会发展具有重要的借鉴意义。

从本书所呈现的具体内容来看，主要可以分为以下几部分内容：其一是对清代黔东北经济开发的历史背景的梳理；其二是对清代黔东北经济开发区进程中的山林资源开发、商品贸易及市场运转等进行的较为细致的分析；其三是从宏观视角描绘了经济开发过程中的"国家在场"，并从国家权力之延伸、财赋体系之运转、社会救济与社会管控之施行等层面进行了讨论；其四是总结了清代黔东北经济开发区的历史影响，并针对性地提出了具体建议。

从具体研究情况来看，本书研究体现出以下几个特点：其一，对经济开发各要素的梳理较为细致，并贯穿于整体框架之中。对经济开发史的研究必然涉及生态资源、手工业发展、市场配置等众多经济因素，且常常具备较强的区域性和历史继承性，因此分析某一段历史时期内的区域经济发展进程一方面需要对区域的生态特征进行细致分析；另一方面也需要将这些经济要素的分析贯穿于历史进程的脉络之中。在这个方面，笔者围绕上述经济要素进行的分析既体现了黔东北区域的山林资源为主、耕地稀少的总体特征，又体现出区域手工业发展及市场配置在清代前后的历史延续性，从而使经济开发研究中各项要素始终贯穿于本书的整体框架之中。其二，对具体经济要素的分析符合史实，大量运用地方志、族谱、碑刻等史料。本书选题既涉及明清时期黔东北地方经济社会情况，又涉及贵州省乃至全国的历史背景，因此对研究资料的要求较高。在具体研究中，本书一方面参考大量地方志材料以及族谱、碑刻等地方史料；另一方面也通过查阅（弘治）《贵州图经新志》、（嘉靖、万历、康熙、乾隆、民国）《贵州通志》《明实录贵州资料辑要》《清实录贵州资料辑要》《清〈圣训〉西南民族史料》等区域性史料，还调阅了《明史》《清史稿》《明实录》《清实录》《钦定大清会典》《钦定大清会典事例》等明清时期全国的相关资源，在研究资料的运用和分析方面较为合理，较为充分地阐述了清代黔东北地区的经济发展状况。其三，对宏观经济环境的分析较为深刻，并展现出了区域独特性。区域经济史的研究必然涉及道路交通、社会结构、政治体制等宏观经济环境，并在各中要素的梳理中体现出区域性，从而分析出国家与地方的互动关系。在此方面，本书一方面运用"网络体系理论"分析黔东北与国家在经济、道路交通、民族构成、政治体制等方面的关联；另一方面利用施坚雅市场网络理论，着重分析区域商品贸易的发展、市场体系的发育等要素与全国中心市场的密切联系及其突出影响，展现出了黔东北地区自身的区域独特性，并揭示出了核心市场向边缘市场延伸、拓展的历史进程。

基于上述特点，本书的学术价值主要体现在以下几个方面：首先，著者将经济问题研究与政治、社会、民族等层面相互融合，进而阐述了在经济开发中中央王朝的"在场"效果。这一研究思路一方面可以体现黔东北的区域性、民族性；另一方面也将黔东北地区的经济开发进程融入王朝国家的历史脉络之中，体现了区域性与整体性的相互结合。其次，本书对清代黔东北地区经济开发进程的考察，充分注意到各民族参与的重要，体现出了经济开发中的民族主体性和跨文化性。武陵山区是多民族聚居区，各民族都在区域经济开发中发挥了重要作用。在以往的区域经济开发史研究中，往往强调经济核心区向边缘地带的辐射作用，而对边缘地区少数民族的研究较少。本书从市场网络体系角度出发，一方面展现出商品交换的区域性、市场网络展布的周期性；另一方面也充分注意到民族团结在经济发展进程中的突出作用，并细致分析了各民族生计方式、市场交换方式的差异以及民族交往、交流、交融等层面通过市场网络得以连接、强化的历史进程，从而分析得出黔东北经济开发史研究中的民族主体性和跨文化性。最后，"以史为鉴"，本书基于对上述内容的分析，总结了清代黔东北经济开发的历史影响和经验教训，为武陵民族地区的经济开发提供了历史经验。近几年，党中央对武陵山区的经济社会发展高度重视，先后发布《武陵山片区区域发展和扶贫攻坚规划（2011—2020）》（2011年）、《国务院关于进一步促进贵州经济社会又好又快发展的若干意见》（2012年）等重要文件，从国家层面关注武陵山区，关注黔东北地区。但国家政策如何有效落实，如何促进武陵山区经济社会的腾飞，仍然是值得思考的重要议题。本书揭示出经济发展应充分考虑到生态承载能力、社会稳定要素及民族平等问题，对武陵民族地区开发实践具有历史借鉴意义。

　　总体来看，黎帅所著的《清代黔东北经济开发研究（1644—1840年）》一书是在其博士论文基础上修改而成的，原稿于2018年暑期前即通过审议，至今已有两年时间。黎帅自硕士研究生毕业后即就职于铜仁学院学报编辑部，博士毕业后转到了人文学院任专任教师，工作较为稳定，对学术研究而言，是颇为有利的，本书的出版也是他近几年来学术研究的阶段性成果。希望黎帅能在以后的学术生活中，不断加强文史研究与田野调查的结合，保持学生生涯的生命力，持续产生高水平的研究成果。是以为序。

段超

2020年夏于武昌南湖之畔

目 录
CONTENTS

第一章

绪　论

一、选题缘由及研究意义

（一）选题缘由

黔东北使人着迷，一如人们对它的迷惑。巍峨的梵净山耸立其中，左倚乌江，下临口水，从而形成由湘西山地丘陵向云贵高原的斜坡地带。"山接蚕丛，江通云梦"的自然风光、多姿多彩的民族文化，总能激起人们的好奇心。但处于内陆腹地的黔东北却为何难以摆脱"边远""贫困"的刻板印象？这样的悖论的形成是否存在深刻的历史积淀？本书以《清代黔东北经济开发研究（1644—1840 年）》为题，尝试针对这些问题进行阐释。本论题的选取主要基于以下几点缘由。

其一，与黔东北相邻的湘西、鄂西、渝东南及贵州其他地区的研究对比，清代黔东北开发史的研究相对薄弱，学术界针对清代黔东北经济社会的研究尚未展开充分的研究。黔东北是武陵山区的重要组成部分，是中原进入西南的重要通道，并与湘西、鄂西、渝东南等地区保持着紧密的经济社会联系。段超指出："中原进入西南的道路具体有三：一是经土家族地区过贵州，进入西南；二是从土家族地区经过湖南，进入西南；三是通过土家族地区，经过四川，进入西南。"① 对此，黄柏权提出"武陵民族走廊"，认为根据河流的流向情况，可以把武陵民族走廊分为沅水、酉水、澧水、清江、乌江五条通道，并指出："'武陵民族走廊'从地势上看是我国第二级阶梯向第三级阶梯过渡的地带，从文化分区看是中原文化与西南少数民族文化的交汇地，从现实状况看是我国中

---

① 段超. 土家族文化史［M］. 北京：民族出版社，2000：3.

西接合部、发达地区与欠发达地区的分水岭。文化互动和采借十分突出，是中国'民族走廊'中多元文化互动最具典型性的地带。在历史上，就是中原从洞庭湖沿沅江及其支流进入大西南，是东西南北族群的交汇点。众多民族在这条走廊上停留、迁徙，繁衍生息，创造了悠久的历史和丰富多彩的民族文化，成为重要的'文化沉积带'，文化呈现出古老性、多样性、复杂性的特点，完全具备'民族走廊'的诸多要素。"① 黔东北地区即由沅水、乌江两条通道区隔而成三省交界地带，既体现出武陵山区的整体特征，又具有自身的特殊性。例如，明王朝对思州、思南两宣慰司的"改土归流"，使得黔东北地区直接纳入王朝政治体系框架中，并推动了贵州建省。而改土归流后，邻近的湘西、鄂西、渝东南地区仍然实行土司制度，黔东北地区如何实现经济社会的发展，中央王朝在黔东北推行州县制度的处境、策略等问题是值得探索的。此外，黔东北对贵州建省具有突出的意义，学术界已经开展了专题讨论。2013 年 12 月，由贵州省社会科学院、贵州省中华文化研究会和贵州省史学会联合主办了"纪念贵州建省600 年学术研讨会"，针对贵州建省的背景、条件以及建省后的经济、社会、文化、历史人物等展开了系列讨论。贵州建省后"政治上属'内'，而经济上属'边'"，处于"不内不边"的处境②。学术界对于贵州整体的经济社会状况进行了整体研究，如《贵州古代史》《贵州民族地区开发史专论》《清代贵州商品经济史研究》《制度变迁与清代贵州经济研究》等皆属于这类研究，但尚缺乏针对黔东北区域的系统研究。

其二，学术界围绕明清时期黔东北的政治、文化、经济、社会等层面进行了相关研究，但未从国家高度剖析清代黔东北经济开发的实践脉络。清代是武陵山区经济社会发展的重要时期。在继承明代对西南山区开发的基础上，清王朝通过"改土归流"使武陵山区纳入王朝的直接管辖，进而推动一系列的改革，加强"边缘"与王朝中心的直接联系。学术界对王朝如何推动、实施这一重大社会变革加以了特别的关注。例如，《中国土司制度渊源与发展史》《明代贵州土司制度》《试论明代贵州卫所》《论思州田氏与元明思州宣慰司》等论著都围绕土司制度展开了卓著的分析。"改土归流"这一重要政治变革不仅改变了明代

---

① 黄柏权. 武陵民族走廊及其主要通道 [J]. 三峡大学学报（人文社会科学版），2007（6）.

② 张幼棋，史继忠，王智幸子. 明代以来国家政治版图中的贵州 [J]. 当代贵州，2013（1）.

黔东北土司环列的区域格局，更直接加强了黔东北"内陆边缘"地区与中原地区的社会联系，推动了黔东北多元文化的交流与交融。例如，《土家族文化史》《近代贵州苗族社会的文化变迁（1895—1945）》《中国苗族通史》《乌江流域历史文化研究——以黔东北地区为个案》《区域经济与空间过程：土家族地区历史经济地理规律探索》《核心与边缘：18 世纪汉苗的传播与碰撞》《明清时期沅水流域经济开发与社会变迁》等论著都涉及清代黔东北的社会变革和文化交融情况。与此同时，清代是黔东北地区经济发展的重要历史时期，并逐渐与全国经贸网络接轨，促进区域内经贸系统的调整与完善。《贵州民族地区开发史专论》《清代贵州商品经济研究》《农业结构的变化与明清黔东商品经济的发展》等论著针对清代黔东北地区商贸网络的发展展开出色的分析。然而，学术界围绕清代黔东北的经济社会变革的分析仍然缺少国家与地方互动的动态分析视角。《贵州民族地区开发史专论》《清代贵州商品经济研究》《制度变迁与清代贵州经济研究》等研究着眼于贵州全省的经济开发中隐含的清王朝与贵州的互动关系，但地处三省交界的黔东北地区则受到邻近的湘西、鄂西、渝东南等地区的深刻影响。因此，审视清王朝对黔东北地区的经济开发，不仅可以探讨国家与地方的动态互动关系，还可以凸显黔东北地区的区位特征，从而阐释"核心"与"边缘"建构过程中的国家实践。

其三，对中南民族大学学术传统的传承。民族地区开发史是中南民族大学的学术传统之一，吴永章的《中国南方民族文化源流史》和《鄂西民族地区发展史》、彭英明的《从原始群到民族：人们共同体通论》、段超的《土家族文化史》、田敏的《土家族土司兴亡史》等论著都涉及清代黔东北地区的经济社会发展。在这种学术传统的影响下，近几年诞生了诸如《民国时期土家族地区土匪活动与社会控制——以酉水流域宣恩、来凤、龙山三县为中心》《产业·社会·权力——晚清至民国郁山盐业的人类学研究》《向心的边缘：容美土司国家认同研究》《改土归流后湖广土家族社会重构研究（1735—1911）》《清中后期（1729—1911）酉水流域市镇发展研究》《黔东北土司文化遗产及其保护开发研究》等众多优秀的博士论文。在这样的学术氛围下，笔者选择《清代黔东北经济开发研究（1644—1840 年）》为题，旨在继承中南民族大学的学术传统，进而完成自身的学术"成年礼"。

（二）研究意义

其一，区域开发史研究不仅涉及移民问题、经济开发以及制度安排，还涉及"国家"与社会的互动关系以及区域开发的保障措施等问题。本文梳理清代黔东北的经济开发历程，不仅关注生产结构的调整、市场网络的培育以及地方财政的运转，还旨在将经济开发与政治建构、社会重构及文化变迁等层面相结合，从而梳理清王朝对内陆边缘地区整合的历史脉络。在这一层面，本论题可以推动区域开发史研究领域的拓展。

其二，通过对黔东北各民族参与经济开发方式的考察，体现经济开发中的主体性和跨文化性。武陵山区是多民族聚居区，各民族在区域经济开发中具有主体地位。区域经济开发研究往往强调经济核心区对边缘地区的辐射，忽略了少数民族在经济开发中的主体地位。对此，杨庭硕指出："凭借汉文化对边疆民族地区进行创始利用……隐含着跨民族跨文化利用自然资源的意思……实质上是汉族带上民族偏见的片面观念……应当把不管哪个民族对自然资源的创造性首次使用都视为开发活动。"① 正如龙先琼所言："我们应在新的视野下理解'区域开发'，也即从人的历史主体性上认识人与自然及社会的历史关系在特定区域内的变化状态和作用，把人的直接作用于特定区域的自然和社会初始性活动看成'区域开发'活动，这种'开发'活动是历史的、跨文化的和社会整体的。"② 因此，本文在重视清王朝在黔东北经济开发主导力量的同时，着力体现经济开发中的民族主体性、差异性以及跨文化性。

其三，"以史为鉴"，为当今多民族地区经济开发提供历史经验。历史研究不仅要具备学术价值，还要"以古鉴今"。清王朝对黔东北的经济开发是武陵山区开发的历史缩影，不仅体现出区域性，更带有南方山区经济开发的普遍性。近几年，党中央对武陵山区的经济社会发展高度重视，先后发布《武陵山片区区域发展和扶贫攻坚规划（2011—2020）》（2011 年）、《国务院关于进一步促进贵州经济社会又好又快发展的若干意见》（2012 年）等重要文件，从国家层面关注武陵山区，关注黔东北地区。但国家政策如何有效地落实，促进武陵山区经济社会的腾飞，仍然是值得思考的重要议题。从这个层面上讲，对清代黔东北经济开发的研究，对我国民族地区开发实践具有历史借鉴意义。

二、学术史回顾

---

① 杨庭硕. 相际经营原理［M］. 贵阳：贵州民族出版社，1995：55.
② 龙先琼. 近代湘西的开发与社会变迁研究——从区域史视角观察［D］. 长沙：湖南师范大学博士学位论文，2011.

（一）国家与地方关系研究

国家与地方关系研究是历史学、民族学、社会学等学科共同关注的重点与热点。20世纪初期，为摆脱传统政治精英史的研究范式，以梁启超为代表的"新史学"提倡者引入西方史学和社会科学理论，主张研究"全体民众的历史"。在《新史学》中，梁启超批判旧史学有"四弊""二病"。"四弊"即："一曰知有朝廷而不知有国家"，"二曰知有个人而不知有群体"，"三曰知有陈迹而不知有今务"，"四曰知有事实而不知有理想"；"二病"即："能铺叙而不能别裁"，"能因袭而不能创作"①。马克思史学观者对旧史学同样痛加批判。李大钊认为："神权的、精神的、个人的、退落的或循环的历史观可称为旧史观，而人生的、物质的、社会的、进步的历史观可称为新史观。"② 对"旧史学"的批判促进了学术界的"眼光向下"和对地方社会变迁的普遍关注。"新史学的先驱们没有成为社会史研究的具体实践者，但是他们的问题意识——可以概括为社会变迁与眼光向下这两个特征——却构成随后的社会史研究实践中的两条主线。这两条主线甚至跨越政治的剧烈变动，一直或隐或显地影响到50—80年代的社会研究，由此可见研究背后这问题意识的重要性。"③ 在经历了20世纪30—40年代的社会史大论战④和50—80年代的政治史范式⑤后，逐渐走向"自上而下"的研究范式，诞生了葛剑雄的《中国移民史》、葛兆光的《七世纪以前中国的知识、思想与信仰世界》《七至十九世纪中国的知识、思想与信仰》等著作。这些研究从国家视角"自上而下"地审视中国社会，不仅推动了研究领域的拓展，而且促进了研究资料和研究范式的更新。随着理论范式和研究视角的演进，学术界日益提倡"自下而上"的研究视角和区域史的研究范式，强调从区域经济社会的考察来审视国家与地方的关系。柯文（Paul A. Cohen）

① 梁启超. 新史学［M］//饮冰室合集·文集之九. 北京：中华书局，1989：3—6.
② 李大钊. 史观［M］//李大钊史学论集. 石家庄：河北人民出版社，1984：70—72.
③ 赵世瑜. 小历史与大历史：区域社会史的理想、方法与实践［M］. 北京：生活·读书·新知三联书店，2006：9—10.
④ 论战围绕什么是亚细亚生产方式、中国古代是否有奴隶制社会、鸦片战争前中国社会的性质等问题而展开，代表作有郭沫若的《中国古代社会研究》、吕振羽的《史前期中国社会研究》、顾颉刚的《古史辨》等。
⑤ 这一时期，史学界围绕汉民族的形成、中国历史分期、封建土地所有制、农民战争和资本主义萌芽"五朵金花"而展开讨论，代表人物有范文澜、翦伯赞、吕振羽、郭沫若、顾诚等。

在其《在中国发现历史》中阐述道：这种区域研究"主要依据是因为中国的区域性与地方性的变异幅度很大，要想对整体有一个轮廓更加分明、特点更加突出的了解——而不满足于平淡无味地反映各组成部分间的最小公分母——就必须标出这些变异的内容和程度"①。许倬云梳理了国家与地方互动的网络体系，即道路交通体系、经济体系、社会体系、政治体系及思想体系，并认为："一个体系，其最终的网络，将是细密而坚实的结构。然而在发展过程中，纲目之间，必有体系所不及的空隙。这些空隙事实上是内在的边陲。在道路体系中，这些不及的空间有斜径小道，超越大路支线，连紧各处的空隙。在经济体系中，这是正规交换行为之外的交易。在社会体系中，这是摈于社会结构之外的游离社群。在政治体系中，这是政治权力所不及的'化外'；在思想体系中，这是正统之外的'异端'。"这四项网络体系"重叠相合，互为影响"，从而构成紧密而稳定的多体系文化复合体②。就政治及思想体系而言，杜赞奇（Prasenjit Duara）的《文化、权力与国家：1900—1942 年的华北农村》、王斯福（Stephan Feuchtwang）的《帝国的隐喻》、科大卫（David Faure）的《皇帝和祖宗：华南的国家与宗族》、杨念群的《儒学地域化的近代形态：三大知识群体互动的比较研究》等著作都进行了卓著的研究；就经济体系而言，傅衣凌的《福建佃农经济史丛考》和《明清时代商人及商业资本》、黄宗智的《长江三角洲的小农家庭与乡村发展》和《华北的小农经济与社会变迁》、陈春声的《市场机制与社会变迁：18 世纪广东米价分析》、施坚雅（G. William Skinner）的《中国农村的市场和社会结构》和《中华帝国晚期的城市》等著作都产生了深远的影响；在社会体系方面，弗里德曼（Milton Friedman）的《中国东南地区的宗族组织》、赵世瑜的《狂欢与日常：明清以来的庙会与民间文化》和《小历史与大历史：区域社会史的理念、方法与实践》、郑振满的《明清福建家族组织与社会变迁》和《乡族与国家：多元视野中的闽台传统社会》等都成为区域社会史的经典著作；在道路交通史研究方面，白寿彝的《中国交通史》、严耕望的《唐代交通图考》等著作都进行了深入讨论。

国家与地方的互动不仅会促使区域社会形成"紧密而稳定的多体系文化复

---

① ［美］柯文.在中国发现历史［M］.林同奇，译.北京：中华书局，1989：142—143.

② 许倬云.试论网络［M］//许倬云.许倬云自选集.上海：上海教育出版社，2002：30—32.

合体"，还会存在体系的空隙和游离人群，从而形成网络体系的"边缘"。而对边缘区域和人群的研究，历来是民族学的重要研究领域。中国民族学的先驱，如吴文藻、杨堃、杨成志、吴泽霖、潘光旦、费孝通、林耀华、凌纯声、芮逸夫、林惠祥等，不仅将西方民族学引入国内，还进行了卓越的研究实践，从而奠定了我国民族学的学科基石。近年来，民族学的"边缘"研究日趋繁荣，并从时空序列的边缘延伸至边缘民族的研究。在民族学诞生的早期，古典进化学派和文化圈学派分别从历史演进和空间分布视角展开分析。这种研究因带有强烈的"西方中心主义"色彩而受到广泛的质疑。随着英国人类学家马林诺夫斯基（Bronislaw Malinowski）和拉德克里夫·布朗（Alfred Radcliffe-Brown）的田野民族志研究方法的确立，民族学者越来越重视边缘族群的主位视角，从而体现出研究的客观性和文化相对性。施坚雅的市场网络研究更将边缘社区纳入区域社会背景考察之中，体现出边缘的相对性和整体性。弗里德里克·巴斯（Frédéric Bastiat）在《族群与边界》中认为：族群是其成员对其身份的认同，造成族群最主要的不是包括文化在内的"内涵"，而是它的"边界"；族群之边界，不仅意指地理上的边界，更有社会"文化"心理上的边界。① 巴斯的族群边界理论体现了族群在国家与地方互动关系中的主位实践，因而受到广泛的关注。王明珂运用族群边界理论针对"华夏"的形成展开了细致的考察，从而得出华夏边缘的偏移源于族群认同的变迁的论断。在《羌在汉藏之间》中，王明珂认为羌族之存在与近代国族建构密切相关，并"自有其近代之历史基础或延续性。但在此历史中延续的不是一个'民族'，而是发生在华夏边缘人群间，多层次社会区分（性别、地域、阶级、政治与文化）与相关权利关系下的族群过程"。② 曹大明梳理了人类学视野下的"边缘"研究，认为："总体上经历了一段从想象、走进到反思的历史过程。在其过程中，'边缘'朝着两个方向延展：一是从宏观到微观、从猜测到实证；二是从西方中心主义到多元化、从全球化到本土化。"③ 与族群边界的研究相类似，詹姆斯·斯科特（James C. Scott）通

① ［挪］弗里德里克·巴斯. 族群与边界［J］. 高崇，译. 广西民族学院学报（哲学社会科学版），1999（1）.
② 王明珂. 羌在汉藏之间：川西羌族的历史人类学研究［M］. 北京：中华书局，2008：323.
③ 曹大明，黄柏权. 从想象、走进到反思：人类学视野下的"边缘"研究谱系［J］. 世界民族，2012（3）.

过对与中国毗邻的东南亚高地无政府主义者的历史的研究提出了"无国家"（stateless）的"国家效应"（state-effect）①。上述研究体现了民族学界对民族或族群在国家与地方在政治网络、经济网络以及社会网络中的互动关系，而与道路交通相关联的网络体系研究同样引起了高度重视，并直接体现在"民族走廊"的研究实践之中。费孝通先生在 1978 年首次提出"民族走廊"的学术概念，并于 1982 年正式界定了"藏彝走廊""西北走廊"和"南岭走廊"。"民族走廊是费孝通先生根据民族学界多年来的研究提出的一个新的民族学概念。民族走廊指一定的民族或族群长期沿着一定的自然环境如河流或山脉向外迁徙或流动的路线。在这条走廊中必然保留着该民族或族群众多的历史与文化的沉淀。"② 近年来，"武陵民族走廊""苗疆走廊"等学术概念得到总结和扩展。

多学科综合研究是学术研究的重要趋势。在国家与地方关系的讨论中，历史学、民族学也不断借鉴社会学的相关概念，以达到"他山之石，可以攻玉"的研究效果。"国家在场"视角就是这样的案例。"国家在场"是对"a state in society perspective"的汉译，也译作"国家的在场""国家在社会中"。美国学者乔尔·S. 米格代尔（Joel S. Migdal）在《强社会与弱国家：第三世界的国家社会关系及国家能力》和《社会中的国家：国家与社会如何相互改变与相互构成》中提出了这个学术概念，试图重新诠释"国家"的定义以论述"国家与社会"的互动关系中的"国家治理能力"问题。在《强社会与弱国家：第三世界的国家社会关系及国家能力》中，米格代尔指出"现代化理论"中的"中心对边缘的影响"的分析范式的不足，提出应该着重分析国家治理社会能力的实证研究，并"从一个国家能力的光谱中选择多样化的例子"③。传统"国家与社会"的分析视角往往强调"国家"与"社会"的"二元对立"或"二元调和"，并出现了"强国家"与"弱国家"在"调解社会关系和以既定方式配置资源的

---

① 杜树海. 山民与国家之间——詹姆斯·斯科特的佐米亚研究及其批评 [J]. 世界民族，2014（2）.

② 李绍明. 西南丝绸之路与民族走廊，中国西南的古代交通与文化 [M]. 成都：四川大学出版社，1994：37—38.

③ ［美］乔尔·S. 米格代尔. 强社会与弱国家：第三世界的国家社会关系及国家能力 [M]. 张长东，等译. 南京：江苏人民出版社，2009：前言.

能力"方面的差异。米格代尔整合了马克斯·韦伯（Max Weber）的理想型国家①和奥托·欣茨（Otto Hintze）的"国家权力限制"②的观点，认为："虽然将国家视为其社会环境中的一个实体有其重要分析功用，但将国家视为一个完全由单个领导人意志所引导的组织同样存在危险。当国家内聚力很低的时候，将国家领导权或行政权威等同于国家，或者在分析国家时不顾及国家内聚力，都会在某些环境下造成误导。"③ 国家间的差异正是在于国家"制订社会规则的能力"的差别，并通过"国家增长的权力"达到"社会控制"得以体现。这种"国家的社会控制意味着：民众社会行为的自身意愿、其他社会组织所寻求的行为都符合国家规则的要求"④。由此可见，米格代尔在传统"国家与社会"关系的解释范式中逐渐发展出"国家在社会中"的分析视角，并进一步阐发了"国家—社会关系的模型化""国家与网状社会""国家与强人争夺社会控制"等分析思路。在随后出版的《社会中的国家：国家与社会如何相互改变与相互构成》中，米格代尔将这一理论视角进一步拓展，重新定义了"国家"概念，探寻国家与社会相互构成、相互改变的辩证关系⑤。米格代尔提出的"State in Society"分析框架突破了马克斯·韦伯对"国家"的经典定义，推动了"国家与社会"的互动关系的研究，因此受到了广泛关注。杰弗里·塞勒斯（Jefferey M. Sellers）认为："传统的国家—社会二分法已经让位于对国家与社会之间关系更细致、更复杂的概念化。占主导地位的以国家为中心的研究方法，越来越给予社会及其动态以更多的关注。对国家与社会之间微观层面上的关系的理解不断

---

① 马克斯·韦伯认为：国家是这样一个机构，它由许多为国家领导层（行政权威）所领导和协调的机构组成，拥有在特定疆域内制定和执行对所有民众有约束力的规则的能力或权威，同时也是其他社会组织制定规则的限制因素。在必要的时候，可诉诸武力来实践这一目标。——Max Weber. The Theory of Social and Economic Organization ［M］. New York：Free Press，1964：156.

② Otto Hintze. The Preconditions of Representative Govermengt in the Context of World History ［M］//Felix Gibert. The History Essays of Otto Hintze. New York：Oxford University Press，1975：156.

③ ［美］乔尔·S. 米格代尔. 强社会与弱国家：第三世界的国家社会关系及国家能力 ［M］. 张长东，等译. 南京：江苏人民出版社，2009：21.

④ ［美］乔尔·S. 米格代尔. 强社会与弱国家：第三世界的国家社会关系及国家能力. 张长东，等译. 南京：江苏人民出版社，2009：23—24.

⑤ ［美］乔尔·S. 米格代尔. 社会中的国家：国家与社会如何相互改变与相互构成 ［M］. 李杨，郭一聪，译. 南京：江苏人民出版社，2013：16—23.

变化，最终使人们有必要对国家—社会关系宏观层面上的归纳进行更宽广的重新思考。"① 从"国家建设"的角度出发，"国家的行动创造了政府干预试图影响的社会过程，同时还塑造着政治结构的知识性表达模式。国家不再仅仅是一个社会集团的被创造之物，它同样可能拥有自己的独立意志，参与转型过程之中而不仅仅是被转型所形塑。国家的能力或力量就体现在其中"②。"国家与社会""国家在场""国家建设"的理论视角的更替也正预示着"国家治理能力"的多维度体现，其中，"行政权力""社会组织""文化符号"等成为"国家治理能力"的重要表征。在《民间的仪式与国家的在场》中，高丙中将"a state in society perspective"直译为"国家的在场"，并由此视角分析"民间仪式"对"国家符号"的征用以及"国家把民间仪式纳入国家事件，让民众通过仪式参与国家活动"的双向互动过程③。崔榕从"国家与市民社会""国家政权建设与乡村社会""国家与民间信仰""国家与宗族"几个层面梳理了国内对"国家在场"理论的应用与发展④。崔榕进一步运用"国家在场"视角研究近百年来湘西苗族的文化变迁，认为："当国家势力软弱时，民族文化虽能保存，却缺乏创新与生机；当国家实施文化严控时，国家文化可以'覆盖'或挤占民族文化空间，民族文化也会随之消沉或被封存；当国家目标与民族文化发展整合时，国家与民族社会关系融洽，两者均从中受益。从整体上看，在文化变迁中的'国家与社会'，国家是自变量，发挥着主导作用，可以对民族文化发起有计划的变迁，相比而言，社会是因变量，因国家的势能、话语进行理性的调适与改变。"⑤ 李树燕运用皮埃尔·布迪厄（Pierre Bourdieu）的"场域"理论（Field Theory）重新检视"国家在场"，并将之界定为："国家在场是国家通过权力手段对多民族社区发展起主导作用，使边境多民族社区摆脱贫困，走向富裕，巩

① ［美］杰弗里·塞勒斯. 超越韦伯式国家的国家—社会关系［J］. 王桂艳，译. 国际社会科学杂志，2014（3）.
② 曹志刚. 实践中的国家与社会的关系——读乔尔·S. 米格代尔的《强社会与弱国家》［J］. 国外社会科学，2012（1）.
③ 高丙中. 民间的仪式与国家的在场［J］. 北京大学学报（哲学社会科学版），2001（1）.
④ 崔榕. "国家在场"理论在中国的运用与发展［J］. 学术论坛，2010（9）.
⑤ 参见崔榕. 国家在场与近百年来湘西苗族文化的变迁轨迹［J］. 贵州民族研究，2010（1）；崔榕. 国家在场与湘西苗族文化的变迁——民国政府的文化同化策略在湘西苗族地区的实践［J］. 青海民族研究，2011（1）.

固边境社会稳定，各民族平等团结，实践国家在边境社区治理的一种技术手段。"① 本论题讨论清代国家与黔东北的经济互动关系，并从场域的角度关照政治、社会、文化、族群等层面的影响，考察黔东北经济社会进程的历史脉络。

（二）区域经济开发史研究

区域经济开发史研究是经济史研究的重要组成部分，通过对区域经济的考察能够反映出国家与地方的互动关系。在我国古代文献中，非常重视经济史的记述。自太史公《史记·货殖列传》始，历代政书、方志都专设《食货典》记述地方的经济情况。但现代意义的经济史研究却是随着近代西方社会科学的引进才形成的。经济史涉及领域相当广泛，笔者仅简要梳理与本论题密切相关的几个层面。

其一，物资生产是区域经济开发的重要表征，也是经济史研究的重要领域。物资生产包括农业、手工业、工业等多个层面，现简要回顾其学术脉络。首先，农业是古代社会的立国之本。20 世纪 30—40 年代，随着马克思主义的传入，学术界围绕"亚细亚生产方式"展开了激烈的讨论，促进了农业史的研究。其中，万国鼎的《中国田制史》等著作都产生了重要的影响。中华人民共和国成立后，冀朝鼎的《中国历史上的基本经济区与水利事业的发展》、林甘泉等的《中国封建土地制度史》、傅衣凌的《明清封建土地所有制论纲》、李文治的《明清时代封建土地关系的松解》等论著对古代社会的土地制度进行了翔实的研究。梁方仲的《中国历代户口、田地、田赋统计》、吴慧的《中国历代粮食亩产研究》、何炳棣的《中国古今土地数字的考释和评价》和《中国历代土地数字考实》等论著引入统计学方法对土地生产进行了考证。由于人口对农业生产具有重要影响，学者们围绕移民及人口数量都进行了翔实的研究。其中，何炳棣的《1368—1952 年中国人口研究》、葛剑雄的《中国人口发展史》和《中国移民史》、蓝勇的《湖广填四川与清代四川社会》等论著都产生了重要影响。此外，农业作物的引进与推广对农业经济的发展意义非凡，学术界对此展开了细致的研究，如梁家勉主编的《中国农业科学技术史稿》、游修龄的《中国稻作文化史》、严中平的《中国棉业之发展》、王思明的《美洲作物在中国的传播及其影

---

① 参见李树燕. 国家在场与多民族边境社区经济发展——基于云南省盏西镇的实证调查 [J]. 生产力研究，2011（11）；李树燕. 国家在场管理边疆民俗宗教生活的技术实践 [J]. 西北民族大学学报，2015（6）.

响研究》等。其次，手工业的发展是商品经济的重要基础。对此，学术界在新中国成立初期就针对"资本主义萌芽问题"展开了广泛的讨论。其中，李文治、魏金玉、经君健合著的《明清时代的农业资本主义萌芽问题》产生了重要影响。此后，杨宽的《中国古代冶铁技术发展史》、张泽咸的《唐代工商业》等论著都对中国古代手工业发展展开翔实的论述。此外，学者们还针对某一区域的手工业发展进行了研究，如范金民的《江南丝绸史研究》、张绪的《民国时期湖南手工业研究》等。最后，在工业史方面，盐业史研究成为一大亮点。郭正忠的《中国盐业史·古代编》和《宋代盐业史》、陈锋的《清代盐政与盐税》等著作都对盐业的发展及其与国家的互动关系展开了翔实的分析。中南民族大学毕业的博士生刘安全撰写的《产业·社会·权力——晚晴至民国郁山盐业的人类学研究》运用人类学的研究方法，从盐业的产业发展及其与区域社会的互动展开了分析，并着重关注了郁山盐业秩序中的权力结构，从而将研究推向了国家与地方在经济行为中的互动关系①。此外，矿业史的研究不断走向成熟。王宠佑的《中国矿业历史》一文介绍了我国的矿业政策及其产业发展情况，成为研究我国矿业史的先驱②。随后，白寿彝的《明代矿业的发展》③、夏湘蓉等编著的《中国古代矿业开发史》等论著都进行了翔实的研究。总体而言，针对各个行业的相关研究已经颇为丰富，对本论题具有直接的指导和借鉴价值。

其二，市场网络是区域内物资交换的重要基础，是区域商品经济发展的重要指标，因此学术界围绕市场网络及城镇经济开展了较为丰富的讨论。对市场的讨论源于学术界对商业发展的分析，并逐渐延伸至市场网络与市镇经济的相关研究。其代表论著有龙登高的《宋代东南市场研究》、陈春声的《市场机制与社会变迁：18 世纪广东米价分析》、姜守鹏的《明清北方市场研究》等。自施坚雅的《中国农村的市场和社会结构》传入国内以来，对市场网络的研究逐渐走向深入。在《中国农村的市场和社会结构》中，施坚雅运用"中心—边缘"模型，构筑了中国农村市场的等级结构——六边形市场区域理论④。随后，施

---

① 刘安全. 产业·社会·权力——晚晴至民国郁山盐业的人类学研究 [D]. 武汉：中南民族大学博士学位论文，2013.

② 王宠佑. 中国矿业历史 [J]. 东方杂志，1919（8）.

③ 白寿彝. 明代矿业的发展 [J]. 北京师范大学学报（哲学社会科学版），1956（1）.

④ [美] 施坚雅. 中国农村的市场和社会结构 [M]. 史建云，徐秀丽，译. 北京：中国社会科学出版社，1998：21.

坚雅分析了中国市场的等级结构：标准市镇、中间市镇、中心市镇、地方城市、大城市、地域城市、地域首府与中央首府①。施坚雅的市场网络模型不仅对于解释中国的市场网络结构具有重要意义，更为重要的是边缘的农村社区被纳入有机的区域经济体系之中，对于理解国家与村落的互动关系具有重要意义。受施坚雅模式的影响，王笛在《跨出封闭的世界——长江上游区域社会研究（1644—1911）》中分析了长江上游的贸易活动、城镇网络和市场结构②；王卫平在《论明清时期江南地区的市场体系》一文中，总结出明清时期江南的六级市场结构③；朱炳祥在《"农村市场与社会结构"再认识——以摩哈苴彝族村与周城白族村为例对施坚雅理论的检验》一文中，对施坚雅模式进行了重建检验，并提出"核心市场"与"外围市场"、"村内市场"与"村外市场"的区分概念，认为市场是促进中国农村基层社会构成与发育的重要因素，但不一定是必要的因素，更不是唯一的因素④；邓亦兵在《清代前期全国商贸网络形成》一文中，从全国贸易的运输路线、交易设施、运输工具三个层面梳理了商贸网络形成的发展情况，并将全国商路网分为河流水系网络、沿海网络、内河与沿海网络连接等体系⑤。城市与市镇经济研究是市场网络研究的重要组成部分。日本学者加藤繁的《清代村镇的定期市》就对中国村镇的定期市展开了翔实的分析⑥。傅衣凌的《明清时代江南市镇经济的分析》⑦、刘石吉的《明清时代江南市镇研究》、任放的《明清长江中游市镇经济研究》等都对市镇经济加以关注。罗威廉（William T. Rowe）的《汉口：一个中国城市的商业和社会（1796—1889）》、方志远的《明清湘鄂赣地区的人口流动与城乡商品经济》、段超的《试论清代宜昌城市的发展》等论著都针对城市与市镇的市场网络展开了分析。学术界对市场网络与市镇经济的研究不仅在于对区域经济发展指标的衡量，还

---

① ［美］施坚雅.中国城市与地方系统的等级［M］.黄飞虎，译.兰州：甘肃人民出版社，1986：97—192.

② 王笛.跨出封闭的世界——长江上游区域社会研究（1644—1911）［M］.北京：中华书局，2001：714—718.

③ 王卫平.论明清时期江南地区的市场体系［J］.中国社会经济史研究，1998（4）.

④ 朱炳祥."农村市场与社会结构"再认识——以摩哈苴彝族村与周城白族村为例对施坚雅理论的检验［J］.民族研究，2012（3）.

⑤ 邓亦兵.清代前期全国商贸网络形成［J］.浙江学刊，2010（4）.

⑥ ［日］加藤繁.清代村镇的定期市［J］.王兴瑞，译.食货，1937（1）.

⑦ 傅衣凌.明清时代江南市镇经济的分析［J］.历史教学，1964（5）.

在于市场网络对于政府与地方互动关系的深入探讨。在古代社会，市场网络受到中央及各级地方政府的显著影响。这从盐业史的相关研究中就可见一斑，而在商人与商业的具体研究中则体现了官商关系的时代特征。傅衣凌的《明清时代商人及商业资本》、费维恺（Albert Feuerwerker）的《中国早期工业化》等论著都着重分析了商人与政府的互动关系。在市场网络的另一端，商业的发展对于区域经贸和村落社区具有显著的影响。《木材之流动——清代清水江下游地区的市场、权力与社会》中，张应强通过对清水江的木材贸易体系的分析，折射出市场网络对边缘族群社会生活的明显影响。边缘社区受到市场网络的冲击不是被动的，而是自有其生存哲学。詹姆斯·C.斯科特（James C. Scott）在《农民的道义经济学：东南亚的反叛与生存》和《弱者的武器》两本著作中，便着重分析了边缘社区对于经济社会环境变迁的适应过程。可见，市场网络的研究不仅旨在分析市场网络的形成与发展，更直接体现了国家与地方、市场与社区的互动关系，从而将经济开发的研究延伸至制度、社会、族群等层面。

其三，多学科视角下的区域经济开发史研究。区域经济开发史的研究不仅涉及物资生产、市场网络以及城镇体系，还与区域的生态环境、制度演进及族群关系等层面保持着密切的关系。首先，人类的经济开发活动必然会对区域生态环境造成影响，而如何实现人与自然的和谐发展已成为时代话题。习近平总书记指出，"生态环境保护是功在当代、利在千秋的事业。要清醒认识保护生态环境、治理环境污染的紧迫性和艰巨性，清醒认识加强生态文明建设的重要性和必要性，以对人民群众、对子孙后代高度负责的态度和责任，真正下决心把环境污染治理好、把生态环境建设好，努力走向社会主义生态文明新时代，为人民创造良好生产生活环境"①。近年来，生态史、环境史的相关研究成为学术界的热点话题，如蓝勇的《历史时期西南经济开发与生态环境变迁》《近两千年长江上游森林分布与水土流失研究》，杨庭硕的《目前生态环境史研究中的陷阱和误区》《本土生态知识引论》，马国君的《历史时期金沙江流域的经济开发与环境变迁研究》等论著。此外，袁翔珠的《清政府对苗疆生态环境的保护》对了解生态变迁过程中国家政策的影响具有借鉴意义。其次，国家政策制度的演进对区域经济开发具有重要的影响。例如，西南地区的"改土归流"便推动了

---

① 习近平. 坚持节约资源和保护环境基本国策 努力走向社会主义生态文明新时代 [N].
人民日报，2013-05-25.

土司地区的经济开发活动。这在吴永章的《中国土司制度渊源与发展史》、龚荫的《中国土司制度》、李世愉的《清代土司制度论考》、田敏的《土家族土司兴亡史》等土司制度研究论著中都得到了充分的阐释。段超在《清代改土归流后土家族地区的农业经济开发》① 一文探讨了改土归流后土家族地区农业经济的全面开发情况、农业经济得到发展的主要原因，并对土家族地区农业经济开发带来的社会影响进行了论述；《土司时期土家族地区的农业经济》② 一文论述了土司时期土家族地区的农业经济状况，土地开垦增加、农作物品种增多、多种生产方式共存、农业生产关系，分析了农业经济发展的原因；《试论改土归流后土家族地区的开发》③ 一文论述了经济、文化开发概况，开发的积极意义，开发的负效应，开发的启迪。从这一系列论著中，我们可以看出区域政治制度对于经济开发的显著影响。再次，区域民族关系对于经济开发活动产生了重要影响。在此方面，民族史的边疆研究具有借鉴意义，如马汝珩和马大正主编的《清代边疆开发研究》，马大正主编的《中国边疆经略史》，孙宏年的《中国西南边疆的治理》，张振兴的《清朝治理湘西研究（1644—1840）》④ 等。最后，针对某一区域的开发史研究已经比较丰富，如祁刚的《八至十八世纪闽东北开发之研究》⑤、龙先琼的《近代湘西开发史研究：以区域史为视角》、罗运胜的《明清时期沅水流域经济开发与社会变迁》、余翰武的《沅水中上游传统集镇商贸空间研究》⑥、李亚的《清中后期（1929—1911）酉水流域市镇发展研究》⑦ 等。可见，经济开发史的研究不仅要着重考察经济要素的生产、交换与分配等环节，还要充分兼顾历史时期的政治、社会、民族关系等因素，体现经济开发史的整体性和文化差异性。

（三）黔东北相关研究

相对于其他地区的经济史研究，学术界对黔东北的关注起步较晚，并且由

① 段超．清代改土归流后土家族地区的农业经济开发［J］．中国农史，1998（3）．

② 段超．土司时期土家族地区的农业经济［J］．中国农史，2000（1）．

③ 段超．试论改土归流后土家族地区的开发［J］．民族研究，2001（4）．

④ 张振兴．清朝治理湘西研究（1644—1840）［D］．北京：中央民族大学博士学位论文，2013．

⑤ 祁刚．八至十八世纪闽东北开发之研究［D］．上海：复旦大学博士学位论文，2010．

⑥ 余翰武．沅水中上游传统集镇商贸空间研究［D］．广州：华南理工大学博士论文，2015．

⑦ 李亚．清中后期（1929—1911）酉水流域市镇发展研究［D］．武汉：中南民族大学博士学位论文，2016．

于关注点的差异而显得分散。现针对与本论题研究的相关方面，从政治制度、经济开发、社会文化及民族等角度分别梳理。

其一，政治制度方面的相关研究。学术界对黔东北政治制度的研究集中体现在明清时期的土司制度及"改土归流"后的州县制度的推行方面。民谚"两广岑黄，思播田杨"中的"思"便指处于黔东北的思州土司，从中可见黔东北的田氏土司的历史影响。对此，学术界的土司制度研究者都普遍加以关注，体现在佘贻泽的《中国土司制度》、吴永章的《中国土司制度渊源与发展史》、龚荫的《中国土司制度》、李世愉的《清代土司制度论考》、田敏的《土家族土司兴亡史》、成臻铭的《清代土司研究——一种政治文化的历史人类学观察》等一系列的土司研究著作中。吴永章在《明代贵州土司制度》一文中分析了明代贵州的土官制、供赋制、土兵制、学校和科举之制、法制、改土归流等问题①。田敏在《论思州田氏与元明思州宣慰司》一文中详述了思州田氏在元明两代的主要活动、与中央王朝的关系、中央王朝对它的管理以及明初改流、田氏覆灭等问题，认为"思州一分为二（南、北思州）应在元初，而非传统认为的元末；明初曾在思州直辖境内设置卫所"②。明王朝在西南土司区域专门设立卫所，施行屯田，以防止土司的"尾大不掉"。陈国安、史继忠发表《试论明代贵州卫所》一文，论述了明朝治理贵州中的卫所制度，指出："贵州卫所在地理分布上有两个显著的特点：第一个特点是分布在由湖广、四川经过贵州通往云南的交通要道上；第二个特点是卫所建立在少数民族聚居区，卫所与土司犬牙交错"，并总结道："明代在贵州设置卫所的目的主要是巩固对西南边疆的统治，控制贵州、云南。但是由于卫所产生于封建社会基础之上，它又反作用于基础，促进了封建经济的发展。这种反作用对于经济落后的贵州自然要显示出巨大的威力，促进生产向前发展，加速社会变化，从而引起上层建筑的变革，'改土归流'就是卫所制度产生的必然结果，所以，明代及清初的'改土归流'，不能不从卫所制度寻求其根源。"③史继忠进一步分析了思州土司与卫所的关系④。相关研究还体现在《贵州古代史》《贵州史专题考》《贵州建制史新论》等着眼于贵州省的历史论著中。土兵制度是西南土司制度的重要体现之一，李良品系统地研究

---

① 吴永章. 明代贵州土司制度 [J]. 贵州社会科学，1983（6）.

② 田敏. 论思州田氏与元明思州宣慰司 [J]. 民族研究，2001（5）.

③ 陈国安，史继忠. 试论明代贵州卫所 [J]. 贵州文史丛刊，1981（3）.

④ 史继忠. 对思州土司几个问题的探讨 [J]. 贵州民族研究，1980（3）.

了元明清时期土兵制度的发展脉络，从中可见土司制度对区域社会的深入影响。高应达在《明清时代改土归流后黔中少数民族区域社会的变迁——以黔东及黔东北地区宗族为例》中，利用黔东北的民间文献资料论述了改土归流后的政治社会变革①。近年来，随着"中国土司遗产"成功申报世界文化遗产，土司制度及其影响的相关研究日益受到重视。立足本土，张旭以《黔东北土司文化遗产及其保护开发研究》为论题梳理了黔东北土司的历史脉络，并按照物质文化遗产和非物质文化遗产进行了分类研究，从而总结了黔东北土司文化遗产的特点、价值，提出了保护和开发黔东北土司文化遗产的相关建议②。从上述论著中，可以窥见思州土司对黔东北经济社会发展的巨大影响，因此只有充分把握黔东北的思州土司的历史脉络，方能理解清代黔东北经济开发的历史背景。

其二，经济开发的相关研究。清代黔东北的经济开发是西南地区经济社会发展的重要组成部分，因此学术界针对西南地区、贵州地区的经济开发研究对本论题都具有重要的借鉴意义。"古代中国的基本经济格局可划分为三大经济带：（1）北方、西北干旱半干旱区与青藏高原高寒区的游畜牧经济带；（2）黄河中下游地区的旱作农业带；（3）秦岭—淮河线以南地区的稻作农业经济带。"③ 针对南方山区开发，鲁西奇认为"考察南方山区的开发进程，需将山林、矿产资源的开发利用与土地垦殖、种植农业的发展置于同等重要的地位"，并突破"人口增长—农业生产—水土流失—生产力下降"的经济与环境的认知模式，"讨论山区内部农田垦辟与耕作方式的差异"。④ 因此，对于清代黔东北经济开发的考察，不仅要注重区域的整体性，还应对山区环境的差异性加以区分。

在区域整体性方面，有关贵州经济史的研究已经开展了系统的梳理。史继忠的《贵州民族地区开发史专论》，李振刚、史继忠、范同寿等的《贵州六百年经济史》，胡志祥的《贵州经济史探微》，杨开宇、廖惟一的《贵州资本主义的

---

① 高应达. 明清时代改土归流后黔中少数民族区域社会的变迁——以黔东及黔东北地区宗族为例 [M]. 杭州：浙江大学出版社，2011：4.

② 张旭. 黔东北土司文化遗产及其保护开发研究 [D]. 武汉：中南民族大学博士论文，2016.

③ 鲁西奇. 中国历史上的三大经济带及其变动 [J]. 厦门大学学报（哲学社会科学版），2008（4）.

④ 鲁西奇. 南方山区经济开发的历史进程与空间展布 [J]. 中国历史地理论丛，2010（4）.

产生与发展》，林兴黔的《贵州工业发展史略》，林富民的《贵州矿产开发史略》，林辛的《贵州近代交通史略》，张肖梅的《贵州经济》，丁道谦的《贵州经济研究》，《贵州通史》编委会主编的《贵州通史》，周春元的《贵州古代史》和《贵州近代史》，何伟福的《清代贵州商品经济史研究》和《制度变迁与清代贵州经济研究》，赵斌、田永国的《贵州明清盐运史考》等论著都是着眼于贵州经济的整体考察。此外，学者们还从不同侧面对贵州经济史展开了讨论，如史继忠的《明清时期贵州地主所有制的发展》、唐载阳的《清代贵州的工商业》、范同寿的《试论清末贵州商业发展的社会因素》等。除了着眼于贵州经济整体，学术界还针对乌江流域和沅水流域开展了丰富的研究。着眼于乌江流域的学术成果主要有田永国、罗中玺的《乌江盐殇》和《乌江流域历史文化研究：以黔东地区为个案》，罗中玺的《隋唐两宋时期乌江流域农耕文化与农政》① 等；着眼于沅水流域的研究主要有罗运胜的《明清时期沅水流域经济开发与社会变迁》等。虽然上述论著的着眼点不同，但都对本论题具有重要的借鉴价值。近年来，黔东北本土学者针对明清黔东北的经济史研究取得了一定的成果。李锦伟分析了明清时期黔东地区在粮食作物、经济作物、商品经济三个层面的发展，并认为："就黔东的农业结构而言，明代以前还是显得较为单一，而明清时期却发生了很大的变化，向多样化和商品化趋势发展，故明清时期是黔东农业发展的一个非常重要的时期，它基本奠定了今天黔东农业发展的格局。"② 在《试论明清时期黔东农村经济作物的发展》一文中，李锦伟着重分析了布料作物（棉花、麻类）、油料作物（油桐、乌桕、油茶等）、嗜食作物（茶叶、烟草、罂粟等），认为："明清时期黔东地区的农业经济在经济作物的刺激下有了长足的进步。"③ 但明清时期，黔东仍是边缘地区，经济社会发展落后。对此，李锦伟认为："不利的自然环境、流民与土著的利益冲突、交通的滞后及农业结构调整的局限等都是导致明清黔东经济发展滞后的主要因素。"④ 李锦伟进一步梳理了明

① 罗中玺. 隋唐两宋时期乌江流域农耕文化与农政 [J]. 学理论, 2016 (5).
② 李锦伟. 农业结构的变化与明清黔东商品经济的发展 [J]. 农业考古, 2010 (1).
③ 李锦伟. 试述明清时期黔东农村经济作物的发展 [J]. 安徽农业科学, 2010 (3)；李锦伟, 王黎位. 明清时期高产作物的引进对西南山区的影响——以黔东北地区为例 [J]. 农业考古, 2013 (6)；李锦伟. 清代黔东农村商品经济发展的内部条件探析 [J]. 安徽农业科学, 2010 (11).
④ 李锦伟. 明清时期黔东经济发展滞后的原因 [J]. 山西财经大学学报, 2013 (1).

清时期黔东北地区的自然灾害以及社会应对①。此外，李锦伟还大致梳理了清代黔东地区的手工业发展和外来移民对梵净山地区开发的影响②。

除了着眼于区域经济史的研究，学术界还从民族经济发展史的角度展开了分析。段超的系列论文讨论了土家族地区的政治、经济、社会、文化等层面的开发：在《清代改土归流后土家族地区的农业经济开发》③ 一文探讨了改土归流后土家族地区农业经济的全面开发情况、农业经济得到发展的主要原因，并对土家族地区农业经济开发带来的社会后果做出了正反两方面的评价；《土司时期土家族地区的农业经济》④ 一文论述了土司时期土家族地区的农业经济状况，土地开垦增加、农作物品种增多、多种生产方式共存、农业生产关系，分析了农业经济发展的原因；《试论改土归流后土家族地区的开发》⑤ 一文论述了经济、文化开发概况，开发的积极意义，开发的负效应，开发的启迪；《古代土家族地区开发简论》⑥ 一文概述了古代土家族地区从羁縻时期、土司时期到改土归流后时期的开发进程，分析了开发的效果和特点；《改土归流后汉文化在土家族地区的传播及其影响》⑦ 一文认为，改土归流后汉文化向土家族地区渗透，促使土家族的文化发生变迁和进步，经济取得明显发展。由上可见，学术界对区域经济史和民族经济史的研究都涉及清代黔东北的经济开发问题，但针对黔东北经济开发史的系统考察仍很欠缺。

其三，社会文化的相关研究。社会网络是国家与地方互动中的重要体系之一，对于经济网络的形成和完善具有重要的影响。地方社会的稳定对于区域经济的开发具有直接的推动作用，而"盗贼""土匪"以及社会各阶层的紧张关系都会造成经济发展的迟滞。因此对黔东北经济开发的研究，不仅应着重观察各经济要素的发展情况，还应对区域社会文化的情况有所涉及。例如，敖以深

① 李锦伟. 明清时期黔东北地区的自然灾害概述 [J]. 铜仁学院学报，2012 (3)；李锦伟. 明清时期黔东北地区应对灾荒的措施 [J]. 长江论坛，2012 (3).
② 李锦伟. 清代黔东地区手工业发展述论 [J]. 铜仁学院学报，2010 (5)；李锦伟，李鹏飞. 外来移民对明清梵净山地区开发的影响 [J]. 农业考古，2015 (1).
③ 段超. 清代改土归流后土家族地区的农业经济开发 [J]. 中国农史，1998 (3).
④ 段超. 土司时期土家族地区的农业经济 [J]. 中国农史，2000 (1).
⑤ 段超. 试论改土归流后土家族地区的开发 [J]. 民族研究，2001 (4).
⑥ 段超. 古代土家族地区开发简论 [J]. 江汉论坛，2001 (11).
⑦ 段超. 改土归流后汉文化在土家族地区的传播及其影响 [J]. 中南民族大学学报（人文社会科学版），2004 (6).

在《明代黔东北地域儒学传播及原因分析》一文中分析了明代黔东北地域儒学传播，认为："明代黔东北地域儒学的迅速传播，使该地域学习儒家文化蔚然成风，科举考试取得了辉煌成就，引起了黔东北地域文化体系的解构与重建，由明初土司文化为主流发展到明代中后期以阳明文化为主流。黔东北儒学的传播，具有鲜明的地域特征，既与明朝统治者对儒家文化的大力提倡推广紧密关联，也离不开家乡士子对桑梓教育的支持和帮助。"① 长江师范学院着眼于乌江流域社会文化的研究，出版了《贵州古代教育史》《乌江流域民族地区教育发展史》等论著；三峡大学刘冰清出版了《乌江文化概览》②。朱泽坤、吴玲玲从地方认同角度分析了思州土司改流后田祐恭崇祀情况，认为："明清之际，在田氏后裔的有意推动之下，思州各地纷纷建庙修祠加以祭祀，并将对田祐恭的崇祀与伏波将军马援的祭祀结合在一起。"③ 胡章丽的硕士论文则对明代思州、思南地区改土归流展开了较为细致的梳理④。许钢伟运用历史人类学方法分析了明清时期乡人傩在黔东北的传承与变异，认为："从嘉靖《贵州通志》的文字记载，到光绪《黔南苗蛮图说》的图像呈现，乡人傩的基本形式——沿门逐疫在黔东北地区至少传承了三百多年。沿门逐疫在这一地区传承的过程中，还演化出一种傩文化的新形态——冲傩还愿。冲傩还愿最早何时在这一地区出现尚不可考，但根据相关文献可知，其形成不会迟于清乾隆年间。冲傩还愿与沿门逐疫有着明显的差异，但是从中仍可以看到沿门逐疫的影子。质言之，冲傩还愿是在沿门逐疫的基础上演化形成的。沿门逐疫变异为冲傩还愿，巫师在其中发挥了重要作用。"⑤ 对于黔东北傩戏，田永红认为其源于原始宗教⑥，而梁正海则从象征人类学视角展开了分析，认为："傩仪度关表达了当地人的基本思维结构，即二元结构和三元结构，但其核心结构是二元结构，其他结构只是在二元结构的基础上衍生出来的；傩仪度关还有着多种象征表达，如祖先认同、世俗权力神圣化、生命阈限等，这些象征表达都是对历史和社会实在的一种反映。同时，

① 敖以深．明代黔东北地域儒学传播及原因分析［J］．贵州社会科学，2011（2）.

② 刘冰清，田永红．乌江文化概览［J］．崇文书局，2008.

③ 朱泽坤，吴玲玲．思州土司田祐恭崇祀研究［J］．原生态民族文化丛刊，2015（3）.

④ 胡章丽．明代思州、思南地区改土归流研究［D］．武汉：中南民族大学硕士学位论文，2012.

⑤ 许钢伟．试论乡人傩在黔东北的传承与变异［J］．文化遗产，2013（6）.

⑥ 田永红．黔东北土家族傩戏与其原始宗教［J］．吉首大学学报（社会科学版），1990（1）.

傩仪度关所包含的许多行为符号、实物符号、方位符号都有着深刻的隐喻。"①
此外，彭建兵分析了明清时期黔东北的文昌信仰②，黄亦君分析了清代思南府
的义学③，李薇从文艺美学视角分析黔东北苗族民歌④。上述黔东北社会文化史
的相关研究对于本论题具有参考价值。

其四，土家族、苗族的相关研究成果。自古以来，黔东北地区便是汉、土、
苗等民族杂居之地。清王朝针对不同民族的经济文化政策，对研究黔东北的经
济开发具有借鉴价值。因此，民族学界对黔东北的民族研究成果是本论题研究
顺利开展的重要基础。从 20 世纪初年，已有一些学者对黔东进行研究。日本东
京帝国大学鸟居龙藏于光绪二十八年（1902）在我国西南调查苗族生活，并出
版《苗族调查报告》一书，是研究苗族的早期文献。民国时期，吴泽霖、杨汉
先、陈国均等研究了贵州苗族情况。吴泽霖、陈国均等的《贵州苗夷社会研
究》、薛绍明的《黔滇川旅行记》、梁聚五的《苗族发展史》等陆续出版。中华
人民共和国成立后，党和政府非常重视民族问题，开展了民族识别工作。《土家
族简史》《苗族简史》《土家族文学史》《苗族文学史》等著作亦涉及黔东北的
民族情况。由于民族研究成果较多，笔者仅大致梳理涉及黔东北地区的苗族和
土家族的相关成果。在土家族研究方面，中南民族大学出版了"土家族问题研
究丛书"，成为土家族研究的标志性工程。其中，段超的《土家族文化史》、田
敏的《土家族土司兴亡史》、邓辉的《土家族区域经济社会发展史》等针对黔
东北土家族历史进程展开了论述。三峡大学黄柏权的《土家族白虎文化》以及
其提出的"武陵民族走廊"学术概念对本论题研究具有重要借鉴价值。贵州民
族研究所编撰出版的《贵州"六山六水"民族调查资料选编（土家族卷）》中
保存了涉及黔东北土家族的大量田野资料。在苗族史研究方面，马少侨出版了
《清代苗民起义》，从阶级斗争的视角叙述了清代苗民反对改土归流、乾嘉苗民
起义、咸同苗民起义等几次起义的原因、过程与结果。伍新福出版了《中国苗
族通史》《苗族历史探考》等著作，梳理了苗族的历史发展进程。游建西出版了
《近代苗族社会的文化变迁》，考察了近代苗族的文化变迁。谢晓辉在《延续的

---

① 梁正海. 傩文化的象征人类学阐释——黔东北思南傩仪度关研究 [D]. 武汉：中南民
族大学硕士学位论文，2007.
② 彭建兵. 明清时期黔东北地区的文昌信仰 [J]. 兴义民族师范学院学报，2010（2）.
③ 黄亦君. 清代贵州思南府义学研究 [J]. 贵州教育学院学报，2007（1）.
④ 李薇. 论黔东北苗族民歌的审美特征 [D]. 贵阳：贵州大学硕士学位论文，2007.

边缘：宋至清湘西开发中的制度、族类划分与礼仪》① 中，运用边缘理论阐述了中央王朝对湘西的整合历程，文中针对"苗疆"形成与变迁的分析可为本论题提供参考。张山《论鸦片战争后的苗族社会经济》《试论近代苗族社会的政治状况及其变化》等文，对 19 世纪中叶至 20 世纪初苗族地区的社会政治、经济等做了探研等有见地。② 谭必友在《清代湘西苗疆多民族社区的近代重构》中着重分析了清"乾嘉苗民起义"后中央王朝对湘西的经营以及民族社区的重构历程。贵州大学杨志强"通过'古苗疆走廊'形成过程的追溯，初步探讨了国家力量、汉族移民等对西南边疆地区及各民族社会带来的冲击；认为明清时代西南边疆地区所经历的剧烈的社会变迁，其主要特点就是王朝权力依托'国家走廊'自上而下地开展'国家化'整合过程，其地域及族群文化多样性的形成与宏大的'国家叙事'间有着内在因果关联；进而对前近代时期的'国家化'等内涵进行了若干理论梳理与探讨"。③ 上述研究成果都从不同侧面反映出清代黔东北的民族变迁历程，也体现出国家与地方互动的动态关系，对清代黔东北经济开发的研究具有指导或参考价值。

（四）上述研究对本论题的启示

其一，区域经济开发史研究应着重分析区域经济开发的生产、交换、分配的发展过程，进而阐释经济开发进程中的国家与地方的互动关系，从而揭示核心与边缘之间相互影响、相互建构的历史脉络。从这个角度来讲，清代黔东北地区的经济开发研究应围绕区域内的物资生产、商品贸易以及经济分配三个环节开展具体分析。在物资生产中，农业生产包含了耕地资源、农耕人数、耕作技术、农耕工具等要素；手工业则主要包括了生产资料、生产技术两个要素；矿业生产主要在于矿产资源和开采技术水平。在商品贸易中，一方面应注重商品贸易种类的变化，另一方面要着重分析黔东北地区市场网络的形成与发展。市场网络是区域商品贸易的重要体现，包括商人、商业资本、城乡集镇等诸多要素。在经济分配中，一方面应注重国家与地方之间的权力转换关系，另一方

---

① 谢晓辉. 延续的边缘：宋至清湘西开发中的制度、族类划分与礼仪 [D]. 香港：香港中文大学博士论文，2007.

② 张山. 论鸦片战争后的苗族社会经济 [J]. 民族研究，1993（3）；试论近代苗族社会的政治状况及其变化 [J] 中央民族学院学报，1993（6）.

③ 杨志强. "国家化"视野下的中国西南地域与民族社会——以"古苗疆走廊"为中心 [J]. 广西民族大学学报（哲学社会科学版），2014（3）.

面应着重分析区域财政体系的运转。上述三个层面是区域经济体系的核心要素，更是区域经济开发进程的重要明证。

其二，区域经济开发研究要将经济体系与道路交通体系、社会体系、政治体系以及思想体系相结合。本论题研究从许倬云关于国家与地方互动的网络体系理论出发，认为清代黔东北地区的经济开发进程与区域内道路交通体系的完善、区域内人口结构的演变、行政体系的逐步调整保持着密切关系。因此，在分析清代黔东北经济开发进程中，应注意到道路交通体系对区域市场分布、商品贸易的影响，并注意区域社会、行政体系对经济开发的影响。黔东北地处西南山区环境，道路交通建设较为落后，商品贸易很难深入发展到那些交通闭塞的地区，进而对区域经济发展造成显著影响。从施坚雅市场网络理论出发，本论题将清代黔东北地区市场体系的逐步完善看作核心区向边缘地带的延伸、拓展的历史进程，从而将区域商品贸易的发展与道路交通体系、社会体系、政治体系相结合，体现区域经济开发的整体性。

其三，清代黔东北经济开发是在明代黔东北经济开发基础上进行的，并对黔东北地区的经济社会发展产生了深刻的历史影响。为厘清清代黔东北经济开发进程，应首先分析明代黔东北地区经济开发进程，从而为本论题的研究奠定参照基础。与此同时，清代是黔东北经济开发历史进程中的重要阶段，对后世造成了深刻的历史影响。总结清代黔东北经济开发的经验和教训，可为当今区域经济社会发展提供历史借鉴。

三、时空界定、研究方法与资料来源

（一）时空界定

时空界定是历史学研究的重要基础。本论题着眼于清代黔东北的经济开发，因此既要符合学术界对"黔东北"的地域界定，也要从论题本身出发对研究范围的地域和阶段进行说明，从而方便研究工作的具体实践。

研究对象的地域范围。"黔东北"是本论题的研究地域，其范围包括清代的铜仁府、思南府、石阡府、思州府及松桃直隶厅，从当今行政区域来看大致相当于铜仁市的范围。确定这样的研究范围主要基于黔东北的自然环境、历史脉络和论题需要。从自然环境来看，黔东北地区是由乌江、□水两条水系区隔开来，并由梵净山蜿蜒至湘西的斜坡地带。从历史脉络来看，黔东北地区为思州、

思南两司管辖地区，并随着改土归流而新设的铜仁府、思南府、石阡府、乌罗府、思州府，是贵州较早纳入中央王朝管辖的地区。本论题旨在考察清代黔东北经济开发的历史进程，并就经济开发中的国家与地方关系展开分析，因此选择这样的地域范围有利于考察经济网络"核心区"与处于"边缘"地带的互动关系。

研究对象的历史阶段。本文主要考察古代国家针对西南山区经济开发的模式。因此，在历史阶段设定上，注重历史研究的传统，选取 1644 年（清代开始）至 1840 年（近代开始）为研究的时间界限，与此同时，这一历史阶段上承古代社会，下接近代历史。通过对这一历史阶段中清代国家对黔东北地区经济开发的梳理，一方面可以考察古代社会的经济开发模式，另一方面可以探讨我国南方山区经济开发的历史延续性，从而为当今南方山区的经济开发提供历史借鉴。

研究对象的历史分期。历史具有延续性，亦表现出较为鲜明的阶段性。清代黔东北地区的经济开发进程亦是如此。清代黔东北地区的经济开发大致可以分为前期、中期、后期三个历史时段。前期开发主要以清朝定鼎西南为始，大致为顺治、康熙年间。在此阶段中，清廷主要以稳定区域政治格局，逐渐加强军事、行政部署，为复苏黔东北经济奠定基础。清代黔东北经济开发中期为雍正、乾隆年间。此阶段是清代黔东北地区经济大规模开发的历史时期，区域内农业、手工业、矿业、商业等经济要素得到了较为显著的提升。后期主要为嘉庆、道光年间。在此阶段中，黔东北经济开发因国家力量的弱化、区域动荡等原因受到较为显著的影响。需要说明的是，本书在具体研究中运用经济结构的分析方法，因此将上述历史时期的划分融入对具体经济要素分析之中。

（二）研究方法

本课题既是历史学的课题，也是民族学的课题。因此，既要注重历史学的时空观，又要整合民族学的田野方法和整体观。在资料选取上，以梳理、把握历史文献资料为基础，运用民族学田野调查方法挖掘碑刻、文书、祖谱等民间史料，并采取历史比较法分析历史事件、人物与历史时空的关联，从而探寻清代黔东北经济开发的特殊性及其历史结构。在具体分析中，重视整体观和比较观，分析经济开发过程中的国家与地方的互动关系，并运用"历史人类学"的个案研究方法展开实证分析，努力达到"既见森林，又见树木"的研究效果。

1. 历史文献法

历史研究注重史料的分析、考证和比较，强调历史现象的实证研究。本书为历史研究论题，故首要的就是收集大量与论文相关的史籍、地方志，从而通过对比、分析、校释等历史研究手段，论证清代国家对黔东北地区的经济开发。清代各级地方官员、文人论述以及后世文献同样可以弥补清代官方文献的不足，因此亦值得重视。黔东北地区自古以来就是多民族聚居区，各民族都为清代黔东北经济开发做出了重要贡献。黔东北地区相关的民族学文献仍然是完成本论题的重要基础。通过对这些历史文献的梳理、比较，从而形成整体观和比较观。

2. 田野调查法

本论题还是民族学的研究论题。田野调查是民族学研究的必备技能，更是历史学研究的重要手段。走向田野，不仅是为了收集资料，更重要的是在田野中寻找历史的现场感，避免文献资料解读出现片面性。在文献研究的基础上，民族学的田野调查法是本文运用的另一研究方法。田野调查法强调对研究对象的亲身、亲历，重视族谱、碑刻、传说以及口述资料的运用。本文研究中，注重田野调查法的运用，亲身到黔东北各地开展调查，除搜集了族谱、碑刻等资料外，还"亲历"历史发生地获得现场感。通过田野调查，一方面弥补了文献记载的缺失，另一方面形成了本论题的整体思路，从而为研究框架和具体论述奠定了基础。

（三）资料来源

研究资料的收集与整理是研究工作的重要环节，既要重视各类官方的典籍文献，又要充分利用民间的族谱、碑刻和口述资料。对本论题而言，笔者收集的研究资料可以分为以下两类。

文献资料。这部分资料主要分为三类。

其一，各类官修史籍。包括《明史》《清史稿》《明实录》《清实录》《钦定大清会典》《钦定大清会典事例》等。对于官方典籍志书，历史研究者进行了汇编，如《明实录贵州资料辑要》《清实录贵州资料辑要》《清〈圣训〉西南民族史料》等。

其二，地方志。包括（弘治）《贵州图经新志》、（嘉靖、万历、康熙、乾隆、民国）《贵州通志》、（民国）《今日之贵州》、（宣统）《贵州地理志》等贵州省的通志；（万历、道光、民国）《铜仁府志》、（嘉靖、道光、民国）《思南

府志》、（康熙）《思州府志》、（民国）《思县志稿》、（民国）《岑巩县志》、（光
绪、民国）《石阡府志》、（康熙）《平溪卫志书》、（乾隆、民国）《玉屏县志》、
（道光）《松桃厅志》、（道光）《印江县志》、（民国）《德江县志》、（民国）
《沿河县志》、（民国）《江口县志略》等各府县志。

其三，各代文人著述是历史时空的客观反映，具有重要价值，如《黔南识
略》《黔南职方纪略》《万历黔记》《苗防备览》《苗疆屯防实录》《康熙黔书》
《嘉庆续黔书》《民国贵州苗夷丛考》《圣武记》《罪惟录》《宫傅杨果勇侯自编
年谱》等。

其四，各类碑记、谱牒。笔者通过田野调查收集了各地的碑记材料，包括
《文物志》以及碑记的汇编（诸如《铜仁文物志》《思南石籍》《铜仁市民族古
籍文献资料选编（铭刻卷）》等）。

田野调查资料。通过田野调查，笔者收集了地方的碑刻、族谱、口述材料，
并发现了很多明清时期的实物证据。例如，在对乌罗府的考察中，笔者调查了
乌罗府区域内的水利设施，从而加深了对农业开发的历史认知。又如，在对乌
江流域集镇的调查中，集镇的历史兴衰跃然纸上，不仅加深了对地方志和碑刻
中的相关记载的理解，还可以体会到清代黔东北市场网络形成与发展的历史脉
络，从而可以把握清代黔东经济开发的历史结构。

第二章

清代黔东北经济开发的区域背景

　　黔东北地处西南山区，自然生态环境迥别于内地平原地区，是影响经济开发和社会发展的重要因素。明王朝针对思州、思南土司的改土归流促使区域政治、社会、民族关系发生了重大变革，既推动了区域经济的发展，又形成了许多制约经济进一步开发的社会因素。对黔东北自然生态环境和社会经济背景的分析，是深入探讨清代黔东北经济开发的重要基础。

第一节　黔东北的自然生态环境

　　自然生态环境不仅影响到农业作物、耕作制度、生产结构，而且还对田赋征收方式、自然灾害抚恤、商品流通都具有显著影响。因此，只有充分梳理黔东北的自然生态环境，才能深入讨论区域经济社会发展的历史脉络。

一、气候与地理环境

　　黔东北地处西南山区，"气渗而候衍，不可以中州例也"①，域内气候既有水平分布之差异，又有高差之悬殊，呈现出立体气候之特征。就水平分布而言，思州、铜仁"俱近楚，寒亦极寒，暑亦酷暑"，而石阡、思南则"俱近蜀，气候平和，寒燠不爽，雨旸恒调"②。黔东北地区重峦叠嶂，溪流深切，高差悬殊，其间盆地、丘陵、低山、深坦等地形交叉分布，气候往往随海拔高度而悬殊。石阡境内"岚气上蒸，肤寸之云，即能致雨，故有天漏之号。岭高箐深，遮蔽

---

① （乾隆）《贵州通志》卷之一《天文·气候》。
② （乾隆）《贵州通志》卷之一《天文·气候》。

日月，一日之间，乍寒乍暖，百里之内，此燠彼凉"①。铜仁"气候一日之间晴雨不同，即寒暄顿易"②。气候对传统农业影响深刻。"黔称天漏，以其地多硗瘠，不耐亢煤，造物者特资之雨季，俾九谷滋生畅茂，以迄成实，细民乃得遂其生。"③（光绪）《石阡府志》载："田功三月始犁，四月播种，五月插禾，九、十月纳稼。冬作稍迟则苗不茂，夏初无雨则收必歉，入秋有大风则秀不实，谓之贵空。农民岁入除正供外恒不敷食，所赖山坡旷土、石旁、溪边杂种燕麦、荞麦、水稗、旱稗之属以佐饔飧，故民鲜隔岁之蓄，其亦气候使然。"④（道光）《铜仁府志》载："郡多山田，虽阴雨连绵，赴泻不至于潦，惟久晴非所宜。"⑤可见，气候对黔东北农业生产具有显著影响。

黔东北处湘西丘陵向云贵高原过渡地带，故地势西北高而东北低，素有"地无三尺平"之说。黔东北境内山脉属武陵山脉，其首曰："梵净山，一名月镜山，屹立于松桃、江口、印江之间。分劈丛枝，跨思南、思州、镇远、铜仁四府属县及松桃华离地，周六百余里。"梵净山以南，起凤凰山，经苗匡、官坟坝，折东至五云山、月坡山，江口在其阳；梵净山以西，则思邛江环其南，西行至石笋山、大圣登山，而入印江，再西则至马颈坳、马家坳、沙子坡，乌江界其西，折北而入思南；梵净山以东，特起小梵净山，再东则有林菁山，出乌罗溪、乜江，松桃河绕其北，铜仁江环其南，而至松桃、铜仁境内，东面"诸涧东迤起香炉山，再东为护龙坳，东迤北为观音山，又东起石榴坡，又东起八十坡，迤北为磐石汛、芭茅汛、陇统堡，各山过螺蛳董，又东北直趋湖南永绥厅治境内，称'坡东''坡西'"；小梵净山而起围罗山、石梁山、桂山、石笋山，折而东为九岭岗，而入四川之酉阳、彭水、秀山、黔江等州县。⑥

黔东北水系大抵属长江中上游支流，境内水系依山脉之走势，因地势之高低而成。黔东北"东临湖南，北隣四川，水陆之冲要也。镇远、思州之水为沅水、□水，出都挖山及金凤山，经偏桥穿诸葛洞，经镇远、清溪、玉屏入湖南晃州厅境，下流合于沅水。铜仁之水为辰水，出梵净山至铜仁县（江口），合流

① （光绪）《石阡府志》卷一《星野志·气候》。
② （道光）《铜仁府志》卷一《气候》。
③ （道光）《松桃厅志》卷之一《天文门·气候》。
④ （光绪）《石阡府志》卷一《星野志·气候》。
⑤ （道光）《铜仁府志》卷一《气候》。
⑥ （民国）《贵州通志》舆地志《山脉·武陵山脉》。

过铜仁府，入湖南麻阳境，即麻阳河也。平越、石阡、思南之水为乌江，下流入四川酉阳州，中多险滩，其舟楫所通，下流扼以龚滩，上流仅及葛闪渡而止，四川之盐由乌江输入，然未畅行也。凡东面之交通，以镇远偏桥为枢纽，故明代巡抚驻于偏桥，以扼要害，而平日商旅所止，皆在镇远，称繁盛焉"①。下面就黔东北水系较巨者之乌江、□水、锦江分别介绍。

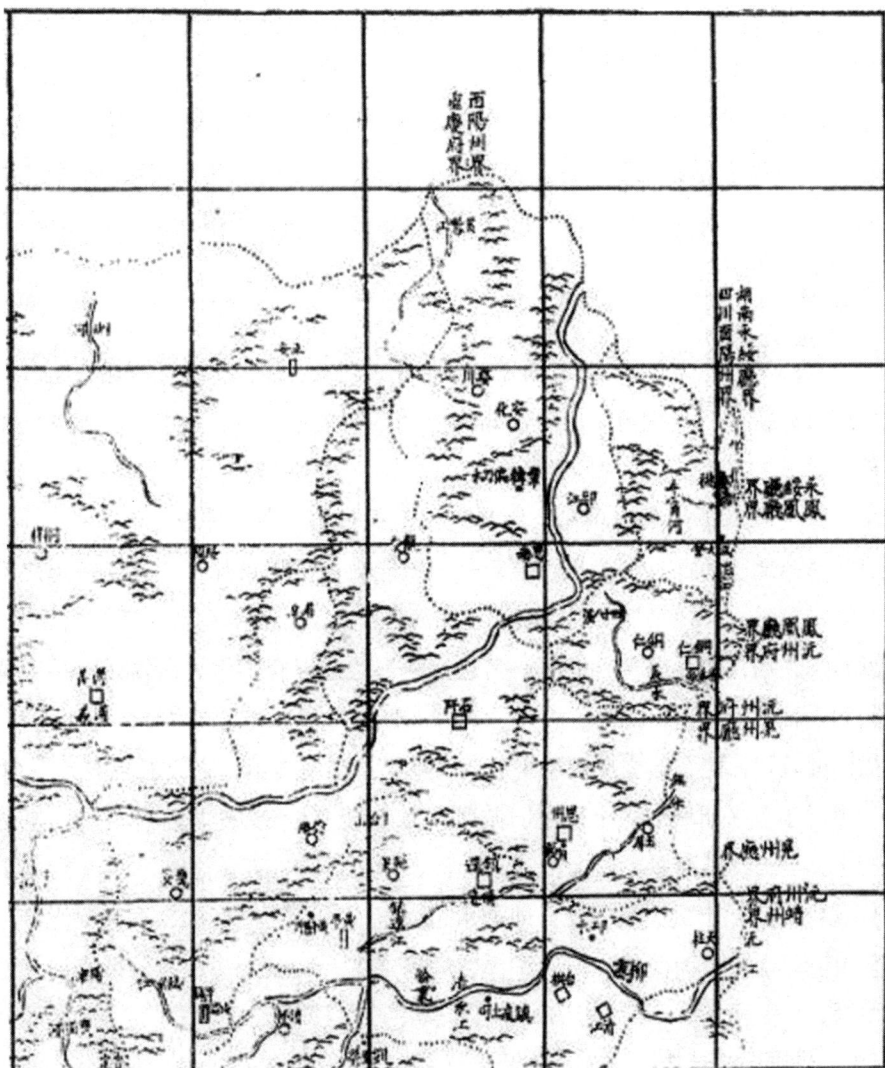

图2-1　清代黔东北地区山脉水系图②

---

① （宣统）《贵州地理志》卷六。
② 据（光绪）《钦定大清会典图·卷二百五十六·舆地一百十八·贵州省一》修改而成。

乌江又称"延江""德江"，为贵州第一水道。乌江发源于威宁，经石阡葛闪渡流至黔东北，纳石阡之龙底江、乐回江、大溪、深溪等①，流至牛水口入思南境，"首纳明月溪水，次纳银溪口水，次纳暗溪水，次纳塘头河水，次纳掌溪水，次纳昔乐溪水，次纳埋鞋溪水，次纳思邛水，次纳牛渡滩水，次纳独油溪水，次纳堑溪水。次纳海溪水，次纳马蹄溪水，次纳泉口寺水，次纳凤落河水，出龚滩入四川酉阳州界"②。乌江水源丰富，径流稳定，为川黔间重要水运航道。晏斯盛在《黔中水道考》中言：乌江之三江口，为"思、石、平、遵通津也。江楚商旅，由铜江陆行者，多自此济，蜀贾盐艘溯思南而上者，亦多泊此"③。可见乌江航运之重要性。但乌江中下游险滩罗列，乱石阻塞，如思南之潮砥滩、新滩、龚滩等，对乌江航运影响为巨。例如，思南龚滩"波涛汹涌，声震如雷，长十余里。舟楫至者，皆取去货物，虚舟而下。古称巫峡之险，不过此也"④。

潕水，又称"无水"，源出福泉，经黄坪、施秉、镇远，而至岑巩、玉屏等地，而后经新晃而入楚境。在黔东北境内，岑巩之龙底河、车坝河，玉屏之平江俱为潕水之支流。"岑巩河流能通民船者二：曰龙洞河，曰车坝河。以龙洞河较大，其正源出镇远天应山阳。……龙洞河流域为客楼、平庄、注溪、思旸、大有等乡镇迤逦一百二十余里，通行船只，能载重三千市斤，只达于镇远之都坪，则难再进。……车坝河则石峡纡迴，河狭流急，小舟载重约一千六百市斤，仅通至车坝场，因此得名。下流一名烂褥河，至玉屏合潕水处曰富溪江……是河长约一百五十华里，凯本、天马、铜灵、架鳌各乡为其流域，茂麻至烂缛河，两岸峭壁险峻，能登陆之点极少，至潕水流经县东南与镇远之天然界矣。"⑤ 平江"发源于黄平州城东三十里之旧城西，为镇阳江上流，至思郡洋坪境，汇洒异诸水，至县绕城而东，凡七折达于沅江，即古雄溪，五溪之一"⑥。《黔南识略》载：平江"上流为镇阳江，即潕水也，至府境汇洒溪诸水，下入沅江，中有显灵滩，水势最为险要。旧有平溪、鲤鱼二关。城东又文水河，易家河，俱

① （光绪）《石阡府志》卷二《山川》。
② （道光）《思南府志》卷之二《地理门·山川》。
③ （道光）《铜仁府志》卷之十五《艺文·考》。
④ （嘉靖）《思南府志》卷之一《地理志·山川·滩》。
⑤ （民国）《岑巩县志》卷八《地理志三·河流》。
⑥ （康熙）《玉屏县志》卷之二《山川》。

入㵲水。城西二里有野鸡河，汇洒溪、梭溪诸水，经野鸡坪入㵲水。太平河在城西二十五里，由龙塘流下，入于㵲水”①。㵲水为沅水上游支流，经镇远而入云贵，称“一线路”。元明时期，在㵲水流域开通驿道，建立卫所，为内地进入西南之重要通道。

锦江，古称“铜江”“铜仁江”，其源为大、小二江，元置“铜仁大小江长官司”即以此为名。二江“源俱出九龙山：西一支出凯土，历提溪、省溪，直至治南汇小江，此大江也；北一支历平头之地楼、龙眉、桃映，直至治南汇大江，此小江也。二水合流，自西而东，经黄蜡滩，由辰、常历洞庭，东注入海”②。《黔南识略》言：“铜仁江又曰大江，源出松桃厅属乌罗司西南之九龙山，东南流经省溪、提溪二司界，又东至铜崖，大江水入焉，有渡曰双江渡，经城东南，又东入湖南麻阳县界，经锦州故寨谓之锦水，又经麻阳县东北龙门山下，至辰溪县合沅江。小江源出梵净山，有九十九溪，最大者为瓮济洞各溪，合瓮济水南流至城西南入大江。……司前溪在县属大万山司，源出大万山东北，流入铜仁江。”③ 黔东北水系之松桃河及其支流孟溪河、石岘河等俱有助于农业生产及货物转运。

二、资源分布与自然灾害

受气候及地理环境影响，贵州素有“八山一水一分田”之称，以致“黔之入不足以当中土一大郡”④。黔东北亦是如此。因山脉连绵，地面起伏较大，故黔东北地区耕地多处于群山环抱的“坝子”，且少有面积较大者。坝子之中，或筑城，或为集镇，或成村落，依山傍水，虽耕地渐次开辟，但鲜有平畴，而多为山田。如（道光）《思南府志》载：“思郡非沃壤也。依山垦田，凡山间小坦夷处，胥辟治焉。冈陵之地有田矣，然不可以亩计，原隰之地有亩矣，然不可以里计，以其鲜十里平畴也。若山农耕土为生，有户无田者，又比比矣。然而则壤成赋，什一取民，古今不易。思郡幅员五百余里，举阖郡赋入成数，曾不若大省大县之一，固由地瘠使然。”⑤（道光）《铜仁府志》亦言：“贵州土地硗

① 《黔南识略》卷十八《思州府·玉屏县》。
② （万历）《铜仁府志》卷二《方舆志·山川》。
③ 《黔南识略》卷十九《铜仁府》。
④ （万历）《黔记》黔记序。
⑤ （道光）《思南府志》卷三《食货门·田赋》。

确，惟正之供不敌中原一大郡。铜仁又贵州之一隅，田多仄崄，民少盖藏，生
计甚微，殆荒瘠之甚耳。"① 在传统农业社会，耕地贫瘠导致地方财政维艰，民
生简朴。黔东北与中原地区的物资往来多以"土产"为巨，如丹砂、水碾、蜡、
茶、桐油等。土产是农业经济的重要补充，对黔东北经济社会发展有重要意义。
以丹砂为例，丹砂又称朱砂，为黔东北重要物产之一，主要分布于铜仁、江口、
玉屏、石阡、思南、印江、沿河、德江等地。黔东北丹砂开采较早，《元和郡县
图志》载：思州"开元贡：……朱砂"②。（万历）《铜仁府志》载："铜泽涧土
硗，民不见异物。第丹砂杞梓，宇内称奇。"③（道光）《铜仁府志》亦载："原
志铜仁产者。有形如箭镞者，号箭斗砂，最为可贵，产于万山厂。他砂皆产于
土中，此砂独产于石夹缝中，取之最难，每块并无重至一两者。黔书铜仁箭镞
砂色比鞑鞨，大如瑟瑟，散生水晶石中，红白绚映，可宝也。余获其二，为笔
状焉。此山薑先生识其所见如此，万山厂所产尚有如鱼如马如鸡者，地灵之生
物奇矣哉。"④ 诗云："暂下肩舆生渡串，中流回首思悠然。朝岚夕霭千山树，
乍雨还晴五月天。峒老竹垣多说寨，野人茅屋半依田。几多未到铜仁客，浪道
丹砂可引年。"⑤ 在外乡人眼中，丹砂已经成为黔东北的重要"想象"。综上可
见，黔东北受地形影响，耕地较少，且分布分散，但山林土产较多，成为与内
地贸易往来之大宗。

自然灾害是影响黔东北经济开发的重要因素。明清时期，黔东北自然灾害
频仍，对区域社会稳定和经济发展造成了巨大影响。据《贵州历代自然灾害年
表》统计，明清时期黔东北地区的自然灾害多达 100 余次。

表 2-1　明清黔东北地区自然灾害表（单位：次）

府厅	火灾	旱灾	雹灾	地震	虫灾
铜仁	12	6	5	2	
思南	17	3	6	6	

① （道光）《铜仁府志》卷四《食货》。
② ［唐］李吉甫撰．元和郡县图志·卷三十江南道六［M］．贺次君，点校．北京：中华书局，1983：741.
③ （万历）《铜仁府志》卷三《食货·物产》。
④ （道光）《铜仁府志》卷四《食货》。
⑤ （万历）《铜仁府志》卷十二《艺文·诗·至铜仁》。

续表

府厅	火灾	旱灾	雹灾	地震	虫灾
石阡	9	7	1		
玉屏	7	7	2		2
印江	1	1			
德江	1	1			
沿河	2	2			
松桃	2	1			
总计	51	28	14	8	2

资料来源：《贵州历代自然灾害年表》，贵州人民出版社，1981 版。

总体而言，黔东北的自然灾害表现出四个特点：以水灾次数最多、以旱灾破坏性最大、受灾区域的不平衡性、灾害出现的连续性和交错性①。自然灾害深刻地影响区域经济社会发展。如康熙乙巳春三月，铜仁城中大火，"房舍焚其大半"，这场大火或熄或起，持续近七个多月，以致"公署、城楼、营房、民居尽毁"②。自然灾害造成田土荒芜，流民遍野，进而引发社会动乱，影响社会稳定，造成更深层次的危机。因此，历代王朝及地方政府都于灾害发生后，抚恤民众，从而达到稳定社会秩序的目的。"明清时期，黔东北地区的自然灾害给当地带来了严重的社会后果，在很大程度上延缓了地区社会经济的发展。"③

第二节　"改土归流"与明代黔东北区域变革

黔东北原为少数民族聚居之地。元代在西南民族地区推行土司制度，通过任命"世袭其职，世管其民"的土官，实现中央王朝对边缘地区的整合。元初，"知思州军州事田景贤以地内附"，"初置新军万户府，寻改思州军民安抚司，又改安抚为宣抚司，治龙泉坪（今凤岗）。因龙泉坪治所毁于大火，徙治清江（今

---

① 李锦伟．明清时期黔东北地区的自然灾害概述［J］．铜仁学院学报，2012（3）．

② （道光）《铜仁府志》卷一《祥异》。

③ 李锦伟．明清时期黔东北地区的自然灾害概述［J］．铜仁学院学报，2012（3）．

岑巩）。至元十七年（1280），宣抚司迁还旧治，留清江为思州安抚司治"①。思州土司控驭黔东北数百年，对黔东北经济社会发展影响深刻。史谚云"思播田杨，两广岑黄"，可见其历史地位。明廷对思州、思南二司实施"改土归流"，分设八府，促使黔东北地区政治体系发生了重大变革。

一、思州田氏及其"改土归流"

土司制度"旨在羁縻"，故分封土司多为地方"豪酋"。在黔东北诸土司中，以思州田氏为著。《黔记》载："自宋元来，世有思州。"② 《思南田氏族谱》云：田氏"自隋唐炎帝以讫永乐，盖历任九朝，辅君六十七主，年逾八百二十一载，爵秩二十有六，荣封三十巳余。"③ 思州田氏在黔东北地位显赫，成为黔东北众土司之首。究其原因，首在辟疆。西南山区，箐深林密，蛮夷杂处。宋元时期，中央王朝鉴于开疆之难，多羁縻之。地方"豪酋"主动献土归附，不仅降低了中央王朝的统治成本，还可以达到"以夷制夷"、稳定西南之效果。元初，思州田景贤献土归附，得到元世祖世封④。尔后，思州土司之"豕鹅夷民，各遣使纳款"⑤。至明初，思州土司献土归附得到中央王朝的认可。《明实录》载："巳丑，置思南宣慰使司。时思南宣慰使田仁智遣其都事杨琛来归款，并纳元所授宣慰使告身。上曰：仁智僻处遐荒，世长洞溪，乃能识天命，率先来归，可嘉也。俾仍未思南道宣慰使，授琛思南等处宣抚使兼新军万户，以三品银印给授之。"⑥ 辟疆之外，思州田氏在安邦方面亦出力颇多。贵州故"西南夷"，叛服无常，征勤不断。《黔记》言："黔事之大者，十九戎也。"⑦ 黔东北东临荆楚，西接川蜀，战乱频仍。思州田氏勘定叛乱，克靖四封，奠定了田氏在黔东北的稳固地位。宋思国公田祐恭即以平定叛乱而频授嘉奖，《思南田氏族谱》言：田祐恭"深知韬略，用兵如神，凡一十七征，平凶讨贼，活万姓……

---

① 田敏. 论思州田氏与元明思州宣慰司 [J]. 民族研究，2001 (5).

② （万历）《黔记》卷之五十七《故宣慰列传·思南田氏》。

③ 《思南田氏族谱》序。

④ （万历）《黔记》卷之一《大事记上·元世祖·乙亥》。

⑤ （万历）《黔记》卷之一《大事记上·元世祖·丁丑》。

⑥ "中央研究院历史语言研究所"，校刊. 明实录·明太祖实录·卷十七·乙巳年六月已丑条 [M]. 台北：明和美床印刷厂，1964：229.

⑦ （万历）《黔记》卷之一《大事记上》。

开疆辟土，控东南半壁之天"①。其墓志铭述道："政和二年（1112），黄阳洞酋首冉万花四族不轨，侵犯黔州，残民掠物，大为边害。郡将陈括知公之雄，乃召委其事。公既承命，躬领家僮，自备糗粮。收万花，俘杨文胜、冉万寮、万朝、路洗王……朝廷褒其志勇，特授成忠郎。"继而"解卜漏围，晏州讨凶。安宁播贼，遏绝维聪"②。至元十九年（1282），思州田氏亦从征缅甸。可见思州田氏之兴，武功为其重要原因。再次，联合属司，控驭"蛮夷"。黔东北诸土司虽以思州田氏为首，但仍需其他各级土司协理。如思南之蛮夷正司安氏、副司李氏，郎溪正司田氏、副司任氏，沿河祐溪正司张氏、副司冉氏等都是宣慰司辅佐力量。

思州田氏经过数百年经营，成为左右区域社会的重要力量。但黔东北地处内地通往云贵之咽喉，战略地位颇为重要，受到中央王朝的特别关注。元末，中央王朝分崩离析，出现明玉珍和朱元璋两股势力争夺西南，并都对黔东北积极经营。至正二十二年（1362），明玉珍创大夏政权，自北向南经营西南。"至元末年，勒宣抚司还旧治，传六世至至正间，其族属镇远州知州田茂安始分据其地，以献伪夏明玉珍，创设思南都元帅府，徙今治（思南）。"③ 田茂安"以思南（北思州）之地献明玉珍，使得北部思州宣慰改名为思南宣慰司……而南部以清江为治的思州宣抚司并没有投附明玉珍，其宣抚之制也一直沿用未改"④。故出现思州、思南纷争之局面。至正二十五年（1365），思州宣抚司田仁厚"统兵攻破龙泉坪，（田）仁政、（田）仁美死之，（田）茂安亦抱痛亡。仁智袭职，两家仇杀不断"⑤。至正二十五年（1365），朱元璋统兵至靖州，经略西南。思州、思南二司相继归附，并受封为"思南镇西等处宣慰使"（后改为思州宣慰司）、"思南道宣慰使"。思州土司控制着岑巩、石阡、新化、黎平，思南土司控制着铜仁、乌罗、镇远、思南地区。至永乐初，二司争夺"沙坑"，相互仇杀，致使黔东北动荡不已。明廷举兵镇压，将思州、思南二宣慰司改土归流。改土归流后，于二宣慰司地方分设思州、新化、黎平、石阡、思南、镇远、铜仁、乌罗八府。自此，黔东北地区纳入府州县体制，由中央王朝直接治理。

---

① 《思南田氏族谱》。
② （道光）《思南府志》卷之九《艺文门·传志·宋·宋勒赠少师思国公田祐恭墓志铭》。
③ （嘉靖）《思南府志》卷一。
④ 田敏. 论思州田氏与原名思州宣慰司 [J]. 民族研究，2001（5）.
⑤ （民国）《沿河县志》卷四。

思州田氏两宣慰司的改土归流虽起因在于"仇杀不断"，但其深层次原因则在于王朝力量在黔东北地区的强化。贵州山重水复，自镇远至贵阳"路则一线"①，是中原进入云贵高原的重要通道。至元二十八年（1291），元廷开通"辰沅普安东路"，成为进入云南的国家驿道②。明廷经略西南时，亦沿此驿道进军云南，并"自东到西设置了平溪、清浪、镇远、偏桥、兴隆、清平、新添、龙里、贵州、贵州前卫、镇西、平坝、普定、安庄、安南、普安等十六卫"③，以确保驿道安全。思州、思南二宣慰司的相互仇杀不仅导致黔东北社会动荡，更使这条国家驿道难以畅通。故明廷革二宣慰司，分设八府，既是出于区域稳定的考虑，更是王朝力量在黔东北得到强化的体现。

三、"改土归流"后黔东北的行政建制

明廷罢思南、思州二宣慰司前，即已设立贵州都指挥使司。永乐"十一年（1413）春三月，田琛、田宗鼎伏诛。罢宣慰司，置思州、新化、黎平、思南、镇远、石阡、铜仁、乌罗八府。设贵州布政使司，工部侍郎蒋廷瓒为左布政使。改贵州宣慰司隶贵州布政司"④。"永乐十八年（1420），设贵州提刑按察司。"⑤自此，贵州三司齐备，标志着贵州行省的正式设立，从而结束了黔东北分属湖广、四川之局面。贵州行省成立之后，明廷向黔东北委派流官，推行府州县制度。《明实录》载："以贵州布政司所辖思南、思州两宣慰司地方，分隶八府。都坪峨异溪、都素二蛮夷长官、黄道溪、施溪二长官司隶思州府。蛮夷长官司、水德江、沿河祐溪、思印江三长官司，并务川县及板场、木悠、岩前、任办四坑水银局，隶思南府。施秉、镇远金荣金达、邛水一十五洞三蛮夷长官司、偏桥长官司，并镇远州隶镇远府。苗民、石阡、陇（龙）泉坪、葛彰葛商四长官司隶石阡府。铜仁、省溪、提溪、大万山四长官司并鳌寨、苏葛棒坑朱砂坑场局、大崖土、黄坑水银朱砂场局隶铜仁府。郎溪蛮夷（长）官司、乌罗、答意、治古、平头著可四长官司隶乌罗府。湖耳、亮寨、欧阳、新化、中林验洞、龙

---

① （万历）《黔记》卷五《舆图志二·镇远府》。
② 杨志强. "国家化"视野下的中国西南地域与民族社会——以"古苗疆走廊"为中心[J]. 广西民族大学学报（哲学社会科学版），2014（3）.
③ ［清］张廷玉. 明史·贵州地理志考释［M］. 贵阳：贵州人民出版社，2008：4.
④ （万历）《黔记》卷二《大事记下》。
⑤ （万历）《黔记》卷二《大事记下》。

里六蛮夷长官司，赤溪湳洞长官司隶新化府。谭（潭）溪、曹滴洞、古州、八舟、福禄永从、洪州泊里、西山阳洞七蛮夷长官司隶黎平府。"① 可见，明初所设八府之中，思南府、思州府、铜仁府、石阡府、乌罗府五府属黔东北地区。其中，仅思南府领务川县，其他四府之下俱为众多下级土司和若干朱砂场局而已。因此，明代黔东北土司之改土归流并不彻底，各府仍需依靠下级土司协同运作。"正统四年（1439）……以废乌罗府郎溪司隶思南；乌罗、平头二司隶铜仁。"②从此，明代黔东北地区保持以思南、思州、石阡、铜仁四府隶贵州布政使司。

表 2-2　明代黔东北地区府县司设置情况表

府	县、土司	首任官员		沿　革
铜仁府	铜仁县	知县	陈廷范	元置铜仁大小江等处军民长官司，明改为铜仁长官司。万历二十三年（1592），铜仁长官司因罪废，改土设县，李以谦世袭本县土主簿。
	省溪长官司	正长官	杨正德	元置省溪坝场等处蛮夷长官司，隶都匀、定云等处安抚司，后隶思州军民宣慰司。明洪武初改省溪长官司，隶思州宣慰司。永乐十一年（1413）改属铜仁府。
		副长官	戴贵德	
	提溪长官司	正长官	杨秀慕	元置提溪等处军民蛮夷长官司，隶思南宣慰使。明洪武初改隶思州宣慰司。永乐十一年（1413）改属铜仁府。
		副长官	张坤厚	
	大万山长官司	正长官	杨政华	元置大万山苏葛辨等处军民长官司，隶思州军民宣抚司。明洪武初改大万山长官司，隶思州宣慰司。永乐十一年（1413）改属铜仁府。
	乌罗长官司	正长官	杨世雄	元置乌罗龙於等处长官司，隶思州军民宣抚司。明洪武初改乌罗长官司，隶思南宣慰司。永乐十一年（1413）置乌罗府。正统四年（1439），废乌罗府，设乌罗长官司，隶铜仁府。
		副长官	冉世国	
	平头著可长官司	正长官	杨通武	宋以前无考。元置平头著可通达等处长官司，隶思州军民宣抚司。明洪武隶思南宣慰司。永乐十一年（1413）隶乌罗府。正统四年（1439），废乌罗府，隶铜仁府。
		副长官	田茂弼	

---

① "中央研究院历史语言研究所"，校刊. 明实录·明太宗实录·卷一百四十九·永乐十二年三月乙亥条 [M]. 台北：明和美术印刷厂，1964；1735—1736.
② （万历）《黔记》卷二《大事记下》。

府	县、土司	首任官员		沿　革
思南府	务川县	知县	陈文质	隋置，隶清江郡，寻改隶雍州，复改隶巴东郡。唐武德二年隶婺州，寻改隶思州。五代、宋、元因之。明隶思南宣慰使司。永乐十一年（1413）隶思南府。
	印江县	知县	周文	元改思邛作思印江长官司，隶思州军民宣抚司。明初隶思南宣慰司。永乐十一年（1413），改隶思南府。弘治八年（1495），改印江县，隶思南府。后张应壁以督运有功，授土县丞。
		土县丞	张应壁	
	安化县	知县	王重巽	元置水特姜长官司，寻改水德江长官司。明初隶思南宣慰使司。永乐十一年（1413）隶思南府。万历三十年（1602）改司为安化县，正长官之族，后以别功为土县丞；副长官为土主簿。土巡检为明代所设。洪武七年（1373）陆公阅征战有功，保援偏刀水长官司守把军关，世其职。嗣改为土巡检。
		土县丞	张讲	
		土主簿	杨一龙	
		土巡检	陆公阅	
	随府办事司	长官	田宏佐	宋，田贰凤，陕西西安蓝田县人，同田祐恭克服蛮夷，授将领本司同知。明洪武年间，授田茂泽为思南宣慰司校慰。永乐九年（1411）田宏佐袭，改随府办事长官。
	蛮夷长官司	正长官	安辉	明洪武十年（1376）置蛮夷长官司，隶思南宣慰使司。永乐十一年（1413），隶思南府。
		副长官	李斌	
	沿河祐溪长官司	正长官	张天麟	元置沿河祐溪长官司，隶思南宣慰使司。永乐十一年（1413），隶思南府。
		副长官	冉文艺	
	郎溪长官司	正长官	田茂能	唐置郎溪县，后省入婺川县。洪武十年（1376），置郎溪蛮夷长官司，隶思南宣慰使司。永乐十一年（1413），隶乌罗府。正统四年（1439），废乌罗府，隶思南府。
		副长官	田嗣宗	
石阡府	龙泉县	知县	凌秋鹏	元置龙泉坪长官司，属思州宣抚司。明永乐十一年（1413）改属石阡府。万历二十九年（1601）裁龙泉坪长官司为龙泉县。
	葛彰葛商长官司	正长官	安得彰	元置，属思州宣抚司。明永乐十一年（1413）改属石阡府。

续表

府	县、土司	首任官员		沿　革
石阡府	苗民长官司	正长官	汪得英	明洪武十年（1376）置，隶思南宣慰司。永乐十一年（1413）改属石阡府。
	石阡司	正长官	安德勇	元置石阡军民长官司，属思州宣慰司。明洪武五年（1371），改属思南宣慰司。永乐十一年（1413）改石阡司为石阡府。存长官司一正一副以治苗。
		副长官	杨九龙	
思州府	都坪峨异溪蛮夷司	正长官	何清	元为台蓬若洞注溪等处蛮夷长官司，隶思州宣抚司。明洪武六年（1372）改置都坪。二十五年（1392）省入黄道溪。永乐十一年（1413）复置都坪复异溪蛮夷司，隶思州府。都坪峨异溪蛮夷司正长官二员，部颁印信，何、周二官轮流掌管任事。
			周仲融	
	都素蛮夷长官司	正长官	何文学	原宣慰司地方。永乐十一年（1413）设都素蛮夷长官司。都素蛮夷长官司正长官二员，部颁印信，何、周二官轮流掌管任事。
			周文富	
	黄道溪司	正长官	黄文聪	元为黄道溪野鸡坪等处军民长官司，隶思州宣抚司。明洪武五年（1371）改置黄道溪蛮苗长官司。永乐十一年（1413）隶思州府。黄道溪四正长官二员，部颁印信，黄、刘二官轮流掌管任事。
			刘贵	
	施溪司	正长官	刘道忠	元置施溪漾头长官司。明洪武元年（1368）改置施溪长官司，隶湖广沅州卫。洪武六年（1372）调属思州宣慰司。永乐十一年（1413）隶思州府。

资料来源：（万历、道光）《铜仁府志》、（嘉靖、道光）《思南府志》、（光绪）《石阡府志》、（康熙）《思州府志》。

由表2-1可知，明代黔东北府州县制度的推行是不彻底的，表现出土流参治之特征。其一，裁革思州、思南二宣慰司后，仍保留众多世袭土司，是黔东北政治架构的重要组成部分；其二，裁革之土司，如铜仁长官司、思印江长官司、水德江长官司、龙泉坪长官司等，其后裔仍为土主簿、土县丞等，仍对地方治理具有影响；其三，土司之后裔众多，承袭者仍通过世袭的土千户、土百户等职位得以保持地方影响。改土归流后，黔东北各府设知府一员，其下设同知、通判、推官、经历、照磨、司狱、典吏等官员。此外，在各土司地方设置吏目，"重其职守，以便就近弹压"。明代黔东北土流参治的政治架构一方面源于府州县体制推行较迟，一方面则因为黔东北地区"蛮夷"众多，流官多来自外省，难以统驭，故仍需要借助土司力量，从而达到稳定地方社会的目的。

四、"改土归流"后黔东北的人口发展

人口发展是区域经济社会发展的重要表征。改土归流后，黔东北地区迁入了大量移民，黔东北各府编审人口，推行里甲，加强社会治理，从而"比附内地"。明代黔东北的人口发展主要源于改土归流后移民的迁入。其来源主要有二。

其一，为巩固驿道，明廷于黔东北设置卫所，军事移民进入黔东北。明代实行卫所制度，实行军屯，军户另立户籍。军户除来自元朝旧有的军户外，又有从征、归附、调发、垛集等新的来源。每户军户应役时须由正丁携妻及一名余丁共同前往卫所居住，且父子、兄弟相继，世代为军，这实际上就是离开原籍迁入卫所所在地的移民，即军事移民。明代黔东北地区的卫所为平溪卫，为洪武二十三年（1390）建，"调诸万户于五方，附五所、千百户于郭内，铨流职以参军政籍，六郡良家子五千六百有奇，以实防守，据辰沅之上游，当滇黔之孔道，面山背水，创百雉雄图，刀耕火种仍夜郎故习，以铜镇为北数，颇无厝薪之忧，连清镇为西邻，实备辅车之力，□溪东注，食货日蕃，夷种南蟠，獠革几半，屯田繡错于思铜沅麻之饷，军饷仰给于辰、泸、溆、黔之赋，风俗愿朴为雕，人情华实相济。世皇中兴，平始有学，两岁贡一士。虽在遐陬，而锁廾之寄礼乐之修，较若雄矣"[1]。军事移民虽以确保驿道安全为己任，然其对区域经济社会发展亦产生了重要影响。王士性《广志绎》即言："其开设初，只有卫所，后虽渐渐改流，置立郡邑，皆建于卫所之中，卫所为主，郡邑为客，给绅拜表祝圣皆在卫所。卫所治军，郡邑治民，军即尺籍来役戍者也。故卫所所治皆中国人，民即苗也，土无他民，止苗夷。"[2] 平溪卫"其官军二籍多江南人"[3]，"日久承平，家弦户诵，缙绅士夫尚气节而耻媕陋，兼之水陆交通，商贾鳞次，四方之物必至，咸谓之小江南"[4]。可见，明初所设平溪卫对于黔东北

---

[1] （康熙）《平溪卫志书》旧志序。

[2] ［明］王士性. 广志绎·卷五西南诸省［M］. 北京：中华书局，1981：133.

[3] （康熙）《平溪卫志书》卷一《建置》。

[4] （康熙）《平溪卫志书》卷一《建置》。

经济社会发展之影响。此外，明代军事征调频繁，有不少调戍兵丁迁入黔东北地区。（万历）《铜仁府志》载：嘉靖二十四年（1545），铜苗为患，平定后，"调土、汉兵五千五百名守铜仁，又调酉阳土兵一千名守小桥，平茶长官司土兵一千守毛口，凯里司土兵龙必昇等一千守地架"①。万历二十二年（1594），设立铜仁哨，"议以千户充之，领哨百户三员，调龙里等八卫旗军四百名及在城东门二营打手共一百五十五名隶之"②。调入黔东北之兵丁亦是军事移民的重要组成部分。

其二，黔东北地处川、楚之间，其乌江、沅水流域是内地通往云贵的重要通道，明廷对云贵高原的大规模开发，促使内地汉人迁徙至云贵高原垦殖或经商，故众多内地移民落居于黔东北地区。（嘉靖）《思南府志》载："弘治以前，川民不入境。大率土广人稀，材木足于林薮，渔猎易于山泽，而商贾通其盐、布。……弘治以来，蜀中兵荒流移入境，而土著大姓将各空闲山地，招佃安插，据为其业；或以一家跨有百里之地也，流移之人，亲戚相招，缰属而至，日积月累，有来无去。"③ 又如，"永乐八年（1410），辰溪县的柴、熊、胡、蔡、向姓，沅陵县的杨、郑、彭、林、樊姓，四川酉阳的张、田、严、罗、唐、李等姓500余家迁入贵州印江地区定居"④。再如，（万历）《铜仁府志》载：铜仁"汉人皆中州人，或以仕宦，或以商贾，流寓附籍，江西最众，蜀次之，楚又次之。"⑤ 内地汉人迁入后，逐渐形成聚居的衢巷和乡镇，如铜仁即有"唐巷、文巷、赵家巷、沈家巷、伍家巷、杨家巷、李家巷、谢家巷"⑥ 等以姓氏命名的衢巷。内地移民的迁入，促进了黔东北人口的发展。

---

① （万历）《铜仁府志》卷之十一《经略志二·安攘》。
② （万历）《铜仁府志》卷之八《兵防志·营哨·铜仁哨》。
③ （嘉靖）《思南府志》卷之七《拾遗志》。
④ 吴量恺，等. 中国经济通史（第七卷）［M］. 长沙：湖南人民出版社，2002：408.
⑤ （万历）《铜仁府志》卷之二《方舆志·风俗》。
⑥ （万历）《铜仁府志》卷之二《方舆志·衢巷》。

表 2-3　明代黔东北四府县、司户丁情况表

府	县司	嘉靖三十四年（1555）		万历二十五年（1597）	
		户	丁	户	丁
思州府	都坪司	223	2850	282 ↑	2860 ↑
	都素司	234	3251	104 ↓	1673 ↓
	施溪司	157	1000	77 ↑	1246 ↑
	黄道司	143	2000	340 ↑	2231 ↑
	合计	757	9101	803 ↑	8010 ↓
思南府	水德江司	540	5293	600 ↑	6310 ↑
	蛮夷司	502	4811	511 ↑	6301 ↑
	沿河司	350	2715	242 ↓	5087 ↑
	朗溪司	130	2015	136 ↑	2127 ↑
	婺川县	650	8026	259 ↓	2055 ↓
	印江县	465	806	294 ↓	2661 ↑
	合计	2637	23666	2042 ↓	28352 ↑
石阡府	石阡司	398	3402	386 ↓	5085 ↑
	苗民司	91	653	97 ↑	3832 ↑
	葛彰司	132	1394	116 ↓	4134 ↑
	龙泉司	196	1962	224 ↑	3741 ↑
	合计	817	7411	824 ↑	16792 ↑
铜仁府	铜仁司	301	782	301—	3832 ↑
	省溪司	290	1493	260 ↓	1600 ↑
	提溪司	72	288	72—	627 ↑
	乌罗司	102	691	103 ↑	1692 ↑
	平头司	183	724	184 ↑	1551 ↑
	万山司	21	175	184 ↑	1551 ↑
	合计	939	4153	941 ↑	10683 ↑
合计		5150	44331	4610 ↓	63837 ↑

资料来源：（嘉靖）《贵州通志》、（万历）《贵州通志》。

由表 2-3 可知，黔东北地区各府的人口呈缓慢发展之势，并表现出区域不平衡性。黔东北四府人丁数由嘉靖年间的 44331 丁，至万历年间发展至 63837 丁。思州府的都坪司、施溪司、黄道司，思南府的水德江司、蛮夷司、朗溪司，石阡府的苗民司和龙泉司，铜仁府的乌罗司、平头司、万山司的户数和人丁均有增加。其中，铜仁万山司增长速度最快，其原因在于明代万山司之朱砂、水碾场局，并设税课大使一员，往来收采，故户丁多有发展。思南府的沿河司、婺川县、印江县，石阡府的石阡司、葛彰司，铜仁府的省溪司，户数有所下降，但人丁反而上涨。思州府的都素司的户数和人丁俱为减少。铜仁府的铜仁司和省溪司的户数持平，而人丁上涨。总体来看，黔东北四府中，思南府户数与人丁俱为黔东北之冠，故有"黔东首郡"之称。思州、石阡、铜仁三府则因开辟较迟，且苗汉杂处，动乱频发，故人口折损严重。此外，黔东北各府户丁情况反映的是各府实际掌控之数量。但黔东北苗汉杂处，明廷依是否"入版图、供赋役"为准则区分"生苗"与"熟苗"。熟苗入本土、供赋役，则统计之；生苗则不入版图、不供赋役，则不统计。故明代黔东北实际人口数量多不可知，但方志所载"户""丁"对于理解区域人口发展具有参考价值。

五、明代黔东北的民族构成及其分布格局

黔东北地区民族众多。除汉族外，有土家族、苗族、仡佬族等民族分布。郭子章言："贵州本夷地一路，诸城外四顾皆苗夷，而种类不同。自贵阳而东者苗为夥，而铜苗、九股为悍，其次曰犵狫，曰杨黄，曰八番，曰土人，曰峒人，曰蛮人，曰冉家蛮，曰杨保，皆黔东夷属也。"[①] 现分述之。

1. 苗族

苗族为古三苗后裔，"自长沙、沅、辰以南，尽夜郎之境，往往有之"[②]。黔东北之苗族主要分布于铜仁府境内。（万历）《铜仁府志》载："苗有二种，其在湖广镇箪、四川酉邑、贵之铜、平诸处者，曰'红苗'，即前苗人是也。其在省溪、水碾、黄柏诸山曰'水苗'，本名'下里苗'，湖广辰州府泸溪县镇溪千户所粮民也，有膂力，性善斗。"[③] 铜仁府苗族"有五姓，吴、龙、石、麻、

---

① （万历）《黔记》卷五十九《诸夷》。

② （万历）《黔记》卷五十九《诸夷·苗人》。

③ （万历）《铜仁府志》卷二《风俗》。

白。石、麻近湖广界，吴、龙近四川界，白止铜仁境内"①。铜仁苗族多居溪洞，"不入版图，不供赋役，平原沃野，擅据分耕"，刀耕火种，故其"稍值荒歉，即肆劫夺"，成为黔东北地区稳定的重要"隐患"。"铜之苗患，出没不常，明季为尤甚。"② 嘉靖间，沿湘黔苗疆筑边墙，"自亭子关起，东北绕浪中江，至盛华哨，过长坪转北过牛岩、庐塘，至高楼哨、得胜营，再北至木林、湾溪，绕乾州城镇溪所，又西北至良章营、喜鹊营止。边墙以外者为'生苗'。边墙内间有与民村相错居住，或佃耕民地，供赋当差，与内地人民无异，则'熟苗'也"③。

2. 土家族

黔东北土家族多为土司后裔。（万历）《铜仁府志》载：铜仁府"土人即洞人，杨、吴、龙、石、陈五姓。先世自陕西随征，后遂居此，杨尤著，各司土官、洞长，皆云系出杨文广后。国朝归附，悉入版图。语艰缺不可晓，其人好耕耨渔猎，性狡无常，告窕难之。屏医信巫，举听于神，负地望、多向气，甚以富足夸诈相高。渐被日久，语言食饮，不异华人。岁十二月，以牢豕醢脯祭祖神，名曰'把忌'，斋七日，始祭。不吊丧，不问疾。亲死，举哀裂帛，亦持斋七日，始敛。万山专采砂汞，居人藉为生业，春秋祀云霄神，并祭土谷，主崇报。大小两江、就洞下五姓，大略相同"④。思南府"郡西北，若水德蛮夷，若婺川，若沿河，号曰土人，有土蛮，稍平易近俗而彼此亦不皆同。惟在官应役者，为汉语"⑤。思州亦有土家族，"椎发跣足，衣服斑斓，长不掩胫，居依山谷，或数十家，或三五家，为一村。土著久者，自称洞官、洞长，借贷要约刻木为契，疾病不事医药，惟用鸡卜、瓦卦以占吉凶，屠牲祭鬼而已"⑥。土家族风俗近于汉族，有些地方亦称"杨黄"。如铜仁府境内之土人即是如此。铜仁司"土人亦杨黄之属，服饰近汉人，语言莫晓，务农为本，出则以牛载行李，有疾病则杀牛、羊、犬、豕以禳之。婚姻论贫富，以牛为财礼，祭祀用鱼为牲。葬置棺。俗重山鬼。每年有把忌，饮食、衣服、喜怒、哀□亦多避忌，号为青

① （道光）《铜仁府志》卷之二《地理·苗蛮》。
② （道光）《铜仁府志》卷之二《地理·苗蛮》。
③ 《苗防备览》卷八《风俗考上》。
④ （万历）《铜仁府志》卷二《风俗》。
⑤ （嘉靖）《思南府志》卷之一《地理·志风俗》。
⑥ （嘉靖）《贵州通志》卷三《风俗·思州府》。

草鬼，稍有犯者，多不利于人"①。土家族习俗近汉，且多为土司及其后裔，为黔东北各府流官的辅助力量。

3. 汉族

黔东北本是少数民族聚居之地，区域内汉族皆为内地迁移而至，广泛分布于府城及乡坊之中。铜仁府之汉族以江西、四川、湖广为主。（万历）《铜仁府志》载："汉人皆中州人，或以仕宦，或以商贾，流寓附籍，江西最众，蜀次之，楚又次之。饮食、衣服、男女婚娶，皆用中州旧仪。姻媾轻妆奁、重门伐，六礼次第，一准先程。丧主戚、祭主虔，独冠礼久废，近复有举行之者。士勤学问、重名检，然诺不苟，货财不殖，虽复有稍稍逐时者，亦晨天稀宿也。"② 思南府汉族则以陕西、江西为众。（嘉靖）《思南府志》载："府旧为蛮夷所居，自祐恭克服后，茇黄殆尽，至今居民，皆流寓者。而陕西、江西为多。陕西皆宣慰氏之羽翼，各司正副官与里长是也。多巨族，负地望，颇以富足夸诈相高。江西皆商贾宦游之裔，多读书，乐仕进，亦渐趋于浮薄。"③ 思州地处"黔头楚尾"④，原为宣慰司地，"在黔中开化独早，故住民均为汉族，大多迁贾、流宦创业于此，子孙递嬗。迄今以著江西籍者最多，又因县属居东边陲，地近川湘，有来自川东及湘西者亦颇众，由粤桂闽鄂省迁入稍逊"⑤。石阡府原为石阡长官司地，境内汉族亦多来自内地迁移，以致"淳庞朴茂，不离古习，服食婚丧，悉效华风"⑥。平溪卫因明初屯军而筑，故"其官军二籍多江南人"⑦。由上可见，明代黔东北地区汉族多为历代移民而至，其迁移原因或以仕宦，或以商贾，或以军屯，或移民垦殖，从而构成了黔东北"比附内地"的民族基础。

4. 其他民族

黔东北明清方志中还有仡佬族、侗族以及"冉家蛮""杨保"等记载。仡佬族分布于铜仁府、石阡府等地。（万历）《铜仁府志》载：仡佬"本地夷，性勇而谲。惟铜、平二司有之，今亦散处。男子刀耕火种，妇人勤绩纺，陶珠为

---

① （嘉靖）《贵州通志》卷三《风俗·铜仁府·铜仁司》。
② （万历）《铜仁府志》卷二《风俗》。
③ （嘉靖）《思南府志》卷之一《地理志·风俗》。
④ （康熙）《思州府志》卷一《区域志》。
⑤ （民国）《岑巩县志》卷八《地理志三·民族》。
⑥ （光绪）《石阡府志》卷二《风俗》。
⑦ （康熙）《平溪卫志书》卷一《建置》。

餙，编竹为契。旧传武侯南征收服，岁腊修祀，畏敬甚严。近入版图，供赋税，渐易诡谲。宁饥而死不为盗，宁以裸体敌苗死，不畏法"①。侗族分布于思南府之朗溪司、蛮夷司，石阡府之石阡司等地。思南府朗溪司侗族"多以苗为姓，语言赑舌，皆前代避兵流民，服饰夷丑，以猎为业，得一兽，必先祭鬼，而后永之。人死则置于山峒间"。蛮夷司侗族"亦前代避兵流民之裔，久染蛮风，语言赑舌，专以劫攘为业，其性凶狠好杀，庶毒草为药，傅之箭簇，人兽中之，即死。婚嫁聚于原野，对双抛球以相合者为配，既適人不敢为也"。石阡司侗族"性凶顽，男妇戴竹笠，出必持刀、弩，有争竞杀牲聚众，以年长为众所服者，聚之讲和。复聚泉辩论罚由者财畜以与直者之家，不从即起干戈，男家不能成婚，女家即以女归成配，不较财礼"②。

第三节　明代黔东北的经济发展

改土归流改变了黔东北地区"化外""封闭"的社会状态，对黔东北经济发展起到了促进作用。黔东北地区进入流官统治后，在农业、手工业、矿业、商业等方面都有了长足的发展，赋税征收、社会救济等日益完善，黔东北各府"渐被华风"，为清代黔东北的经济开发奠定了基础。

一、明代黔东北的农业发展

（一）明代黔东北的土地开垦

土地开垦是农业生产水平的重要标志。土司时期，黔东北地区多为粗放型农业，田无清丈，"刀耕火种"。思南府"旧为荒裔，田无顷亩之制。且宣慰氏久擅其地，禁小民不得水田。传闻沐英蓝玉（王）南征责军饷于田氏，始运则曰：'秋粮若干'，再运则曰：'续办若干'，又运则曰：'银籴若干'。遂以此为定制，照丁派纳"③。铜仁府"地广俗嚣，山高田狭，刀耕火种，渔猎为业。遂以此为定制，照丁派纳"④。改土归流后，黔东北地区始行郡县之制。然因郡治

---

① （万历）《铜仁府志》卷二《风俗》。
② （嘉靖）《贵州通志》卷三《风俗》。
③ （嘉靖）《思南府志》卷七《拾遗志》。
④ （万历）《铜仁府志》卷二《方舆志·风俗》。

草创，田亩未经丈量，"岁纳粮差俱于土官名下，自行认纳"①。这与明初黔东北"地广人稀"的社会现象相符。由于人烟稀少，大量土地未经开垦，以致"非无田之患，而无民之忧"②，"深广旷土弥望，田家所耕，百之一尔"③。故弘治、嘉靖年间，黔东北各府"田无顷亩，岁照各属司地方广狭以纳秋粮"④。随着卫所屯田以及外省移民的进入，黔东北的土地渐次得到开垦。然"欺隐之弊，逋负之奸，往往不免焉"⑤，加之"民粮田地黄册开有顷亩不及一半，军屯田地鱼鳞册开载颇明，后来又有科田夹杂，移东改西，莫可究也"⑥。铜仁府田地明初"尽以供屯戍，后又半据于苗，其在民者，皆所弃余。而石峻土薄，联雨则泥土驶流，稍阳则田塍龟坼。虽经清丈，而等则不均、飞诡特甚，自非履亩而成赋税、重法以惩奸顽，则井地不均、怨咨曷已"⑦。故直至万历九年（1581），贵州方奉旨清丈，黔东北各府田粮"始有额"。

表 2-4　万历年间黔东北各府土地情况表

府	下属县司	土田	合计
思州府	都坪司	16232 亩 8 分	万历九年（1581），48380 亩 5 分
	黄道司	18319 亩 4 分	
	都素司	9527 亩 5 分	
	施溪司	4310 亩 6 分	
思南府	水德司	55841 亩	万历九年（1581）田地 137371 亩；十二年（1584），增水、蛮二司 1188 亩 5 分，共 138559 亩 5 分
	蛮夷司	20592 亩	
	沿河司	8734 亩	
	朗溪司	8476 亩	
	印江县	18747 亩	
	婺川县	26168 亩	

---

① （万历）《黔记》卷十九《贡赋志上》。
② （嘉靖）《贵州通志》卷之三《土田》。
③ ［宋］周去非．岭外代答校注［M］．杨武泉，校注．北京：中华书局，1999：146.
④ （嘉靖）《贵州通志》卷之三《土田》。
⑤ （嘉靖）《贵州通志》卷之三《土田》。
⑥ （万历）《黔记》卷十九《贡赋志上·巡抚刘庠按传顺县疏略》。
⑦ （万历）《铜仁府志》卷三《食货志·田土》。

续表

府	下属县司	土田	合　计
石阡府	石阡司	34422 亩 5 分	万历九年（1581），87802 亩 6 分 7 厘
	龙泉司	33127 亩	
	苗民司	10032 亩 4 分	
	葛彰司	10135 亩 8 分 8 厘 9 尘	
铜仁府	铜仁司	30194 亩	万历九年（1581），89796 亩
	提溪司	8463 亩	
	省溪司	21580 亩	
	万山司	1301 亩	
	乌罗司	13289 亩	
	平头司	14967 亩	

资料来源：（万历）《贵州通志》。

由表 2-4 可见，黔东北四府土田以思南府最高，达 138559 亩 5 分，思州府最低为 48380 亩 5 分，共 364538 亩 6 分 7 厘。可见黔东北土地开垦的成效。四府之外，平溪卫明代属湖广辖制，实行军屯，"所辖平屯、麻屯、沅屯三屯"[①]，嘉靖时岁征屯子粒达 3920 石，可见军屯之成效。

但是，明代中后期地方不靖，田地抛荒亦非常严重。（嘉靖）《贵州通志》载："官军三分守城，七分下屯住种，人有定名，田有定额，故田不抛荒，粮无缺乏。百八十余年以来，地方多事，逃亡事故，十去七八，坐是田地荒芜，子粒无征，节年速负追并峻严，而官军并困矣。卫所虽以军舍余，会计补种，输纳粒粮，然住止有城屯之异，籍是以免役，粮固不缺，而田益荒也。亦未甚便。嘉靖癸丑岁，巡抚贵州都御史刘大直临境，目击凋敝，因令各该卫所清查前荒田地，招集军民流离诸人，荃秽耕种，许以三年成熟，照数纳粮，则所谓会计人役者将亦可以少缓矣。"[②] 嘉靖、万历年间，"铜仁乌罗、提、省，思南印江、郎溪地方，被苗攻劫，人民逃散甚，有数十里绝烟者，而税粮缺额，有司责令

---

① （乾隆）《玉屏县志》卷之二《区域志》。
② （嘉靖）《贵州通志》卷三《土田》。

熟里包赔，不已，必至倾家，又将转而之四方矣"①。以致时人刘望之记隐忧《劝勤业》道："女织男耕两失勤，生涯谁自计终身。出门弥望黄金地，甘付抛荒苦怨贫。"②（嘉靖）《思南府志》亦载："正德六年（1511），龙泉司地名任仙峰，无故开设集场，每集数千人。贼首方四武断其中，始则暮夜行劫，继而白昼公行，官司缉捕遂叫呼而起，旬月之间至数万仞。思、石二府地方大被其毒，守土世家往往携孥逃窜崖穴。"③

总体而言，改土归流后黔东北土地开垦颇具成效。（嘉靖）《思南府志》即言："永乐中，宣慰氏以不法革去，籍其十八庄田而起科，则曰：'秋粮'。后小民亦得稍稍开垦，以为业。固未有无粮之丁，亦未有无田之家，百余年来，颇安于无事。"④ 石阡府"其民以耕为业"⑤。黔东北各府"仿效中华，务本力穑"。

（二）明代黔东北的水利兴修

农业经济与水资源利用关系密切。明徐光启《农政全书》言："古者，画井而田，圳达于沟，沟达于洫，洫达于浍。逆壅顺泄，而皆取利于水。"⑥ 贵州"有水利灌溉的地方便可称为膏腴之区，而缺乏水源的地方则贫瘠难垦"⑦。可见，水利兴修对黔东北农田经济非常重要。（万历）《铜仁府志》即言："河渠沟洫，自古重之，节天时、兴地利、阜民财，非此无繇也。铜田多硗确，而山高水激，桔槔莫施。十日不雨，土焦石烁。即有人力，将安用之？惟绝溪为堰、筑坞为塘，度地因人，少济十一。水利之政，不可不讲也。"⑧

明代黔东北各府引水灌田，开始架木引水、修建堤堰。如思州府"养苗溪，在府城西北八十里，有巨石障流，土人架木槽引以灌田"⑨。（万历）《铜仁府志》载有凯漕溪堰（治南十里）、田坪堰（治西十里）、岩前堰（治西十五里）、

---

① （万历）《铜仁府志》卷之十一《经略志二·安攘·敬时救陈急务以资防御议》。
② （万历）《铜仁府志》卷之十二《艺文·诗·隐忧八咏·劝勤业》。
③ （嘉靖）《思南府志》卷七《拾遗志》。
④ （嘉靖）《思南府志》卷七《拾遗志》。
⑤ （嘉靖）《贵州通志》卷三《风俗·石阡府》。
⑥ 《农政全书》农事《开垦·上》。
⑦ 《贵州六百年经济史》编委会. 贵州六百年经济史［M］. 贵阳：贵州人民出版社，1998：100.
⑧ （万历）《铜仁府志》卷三《食货志·水利》。
⑨ （嘉靖）《贵州通志》卷二《山川》。

南岳堰（治北十里）、平茶堰（治西三十里）、平芒堰（治西五十里）、长坪堰（治西五十里）、堰塘（治东二十里）。上述溪堰多集于府城周围，"各民以时修治，灌溉居多"①。贵州"多洞壑，水皆穿山而过，则山之空洞可知"②。故黔东北地区多引水出洞，灌溉农田。如石阡府兑溪洞"可资灌田"；婺川县城东二十里有龙泉，"其泉一日三潮，消则澄清，涨则混浊，居人资以灌溉"；铜仁府省溪司有瀑布泉，"出自山顶，灌溉颇多"③。

在水利管理中，国家角色至关重要。黔东北地区各府创立晚于内地，故其水利兴修亦兴起较晚。弘治十六年（1503），明廷"始命按察使提调贵州学校并兼理水利屯田。嘉靖十二年（1533），屯田水利之事乃责成各巡道经理"④。因此，明代黔东北地区的水利设施管理亦不完善。万历年间，铜仁府罗斗议言："铜仁田多依溪河，天造地设，难施人力。无源之隰，土燥且涸，名曰'漏地'。即有潴蓄，随旱随固，田不加辟。以比司属水田，井泉固多，车、堰过半，未能悉录。每堰或溉百余亩，或六七十亩。水同一源，田非一主，彼此推调，修筑罔时，一遇旱溢，坐视无策。何则？董率者乏人，推避者无罚也！今惟比照中州水利，每堰设一堰长，照亩出力，及时修筑，惰者惩、避者罚，令严心一，疏治不废，蓄泄得宜，可无旱溢之患。"⑤

由上可见，明代黔东北各府已经认识到水利设施对农田经济的重要价值，然因府治初立，故其水利设施的建设与管理仍属草创阶段。

（三）明代黔东北的农业生产

随着土地开垦和水利兴修，黔东北地区的农业生产有了较快的发展。其表现有农业作物的丰富、耕作技术的改进和经济作物的种植三个方面。此外，渔猎生产在明代也有相应的发展。

首先，改土归流后，外省移民进入黔东北地区，促进了农业作物种类的丰富。其一，水稻种植逐渐普遍。改土归流前，土司强化土民的人身依附关系，对水田多有限制。土司强迫土民缴纳赋税，"一年四小派，三年一大派，小派计

---

① （万历）《铜仁府志》卷三《食货志·水利》。
② 《黔志》。
③ （万历）《铜仁府志》卷三《食货志·水利》。
④ 《贵州六百年经济史》编委会．贵州六百年经济史［M］．贵阳：贵州人民出版社，1998：101.
⑤ （万历）《铜仁府志》卷三《食货志·水利》。

钱，大派计两，土民岁输土徭，较汉民丁粮加多十倍"①。繁重赋税之外，田宗鼎更"禁小民不得水田"，"不得种稻"②，故黔东北地区水稻种植未得到普及。改土归流后，黔东北改建府治，并将宣慰田庄没官，"减半私租"③，起科曰"秋粮"④。"秋粮"以"米"为主，故水稻种植得到黔东北府治的加强。随着大量移民进入黔东北，水稻种植逐渐普及。（嘉靖）《思南府志·土产》载：思南府有"杉板红、六十日、白露早、班稠糯、香禾米、猪毛糯、洗杷早、金钗糯、罗裙带"⑤ 等品种。（万历）《铜仁府志·物产》亦载：水稻"有籼有糯"⑥。水稻种植要求精耕细作，致使农民对土地的依附日益增强。李渭在《圣岭春耕》一诗中即云："岩阿黄虞民，独志唯田园。日出复日入，不知城市喧。去草培嘉禾，两者并不存。汲隧甘自拙，抱膝听禽言。"⑦ 农民日出而作，日落而息，以致"不知城市喧"，表明了农民水稻种植的生产强度，然亦有"毕生营一饱，日午未就闲"⑧ 之语。其二，麦类作物及其他杂粮种植得到加强。因黔东北地区山高水低，故水稻种植受到颇多限制，加之明代黔东北水利初兴并没有普及，因而农民多种植麦类及杂粮以为口粮。（嘉靖）《思南府志》即载有"大麦、小麦、燕麦"⑨。（万历）《铜仁府志》亦载："麦有大、小二种""荞麦有甘、苦二种"⑩。豆类作物种类颇多，如思南府有"大刀豆、豌豆、扁豆、蚕豆、豇豆、小豆、黄豆、绿豆、黑豆"⑪，铜仁府有"黄豆、绿豆、红豆、扁豆（有赤、白二种）、刀豆、蚕豆、红豆、豌豆、茶褐豆"⑫。此外，诸如粱、黍、稷等作物亦得到普遍种植。

---

① ［清］蓝鼎元. 鹿洲初集 ［M］. 台北：文海出版社，1996：51.
② （嘉靖）《思南府志》卷之七《拾遗志》。
③ （嘉靖）《思南府志》卷三《田赋志·贡赋》。
④ （嘉靖）《思南府志》卷之七《拾遗志》。
⑤ （嘉靖）《思南府志》卷三《田赋志·土产》。
⑥ （万历）《铜仁府志》卷三《食货志·物产》。
⑦ ［清］莫友芝，等. 黔诗纪略 ［M］. 关贤柱，点校. 贵阳：贵州人民出版社，1987：136.
⑧ ［清］莫友芝，等. 黔诗纪略 ［M］. 关贤柱，点校. 贵阳：贵州人民出版社，1987：1101.
⑨ （嘉靖）《思南府志》卷三《田赋志·土产》。
⑩ （万历）《铜仁府志》卷三《食货志·物产》。
⑪ （嘉靖）《思南府志》卷三《田赋志·土产》。
⑫ （万历）《铜仁府志》卷三《食货志·物产》。

其次，明代黔东北的农业耕作技术逐渐改进。明代黔东北移民迁入，加之流官倡导，内地农耕技术逐渐引入黔东北，并表现在以下几个方面。

其一，农时的推广。农时对农业生产至关重要。贵州"气渗而候衍"，故作物种植晚于内地。"田功三月始犁，四月播种，五月插禾，九、十月纳稼。冬作稍迟，则禾苗不茂；夏初无雨，则收敛必歉；入秋遇有大风则秀不实，谓之青空。农民岁入，除正供之外，恒不敷食。所赖山坡旷土，杂种燕麦、荞麦、水稗、旱稗之属，以佐饔飧。故民鲜隔岁之蓄，其议气候使然欤。"① 改土归流后，明廷在黔东北各府建立"阴阳学"，推广《大统历》，并记载灾异。如（万历）《黔记》载：思州府"阴阳学，府前左"；思南府"阴阳学……府前"②。（嘉靖）《思南府志》亦载："阴阳医学，学久废，官亦久缺。今本府但以阴阳医生护守印信。"③ "农历"反映了天时地动运行规律，对农业生产具有指导性作用。虽明代黔东北方志未直接记载农历服务于农业生产，但对"节序"的记载亦反映出"农历"在黔东北的推广情况。如（万历）《铜仁府志》载有"元旦""立春""清明""四月八日""午日""六月六日""中元""中秋""九日""十月朔""至日""腊月八日""廿四""除夕"等节序。"正德年间，贵州总兵怀柔伯施赞为方便百姓掌握节令，命工匠绘制了《七十二气候图》，并请王阳明作序。"④ 明吴中蕃诗云："迩来视稼穑，颇识寒暑晴。百物匮于后，天地无能争。"⑤ 可见，农时的推广使农事因时而耕，提高了农业耕作的效率。

其二，黔东北山高水低，因此农民因田而耕，提高土地利用效率。明王守仁诗云："下田既宜稌，高田亦宜稷。种蔬须土疏，种蓣须土湿。寒多不实秀，署多有螟螣。去草不厌频，耘禾不厌密"⑥，便直接反映出山地农事的土地利用区划。王守仁其诗虽描述的是龙场驿土地耕作情况，但黔东北农事亦与之相类似。黔东北山高地狭，故山田利用成为农业生产之重要组成部分。如思南府万

---

① （乾隆）《贵州通志》卷之一《天文·气候》。

② （万历）《黔记》卷二十四《公署志下·思州府、思南府》。

③ （嘉靖）《思南府志》卷之二《建置志·属治》。

④ 《贵州六百年经济史》编委会. 贵州六百年经济史 [M]. 贵阳：贵州人民出版社，1998：108.

⑤ ［清］莫友芝，等. 黔诗纪略 [M]. 关贤柱，点校. 贵阳：贵州人民出版社，1987：1089.

⑥ ［清］莫友芝，等. 黔诗纪略 [M]. 关贤柱，点校. 贵阳：贵州人民出版社，1987：695.

胜山，为思南府"十景"之一，其山"在府治前一里，一名顿（屯）岭，四面斗绝。红巾之乱，郡人避兵其上，多以全活。上复平坦可蓺"。田秋诗云："清崖斗绝竞崔嵬，曾为邦人捍大灾；今日承平皆陇亩，千家东面看楼台。"①

外省移民迁入之初，更是以佃种山地为主。（嘉靖）《思南府志》即载："弘治以来，蜀中兵荒流移入境，而土著大姓将各空闲山地，召佃安插，据为世业；或以一家跨有百里之地者，流移之人亲戚相招，缰属而至，日积月累，有来无去。因地产棉花，种之获利，土人且效其所为，弃菽、粟而艺棉。由是，生之寡，食之众，饥馑荐臻，客既胜而主人弱，祸乱且起矣。"② 山田之外，更有水田。黔东北溪流纵横，多可灌溉。如思州府水尾溪"在龙鳌里，春夏之间，望其发水，以滋灌溉，已上俱在黄道司境内"③。随着水利初兴，农民亦掌握水、旱田耕作之区分。如诗云："东田起长堰，西田临黄陂。春至水则均，两田安听之。笑问筑堰翁，毋乃枉劳兹。此翁殊不答，但看秋阳时。"④

其三，牛耕和铁器农具的引入，提高了农作效率。牛耕和铁器农具是中原内地精耕细作的重要工具，其传入黔东北则为明代军屯、民屯移民之影响。洪武二十三年（1390），置平溪、清浪、镇远、偏桥等十二屯卫后，因更牛不足，"以沅州及思州宣慰司，镇远、平越等卫官牛六千八百七十余头，分给屯田诸军"⑤。可见，明初各卫屯田已引入牛耕技术。诗云："日入牛未归，隔篱问牧童。得非昨夜饥，致令今不复。亦在前山隈，或恐虎耽逐。尔岂不知求，吾何忧一犊。失牛终岁劳，失童终身独。不应天地心，生人贱于畜。徒倚行入门，青镫照茅屋。"⑥ 此诗将"失牛"与"失童"相比照，可见牛耕对于农民生计之重要性。（万历）《铜仁府志·物产·毛之属》载："牛、马、獐、鹿……"⑦将"牛"置于众物种之首。黔东北"石峻土薄"，故铁器农具至关重要。诗

---

① （嘉靖）《思南府志》卷之一《地理志·山川·万胜山》。
② （嘉靖）《思南府志》卷之七《拾遗志》。
③ （康熙）《思州府志》卷一《区域志·山川》。
④ [清] 莫友芝，等. 黔诗纪略 [M]. 关贤柱，点校. 贵阳：贵州人民出版社，1987：1099.
⑤ "中央研究院历史语言研究所"，校刊. 明实录·明太祖实录·卷二百零二·洪武二十三年六月乙丑条 [M]. 台北：明和美术印刷厂，1964：3027.
⑥ [清] 莫友芝，等. 黔诗纪略 [M]. 关贤柱，点校. 贵阳：贵州人民出版社，1987：1099.
⑦ （万历）《铜仁府志》卷三《食货志·物产》。

《田器》云："军兴凡八载，括取尽田器。农家值春耕，彼此相假易。时平重生业，思为衣食计。加以官徭频，锄耰得无备。为裘治氏良，采铁是其事。石炭歘扬辉，星流汁溶腻。钳锤自我操，伸缩由吾意。工成亦自喜，蹀蹰殊满志。还思区冶徒，神鬼司炉（鞴）。一铸得双精，千古夸奇异。剑出天下乱，犁出天下治。卖刀而买犊，便是陶唐世。所以嵇叔夜，乐此不肯置。柳下清风来，人间凤凰至。"① 诗中载有农事所需之各类铁器农具，可见随着移民迁入，铁制农具已经得到运用。由上可见，明代黔东北农耕技术得到改进，提升了农田生产力。

再次，明代黔东北经济作物得到重视。经济作物是粮食作物的重要补充，其经商贸体系而流通以换取生产、生活资料。随着移民迁入，众多经济作物和山林资源得到开发，从而促进了黔东北经济的发展。总体来看，明代黔东北的经济作物集中表现在棉花等布料作物、蜡以及竹木等山林资源两个方面。

其一，棉花、麻等布料作物的种植。明代，政府规定民间有田五至十亩者，须种桑、麻、棉各半亩，十亩以上者倍之。明代黔东北棉花的种植集中在思南府。（嘉靖）《贵州通志·土产》仅载思南府有棉花种植，为"货之属"②。（嘉靖）《思南府志·土产》载货物有"棉花、苎麻、葛麻、黄蜡、蜂蜜、香油、桐油、丹砂、水银、银朱、五倍子、铁、椒、茶"③。其中，棉花为众物之首。同书亦云："郡产朱砂、水银、棉、蜡诸物，皆中州所重者，商人获利，故多趋焉。"④ 可见，棉花已成为当地重要经济作物之一。思南府棉花种植乃移民迁入之结果。（嘉靖）《思南府志》载："弘治以前，川民不入境。大率土广人稀，采木足于林薮，渔猎易于山泽，而商贾通其盐、布。时有鸡犬之盗，人皆摈而不容于乡，官司亦得因而治之。弘治以来，蜀中兵荒流移入境，而土著大姓将各空闲山地，召佃安插，据为世业；或以一家跨有百里之地者，流移之人亲戚相招，缰属而至，日积月累，有来无去。因地产棉花，种之获利，土人且效其所为，弃菽、粟而艺棉。"⑤ 川民佃租种棉，进而土人"弃菽、粟而艺棉"。从中可见，棉花种植的经济价值不容小觑。棉花之外，黔东北各地皆产麻，有胡

---

① ［清］莫友芝，等. 黔诗纪略［M］. 关贤柱，点校. 贵阳：贵州人民出版社，1987：1104.
② （嘉靖）《贵州通志》卷三《风俗·土产》。
③ （嘉靖）《思南府志》卷之三《田赋志·土产》。
④ （嘉靖）《思南府志》卷之一《地理志·形胜》。
⑤ （嘉靖）《思南府志》卷之七《拾遗志》。

麻、苏麻、苎麻、葛麻各种。（嘉靖）《贵州通志·土产》即载思州府产"苎麻"①；（万历）《铜仁府志》载：铜仁府产"胡麻、苏麻"②；（嘉靖）《思南府志》载：思南府产"苎麻、葛麻"③。棉花、麻皆为布料作物，主要用于"货"，也用于自产布料。如黔东北少数民族多以麻为材料，蓝靛为染料，自染布料。如思州府"夷民……衣服斑斓，长不掩胫"④；石阡府"葛彰葛商为短裙苗，以花布一幅掩及骬"⑤；铜仁府"红苗……衣用斑丝织成，女工以此为务"⑥。

其二，蜡树及竹木等山林资源得到大量开发。蜡树，又称冬青、女贞，可生产黄蜡和白蜡，皆为中原所重。土司时期，田氏二宣慰司即以蜡为贡。改土归流后，黔东北各府蜡的生产逐渐兴盛，各府皆以黄蜡为土贡之大宗。永乐年间，改建府治后，思南府即岁解"黄蜡九百六十斤二两"⑦。嘉靖年间，思州府"岁解黄蜡六十三斤（今三年一次，类解各司里崖户出办）"；思南府"岁解黄蜡九百六十斤零二两。（水德江司三百二十九斤八两，蛮夷司一百八十九斤，沿河司八十三斤十二两，郎溪司十四斤，婺川县一百八十三斤，印江县一百六十一斤十四两）"；石阡府"岁解黄蜡三百五十斤（石阡司一百三斤十四两，龙泉司一百六十七斤四两，苗民司七十一斤十二两，葛彰司七斤三两）"；铜仁府"岁解黄蜡一百八十四斤四两（铜仁司三十五斤八两，提溪司五十三斤，乌罗司五十七斤十二两，平头司三十斤）"⑧。

至万历年间，思州府"贡额岁解黄蜡六十三斤（都坪司四十六斤，黄道司六斤半，施溪司四斤半，都素司六斤。每三年一次类解，近改入条编征银解纳）"⑨；思南府"贡额每岁黄蜡九百五十八斤一十二两（水德司三百二十八斤，蛮夷司一百八十九斤二两，沿河司八十三斤十二两，朗溪司十四斤，印江县一百六十一斤十四两，婺川县一百八十二斤）"⑩；石阡府"贡额每岁黄蜡三

① （嘉靖）《贵州通志》卷三《风俗·土产》。
② （万历）《铜仁府志》卷三《食货志·物产》。
③ （嘉靖）《思南府志》卷之三《田赋志·土产》。
④ （嘉靖）《贵州通志》卷三《风俗·思州府》。
⑤ （万历）《黔记》卷五十九《苗人》。
⑥ 李汉林．百苗图校释［M］．贵阳：贵州民族出版社，2001：102.
⑦ （嘉靖）《思南府志》卷之三《田赋志·贡赋》。
⑧ （嘉靖）《贵州通志》卷三《风俗·土贡》。
⑨ （万历）《贵州通志》卷十六《思州府》。
⑩ （万历）《贵州通志》卷十六《思南府》。

百五十斤（石阡司一百三斤一十四两，龙泉司一百六十七斤六两，苗民司七十一斤一十二两，葛彰司七斤）"①；铜仁府"府属各长官司岁贡黄蜡一百八十四斤四两（铜仁司三十五斤八两，乌罗司五十七斤，提溪司五十三斤二两，平头司三十八斤十两）"②。由上可见明代黔东北蜡树生产对中原地区之重要性。贡赋之外，民间蜡之需求亦非常旺盛。铜仁、思南二府明代方志都将"黄蜡"载于"货之属"，（嘉靖）《思南府志》云："黄蜡……中州所重者，商人获利，故多趋焉。"③ 蜡树之外，竹木资源亦得到大量开发。明代，明廷于西南采办"大木"，故对黔东北林业资源多有开发。思南府照磨毛显受命委运。（嘉靖）《思南府志》载：毛显"广西桂林人，由监生选任。赋性明敏，政事有条，政恭持己，廉惠接民，委运大木，勤于王事，厥功懋焉"④。大木采办致使黔东北优良木材砍伐殆尽，并加重了地方负担。（万历）《铜仁府志》载："嘉靖间，少司空方塘潘公、正郎三河方公，皆以督运，目烛民隐，上采木有六难疏，言甚切，当十免其五，民困稍苏。万历甲申，采办鲜中程者，皆鬻产，倍价买之荆州。今采买之令又下矣，当事者亦知山童路险，召商输买，而帮价之说，因缘而起。夫各项木植，民间交易，才什四五，而官价已居倍蓰，何所困苦而索民相帮？此商人与吏胥交通，不曰违限可虞、则曰往规如是。守稍不洁，见稍不定者，又未免迫于利诱而威怵之。民百其人，人百其口，何能吐只语以求伸哉！调停商民之中、杜绝左右之口，非有定见定力者，未易语此也。"⑤ 经明代大木开采，黔东北地区楠木、杉木多已伐尽。

最后，黔东北渔猎经济在明代亦有发展，并纳入地方政府管理之中。黔东北溪谷纵横，渔猎资源丰富。思南府有"青鱼、鲇鱼、鱿鱼、黄煏、短头鱼、鲤鱼、鳝鱼、泥鳅、细鳞鱼、长唇鱼、虾"等⑥。铜仁府有"鲤、鲭、鲇、鳅、鲫、鲖、鳍、鳢、蓟、鲨、鲮、白鱼、麻鱼、鳝鱼、鳣鱼"等类，亦有"龟、鳖、虾、蟹、螺、蜂"⑦ 等种。丰富的鱼类资源广泛分布于江河之中。如思南

---

① （万历）《贵州通志》卷十七《石阡府》。
② （万历）《贵州通志》卷十七《铜仁府》。
③ （嘉靖）《思南府志》卷之一《地理志·形胜》。
④ （嘉靖）《思南府志》卷之五《官师志·首领》。
⑤ （万历）《铜仁府志》卷三《食货志·物产》。
⑥ （嘉靖）《思南府志》卷之三《田赋志·土产》。
⑦ （万历）《铜仁府志》卷三《食货志·物产》。

有黄鱼泉"在府治北五里，泉产鱼，皆黄色，故名"。属县婺川亦有暖塘"去县北五里许。水至冬而尤暖，秋分后鱼皆聚焉，而鲤鱼独多"①。丰富的鱼类资源自古就得以开发。如（嘉靖）《贵州通志》载：铜仁府提溪司杨黄"种类最多，男不耕，女不织。出则执雀篓以渔猎为生，婚嫁同铜仁司土人"②。改土归流后，各"塘"捕鱼亦纳入官府税赋之列。（万历）《铜仁府志》载："官塘，在天乙峰下，塘故多鱼，额增税银共四两；六家洞塘，在治东十五里，每岁鱼税课二两。以上二项鱼税共银六两，充本府公费。""游水湾塘，文笔峰下，每岁纳总兵府税鱼一千斤。"此外还有龙塘、蠡斯塘、铜鼓塘、清水塘、杨柳塘、虾蟇塘等③。

二、明代黔东北的矿业开采

黔东北地处西南山区，矿产资源丰富，"境内的矿藏，计有汞、钾、磷、钼、钒、铅、锌、铁、锰、锑、铀、石灰石、石英砂、白云石、玉石、石砾等十几种"④。改土归流后，明代黔东北开发的矿藏主要有汞、金、铅、铁诸种。黔东金矿开采集中于思南府之沿河司和铜仁府之铜仁县、省溪司、提溪司等地。（嘉靖）《思南府志》载：沿河司有"废昔寀金场，去司四十里。废木桶金场，去司北八十里。二场因为民害，奏革"⑤。（万历）《铜仁府志》载：铜仁县"永乐十一年（1413），改属府。议开金砂、水银等坑厂，公费浩繁，民逃过半"⑥。提溪司有"提溪司凯土寨金盘山太平溪，去府二百里。先有采摧税课，后以无金停报"⑦。平溪金场"永乐十三年（1415）置，宣德八年（1433）废"⑧。"宣德六年（1431），铜仁府知府王恕，请罢矿场内使。巡抚御史及同知通判、照磨大使等官，后复请罢金银场。至今无采办之苦者，恕力也。"⑨ 黔东北金矿储量不丰，故明代渐次开采后便罢之。明代黔东北亦对铁、铅等矿渐次

---

① （嘉靖）《思南府志》卷之一《地理志·井泉》。
② （嘉靖）《贵州通志》卷三《风俗·铜仁府·提溪司·杨黄》。
③ （万历）《铜仁府志》卷三《食货志·水利》。
④ 贵州省铜仁市地方志编纂委员会. 铜仁市志［M］. 贵阳：贵州人民出版社，2003：204.
⑤ （嘉靖）《思南府志》地理志《古迹》。
⑥ （万历）《铜仁府志》卷三《方舆志·坊乡》。
⑦ （万历）《铜仁府志》卷三《食货志·物产·金砂、水碾坑场附》。
⑧ （万历）《铜仁府志》卷二《古迹》。
⑨ （民国）《铜仁府志》卷之七《物产·货类》。

开采。（万历）《铜仁府志》载有铁、铅二矿，俱为"货"类。（道光）《铜仁府志》载：铁矿"旧俱出大万山等处，久荒废"。（嘉靖）《思南府志》亦载有铁矿，但未云出自何处。至于铅矿则见于（万历）《铜仁府志》，其载：平头司有"铅锡山，旧出铅，今废"①。明代黔东北矿产开发以汞矿为大宗，下面就明代黔东北汞矿开发着重分析。

（一）黔东北汞矿资源及其早期开发

汞矿，史称"丹砂""朱砂""丹矸"等，其成分俱为硫化汞，物态则为朱砂，提炼而成水银。汞矿因其颜料、药用等价值，极为中原所倚重。"贵州正处在两个全球性汞矿成矿带的交接地带，是我国三大汞矿区之一，汞矿遍及黔北、黔中、黔南、黔西及黔西南，尤以黔东北为富集，已探明矿床 60 个，矿点和矿化点 200 余处，是名副其实的'矿省'。"②黔东北汞矿分布较广，铜仁府、思南府、石阡府、思州府皆储量丰富。其中，以铜仁万山地区为最。汞矿作为黔东北的重要物质资源，其开采影响甚广，并形成丹砂文化。"丹砂本系乌江流域一种极为有名的矿产资源，可随着丹砂的开采，当地的地名文化、贡品文化、交通文化、市易文化、道教文化均与丹砂发生了极为密切的联系，体现了丹砂文化与这些文化的相互交融，或者说以丹砂为载体，形成了内涵丰富、意蕴独特、融会诸种文化特质的丹砂文化。"③汞矿作为极为珍贵的矿产资源，其在明代之前便得到开采。《元和郡县志》载：思州"开元贡：……朱砂"④；新唐书·地理志》亦载：锦州"土贡：光明丹砂"⑤；《溪蛮丛笑》云："辰锦砂最良。麻阳即古锦州，旧隶辰郡。砂自折二至折十，皆颗块。佳者为箭镞，结不实者为肺砂，碎则有趑趄。末则有药砂。砂出万山之崖为最，犵狫以火攻取。"⑥至元代，思州田氏亦多以朱砂为土贡。元末明初，思州田琛与思南田宗鼎因争砂坑地举兵相攻，进而引发黔东北地区的改土归流。改土归流后，明廷

① （万历）《铜仁府志》卷三《方舆志·山川》。
② 史继忠. 贵州民族地区开发史专论 [M]. 昆明：云南大学出版社，1992：71.
③ 曾超. 乌江丹砂开发史考 [J]. 涪陵师范学院学报，2006（4）.
④ [唐] 李吉甫撰. 元和郡县图志·卷三十江南道六 [M]. 贺次君，点校，中华书局，1983：741.
⑤ [宋] 欧阳修，宋祁撰. 新唐书（第四册），卷四十一·志第三十一·地理五 [M]. 北京：中华书局，1975：1073.
⑥ [宋] 朱辅撰. 溪蛮丛笑 [M] // 中国西南文献丛书编委会. 中国西南文献丛书·西南民俗文献（第二卷）. 兰州：兰州大学出版社，2003：9.

于黔东北设立八个水银、朱砂场局，分别为思南府之板场、木悠、岩前、任办四坑水银局，铜仁府之鳌寨、苏葛棒坑朱砂坑场局，以及大崖土、黄坑水银朱砂场局。可见，当时黔东北汞矿开采已颇具规模，亦可见汞矿开采对黔东北影响深刻。

（二）改土归流后黔东北的汞矿开采

黔东北四府皆产朱砂，并以铜仁府和思南府为著。（万历）《铜仁府志》载："铜泽涸土硗，民不见异物。第丹砂杞梓，宇内称奇，而而大数深坑，日就童竭。苟徒按图而索，以万一之获，则二物适为铜崇矣。"① （嘉靖）《思南府志》亦载："郡产朱砂、水银、棉、蜡诸物，皆中州所重者，商人获利，故多趋焉。岭峤绵亘，溪涧萦纡。"② 其中，铜仁府朱砂为最，以致有诗云"几多未到铜仁客，浪道丹砂可引年"③。外地"客"商未到铜仁，先知朱砂。（万历）《铜仁府志》载："万山之阴产丹砂如箭簇，可以供耳目之清玩、资仙家之服食，固刘安之需而葛洪所欲得者也！"可见，朱砂因"可以供耳目之清玩、资仙家之服食"，为中原所重，成为黔东北之重要象征之一。

汞矿为朱砂和水银之统称。汞矿物态为朱砂，古人采砂以朱砂为主；朱砂经提炼则为水银，价值颇巨。故改土归流后，明廷于黔东北所以"场局"包含有"朱砂""水银"二种。思南府有板场、木悠、岩前、任办四坑水银局；铜仁府有鳌寨、苏葛棒坑朱砂坑场局，以及大崖土、黄坑水银朱砂场局。至万历年间，铜仁府有"朱砂、水碾场三所，一在万山司土黄坑等处，大小四十八面，去府六十里（旧志载：嘉靖八年，知府葛鹖，申允大岩土黄等坑砂丁岁银二十三两九钱六分，解府，今免）；一在省溪司敖寨、苏葛辫等坑，去府七十里（今废）"④。（嘉靖）《思南府志》载："长钱，在县东北五十里，地名板场，山前有空淈，产朱砂。泥塘，在县南五十里，山内产朱砂。岩前，在县东北二十里，山亦产砂。木悠，在县四十里，上有水月宫，朱砂产焉。"明代，思州府、石阡府亦产朱砂。如方志载：思州府有"水龙坑山，府东北二百五十里，地名坡西，昔产朱砂，今废。朱砂坑：在施溪司，今废"⑤。可见，改土归流

---

① （万历）《铜仁府志》卷三《食货志·物产》。
② （嘉靖）《思南府志》卷之一《地理志·形胜》。
③ （万历）《铜仁府志》卷十二《艺文志·诗》。
④ （万历）《铜仁府志》卷三《食货志·物产》。
⑤ （康熙）《思州府志》卷一《区域志·山川·水龙坑山》。

后，汞矿开采在黔东北之兴盛。朱砂场局只开采物态朱砂，而水银场局则兼有朱砂开采和提炼两种职能。《黔南识略》即言："水银出于丹砂，因火煅炼而成，以其形流动不止，洁白如银，故名水银。"① 从中可见朱砂与水银之区别和联系。

汞矿开采颇为不易。明代铜仁府万士英描述朱砂开采道："穴石为坑，蛇行以仁，远者十余里，近者数百步；掐凿烟焰，时有倾压之虞、薰灼之苦。商十九罄，百人一生。轻性命于鸿毛，得锱铢为至宝。然身未出洞而收买之使入门矣，砂未进宅而追呼之胥叩户矣。获之甚囏，售之甚易，得不偿失，计不谋身。需者如求珠合浦，采者如捕蛇永州。"② 可见，采砂之难。（嘉靖）《思南府志》载："婺川有板场、木悠、岩前等坑，砂产其中，坑深曰十五六里。居人以皮为帽，悬灯于额，入而采之。经宿乃出。"由上可见，汞矿开采方法之大略。朱砂亦分多种。（嘉靖）《思南府志》记载了朱砂之分类："所得如芙蓉箭簇者为上，生为石上者为砂床，碎小者为末砂。砂烧水银，可为银砂。"③ 可知朱砂分"芙蓉箭簇者""末砂""银砂"多种。朱砂经提炼而成水银。明代黔东北方志未见其具体方法，只言"砂烧水银，可为银砂"。

由于汞矿甚为中原所重，故明廷于黔东北改土归流后，便设"内使""御史""税课大使""巡检司"等官监督开采。（万历）《铜仁府志》载："永乐十三年（1415），奏开提溪司金厂，省溪、万山二司朱砂、水碇坑场。上命内监刘福、关显忠开采，以御史陈斌监之，设税课大使一员，往来收采，实不如额，场丁赔累。"④（嘉靖）《思南府志》亦载有"都儒、五堡、三坑等处巡检司"，隶婺川县。各官司命，监督开采，而采砂之务多落于"砂户"。"砂户"即明时对采砂民众之统称。其来源既有"洞民"，又有汉人。如铜仁府万山司朱砂多为"洞民砂户平出"⑤；思南府婺川县"居人指为生计"⑥。曾超通过对乌江流域丹砂开采研究，认为："在古代，巴人、濮人、楚人对丹砂的开采有特殊的贡献；

---

① （民国）《铜仁府志》卷七《物产·货类·水银》。

② （万历）《铜仁府志》卷十二《艺文志·记叙》。

③ （嘉靖）《思南府志》卷之一《地理志·风俗》。

④ （万历）《铜仁府志》卷三《食货志·物产·金砂、水碇坑场附》。

⑤ （万历）《铜仁府志》卷三《食货志·贡赋》。

⑥ （嘉靖）《思南府志》卷之一《地理志·风俗》。

就现代而言，土家族、苗族、仡佬族等对丹砂的开采则贡献较大。"① "砂户"开采，多成"土贡"，为朝廷征收。

表 2-5　嘉靖、万历年间黔东北朱砂、水银贡额表

府	县司	朱砂	水银
思南府	水德司	—	四斤
	蛮夷司	—	三斤
	婺川县	—	一百六十九斤八两
	印江县	—	二十三斤
	合计	—	一百九十九斤八两
铜仁府	省溪司	一十一斤	—
	万山司	五斤八两	二十九斤八两
	合计	一十六斤八两	二十九斤八两

资料来源：（嘉靖、万历）《贵州通志》。

由表 2-5 可知，明代丹砂开采以铜仁府为主，其中万山司更是重中之重，而水银提炼则以思南府为最，铜仁府兼之。思州、石阡二府因产量无多，未进征收之列。然正供之外，还有"水脚银""倒咨银"等项。（万历）《铜仁府志》载："省溪司，朱砂一十一斤，价银二十一两，水脚银六两，倒咨银五钱。万山司，朱砂五斤八两，价银一十六两四钱二分，水脚银六两，洞民砂户平出。水碾二十九斤八两，砂户出。"② 各项赋役加重了"砂户"的负担，以致二府颇"苦砂"。明铜仁府万士英即言："以为甘蔽朴之苦，犹甚流离；薄所售之值，得完租税耳！"③ 铜仁府参议刘望之作《禁买砂》道："赤箭砂坑即祸坑，十家逃窜九家贫。诛求勉应人情好，回首扪心那重轻？"④ 随着各场局产量日益减少，地方纷纷请求"停罢"。如思南府之"古任办水银场……永乐间，因各处商民鳞集，盗贼生发，奏革"⑤。铜仁府之省溪、万山二司朱砂、水碾坑场，"宣德八

---

① 曾超. 乌江丹砂开发史考 [J]. 涪陵师范学院学报，2006（4）.
② （万历）《铜仁府志》卷三《食货志·贡赋》。
③ （万历）《铜仁府志》卷十二《艺文志·记叙》。
④ （万历）《铜仁府志》卷十二《艺文志·诗》。
⑤ （嘉靖）《思南府志》卷之一《地理志·古迹》。

年（1433），长清王恕由翰林编修来知府事，请停罢，其累永息"①。

三、明代黔东北的商品贸易

土司时期，黔东北经济以贡赋和自然经济为主。改土归流后，黔东北地区经济摆脱自给自足形态，商品贸易市场逐渐形成。黔东北地区商品流通多样化，贸易网络逐渐形成，并促进了区域城乡市场的发育。

（一）明代黔东北的商品流通

改土归流打破了区域经济发展的行政壁垒，促进了农业、手工业的发展，并进一步走向商品化。明代黔东北商品流通"多半属于官府行为，控制甚严，如盐有盐法，马有马政，茶有茶法，木有木政，铅锌、水银、朱砂则有坑冶之法，具有专卖性质，民间贸易受到很大限制"②。本书从方产外运和省外物资内销两个层面分析明代黔东北的商品流通情况。

明代黔东北方产外运建立在农业、手工业发展基础之上，其大宗交易商品主要为布料、油料、矿产、药材等。（嘉靖）《贵州通志》载：思州府"货之属"有"朱砂、苎麻、水银、铁、铅"；思南府"货之属"有"棉花、香油、丹砂、银、水银"；石阡府、铜仁府"俱与思南府同"③。据（嘉靖）《思南府志》载：其境"货物"有"棉花、苎麻、葛麻、黄蜡、蜂蜜、香油、桐油、丹砂、水银、银朱、五倍子、铁、椒、茶。丹砂、水银、银朱茶出婺川县，余物六司俱有之"④。（万历）《铜仁府志》载：铜仁府"货之属"有"金（旧有提溪司，今无）、水碯、朱砂（出省、万二司，今难得）、铁、铅、黄蜡、蜂蜜、紫草、五倍子、降真香、各色兽皮（间有，亦难得）"⑤。由上可见，明代黔东北改土归流后，商品流通多样化，布料有棉花、苎麻、葛麻等，油料有香油、桐油等，矿产有朱砂、水银、铁、铅、金等，药物有紫草、五倍子、降真香等。这些商品经贸易网络流通，促进了黔东北经济的发展。

黔东北"方产"经流通而入中原，中原商品亦经贸易而流进黔东北地区。

---

① （万历）《铜仁府志》卷三《食货志·物产·金砂、水碯坑场附》。
② 《贵州六百年经济史》编辑委员会. 贵州六百年经济史［M］. 贵阳：贵州人民出版社，1998：190.
③ （嘉靖）《贵州通志》卷三《土产》。
④ （嘉靖）《思南府志》卷之三《田赋志·土产》。
⑤ （万历）《铜仁府志》卷三《食货志·物产》。

省外运销黔东北的物资主要有食盐、布匹、棉纱等，并以食盐为大宗。贵州素不产盐，黔东北亦是如此。然盐乃军民所必需之物，故历代王朝皆施行专运，所谓"盐法边计，相辅相成"。洪武四年（1371），明王朝定"中盐则例"，将盐引分发各卫所，大引400斤，小引200斤，招募商人将粮运到缺粮地方交纳，换取盐引，然后再指定地点购盐，转销军民①。明代初期，黔省初设，开路设卫，既缺粮又缺盐。故食盐运销或为淮盐，或为川盐。正统二年（1437），贵州按察使应履平奏言："所辖镇远等六府，洪武时俱隶湖广，食用淮盐。永乐中，改隶贵州，食用川盐。且诸府去四川陆路月余，盐商素无不至，土民经年不知盐味，乞许其仍食淮盐。"② 淮盐运销贵州，镇远、铜仁二府为重要枢纽。万年年间，郭子章在《题征路苗善后疏》言："贵州镇远、铜仁等府，原近湖广，向食淮盐；思南以至永宁等卫原近四川，向食川盐。"淮盐转运溯沅水而入黔东北，而川盐则大抵沿乌江航道，经沿河、思南运销黔东北地区。龚滩因有"巫峡之险"，乃川黔交汇之地，"舟楫至者，皆取去货物，虚舟上下"，故为川黔盐税征收必争之地。弘治年间，四川西阳宣抚司夺取龚滩，对"过往花盐船只抽取税银，每年获利数万"③。这引起贵州的普遍不满，贵州巡抚何起鸣在《龚滩税议》即言："龚滩地方原系本省思南府水德江长官司所辖民地，弘治年间被四川叛酉西阳宣抚司杀占，将龚滩设立抽分有供过花盐船双抽取税银，每年获利数万，假以该司首领、教官柴、薪、斋膳为名，而入其私囊者十恒八九。议者谓宜尽属贵州，委官抽分，既经前巡抚都御史张题请每年该司止解税银七百两充铜仁军饷支用，难以尽利。"④ 从中可见，明代黔东北食盐运销数量之巨，且获利颇丰，进而引发临府之争。

（二）明代黔东北的运输网络

改土归流后，黔东北地区商品流通日益多样化，促进了区域物资运输网络的形成。明廷开设黔省，以通滇南，故对黔省驿道疏通颇为重视。在元代驿路的基础上，朝廷继续开辟了一些干线和支线，从而形成了纵横交错的物资运输

---

① 《贵州六百年经济史》编辑委员会. 贵州六百年经济史 ［M］. 贵阳：贵州人民出版社，1998：191.
② "中央研究院历史语言研究所"，校刊. 明实录·明英宗实录·卷三十·正统二年五月丙午日条 ［M］. 台北：明和美术印刷厂，1964：601.
③ 曾汉轩. 西阳县志 ［M］. 重庆：重庆出版社，2002：212.
④ （万历）《贵州通志》卷十九《经略志·龚滩税议》。

网络。至明末，"除省内各府、州、卫相通外，省区外北达四川重庆、南川、彭水、泸州；东通湖广辰溪、荆州；南至广西庆远（今宜山）、田州（今田阳）；西达云南交水（今沾益）、罗平；西北连通四川叙州、筠连、云南、乌蒙（今邵通）等。驿干道共 30 条，驿 69 处，站 28 处，驿运所 4 处"①。可见，明代贵州物资运输网络已经纳入全国交通体系之中，成为内地通往云贵地区的"官马大路"。黔东北地区亦是如此，并体现在以下几个方面。

其一，湘黔驿道的完善与供应。在元代，已经形成自湖广常德府经沅州府而入黔的国家驿道。至明初，明廷亦从此路入黔，经略西南，设置平溪、清浪、偏桥、镇远等驿，并筑平溪、清浪、镇远等卫以保障驿路安全。此条驿路山重水复，号"一线路"，供应维艰，故黔东北各府协济驿道颇多。据（万历）《黔记》载：思州府协济平溪驿马驴、供馆银、铺陈银共银一千七百七十一两一钱三分五厘；思南府协济偏桥驿、镇远驿、清浪驿三驿马价银、供馆银、铺陈银等项达四千一百八十一两九钱二分；石阡府协济镇远驿、偏桥驿、平溪驿、路濑站共银三千零三十六两二钱五分六厘六毫；铜仁府协济清浪驿、镇远驿、偏桥驿三驿共银二千五百八十两六钱八分②。明初，黔省开辟之初，"军卫各有驿马，土民自金走递"，供驿犹省。"后道路四通，皇华职贡，不日不月，而冠盖檄驰者，贾相望也。差繁费浩，递更递脱。出马之土民，已怨《苤楚》；代役之客子，竞适乐郊。其夤缘罔利者，则市井狺棍与豪舍之顽钝无耻者。既以增银要官府，复以私帮索小民。"③（万历）《铜仁府志》亦载：铜仁府"民少差繁，不啻倒悬，而救解之道，惟挈驿为最急。夫铜仁所属六司，以里图计之，铜仁、平头各二里，乌罗、省溪各四半里，提溪仅半里，万山仅五户，总计编民，不满十里。即供本府道、镇之驿，已不堪命，矧转输各驿，如许之多！"④。可见，驿路协济渐成黔东北各府负担。

其二，府、卫间官道的疏通与完善。随着黔东北府卫城池的陆续修筑，连接各府卫间的官道得到疏通。首先，黔东北各府卫间物资运输网络以驿铺为结点。（万历）《黔记》载：思州府有"府前铺、瓮羊铺、住溪铺、丙溪铺、羊坪铺、木林铺、黄道铺、田坝坪铺、龙船冲铺、茅坡铺、都素司前铺、客楼铺、

---

① 杨聪．中国少数民族地区交通运输史略［M］．北京：人民交通出版社，1991：78.
② （万历）《黔记》卷之二十二《邮传志》。
③ （万历）《黔记》卷之二十二《邮传志》。
④ （万历）《铜仁府志》卷十《经略志·兴除·挈驿议》。

施溪司前铺、桥头铺”；思南府有“府前铺，水德司濛溪铺、仙人家铺、鹦鹉铺、蛇盘铺，蛮夷司掌溪铺、地施铺、黑鸢铺、大塘铺、松溪铺、枫香铺、樵家铺、土陀铺、官舟铺、石马铺，沿河司司前铺、大谷旦铺、木桶铺，婺川县县前铺、牛塘铺、豊溪铺、天井铺、岩前铺、木悠铺、板场铺，印江县县前铺、战溪铺、小田铺、安牙铺、野苗铺”；石阡府有“府前铺、铁厂铺、板桥铺、苗民铺、峰崖铺、琵琶铺、乐桥铺、桶口铺、长林铺、乾溪铺、龙泉铺、葛彰铺、溜沙铺”；铜仁府有“府前铺、开添铺、游鱼铺、桃映铺、客寨铺、坝盘铺、坝黄铺、省溪司前铺、提溪司前铺、凯土铺、孟溪铺、平头司前铺”。① 其次，府卫城池与驿铺间形成了“官马大路”。如思南府“自南门官道，渡江二十里至掌溪铺，渡小溪，四面山多田少，二十里至邵家桥，有场市。二十里至仙人家铺，二十里抵石阡府苗民司治。自东门官道，渡江十里至昔乐溪，从此一路，十里由猛溪铺，二十里印江县，该县界邻铜仁、镇箪，逼近苗巢，宜量增土兵防御。又一路由安牙铺，四十里至樵家铺，二十里至水田铺，十五里至齐滩。渡江三十里至土陀铺，五十里至沿河司，与四川酉阳司接壤，盗贼生发，宜令本司及酉阳严防。自北门二十里至鹦鹉溪，三十里至板平铺，三十里至煎茶溪铺。从此一路由老木关，三十里至受水，三十里至沙滩，无盗，二十里抵龙泉县。又一路由松溪铺，三十里至天井铺，三十里至丰乐铺，三十里至牛塘铺，三十里至务川县。由该县起，三百里至四川彭水县界，惟三坑司地方，盗贼不时窃发，宜令巡检司拨兵巡逻，仍行酉阳、彭水，互相严稽”②。又如铜仁府“自正南门官道，二十里至开添铺，二十里至游鱼铺，三十里至田堮坪。一路自川主庙起，三十里至坝黄铺，三十里至坝盘铺，三十里至省溪司，十里至白水哨，三十里至提溪司，二十里至倒马坎。近水硍山苗穴，宜防。二十里至凯土铺，三十里至缠溪铺。一路自西门，三十里至桃映铺，二十里至壕口四十八屯，四十里至平头，三十里至龙头营，三十里至威远营。西三十里至振武营，四面皆苗，宜防。一路自北门，十里至清水塘，六十里至磐石营。山后小路，自校场五里至石子营，二十里至马公坪，十五里至滑石江，三十里至报国营，二十里至正大，十里至玛瑙营，与磐石营相接。皆红岩、板凳、雷公、冷水苗巢，宜防。一路

---

① （万历）《黔记》卷之二十二《邮传志》。
② （万历）《黔记》卷五《舆图志二·思南府》。

自北门，二十里至黄蜡滩，三十里至施溪，与麻阳接境"①。官道连通了府卫城池与乡场，成为物资转运的重要保障，从而促进了黔东北经济社会的发展。

其三，桥梁、渡口的修建改善了黔东北的物资运输网络。如思南府修建了"澄清桥、永安桥、乾溪桥、板溪桥"，并设置了"龙塘渡"等渡口②。铜仁府"府治前有大江渡、小江渡、中南门渡、下南门渡、便水门渡、西门渡、瓦窑渡。府西南四十里有坝黄渡，又三十里有挂扣渡，又二十里有龙家渡。府西十五里有龙鱼渡，又十里有吴家寨渡，又三十里有桃映渡。府东二十里有黄蜡滩渡。城南十里有迎恩桥。又十里有王家桥，又三十里有铜鼓桥、大桥、大石桥、土黄桥。城西四十里有溪口桥，又三十里有龙眉桥。城西南二十里有积善桥，又三十里有化龙桥、坝黄桥、梅桥、蠡斯桥、种德桥。以上俱在铜仁县界。城北二十里有龙田桥，又十里有天生桥"③。平溪卫设置了馆驿渡，修筑了文水桥、通河桥、天星桥、渡宾桥等④。桥梁和渡口的修筑改善了黔东北物资运输网络。

（三）明代黔东北的城乡市场发育

城池既是"皇权"的物化象征，亦承载着防御、行政、经济、文化等职能。（嘉靖）《贵州通志·城池》即言："语守土者，必曰城池。语守地者，必曰器械、曰米粟、曰仁义。"⑤ 土司时期，田氏宣慰司亦修筑"土司城"，但其规模、体制都受到中央王朝严格限制，故不能满足新设府城之需要。黔东北四府首任流官多改司署为府署，并陆续修建府城。如（道光）《思南府志》载："明永乐十一年（1413）设府，改宣慰司署为府署。"⑥（康熙）《思州府志》亦载："府署在城内西偏东面，明永乐十一年（1413），至府崔彦俊即宣慰司改建。"⑦ 但"城以域民，池以卫城"，城池修建不仅是流官的施政公署，还兼备防御、经济、文化等功能，更是"王化"之象征。改土归流后，历任知府都颇重视府城的修建。

---

① （万历）《黔记》卷五《舆图志二·铜仁府》。
② （嘉靖）《思南府志》卷之二《建置志·桥渡》。
③ （万历）《铜仁府志》卷二《方舆志·津梁》。
④ （康熙）《平溪卫志书》津梁。
⑤ （嘉靖）《贵州通志》卷四《城池》。
⑥ （道光）《思南府志》卷二《营建门·公署·府署》。
⑦ （康熙）《思州府志》卷三《建设志·公署·府署》。

表2-6　明代黔东北府卫城池修建情况表

城池	修筑时间	始筑者	维修情况
思南府	弘治十四年（1501）	罗瑛	初为木栅，土墙。正德中知府宁阅续修，凿壕广五尺，深七尺，城门设小板桥。嘉靖三年，知府周举续修。二十八年，知府李梦祥加土坯环以雉堞，覆以串楼八百余间，又建水门二。三十八年，知府宛嘉祥瓮以石，女墙广于前。万历二十年，知府赵恒重修。
思州府	永乐十三年（1415）	崔彦俊	初为土城。隆庆三年，知府张子忠议迁平溪卫城。万历五年，因民情不便，奏请复回重筑，外包以石，周围三百三十丈，高一丈五尺，为门三，城楼三座。十年，知府蔡懋昭以后山高峻俯瞰城中，至难守，议包筑后山石城，增筑敌台十二座。
铜仁府	景泰二年（1451）	朱鉴	初为土城，岁久坍塌。弘治十八年，知府刘瑜增筑北城，覆以串楼。正德七年，周汝瑞增筑迤西一带河城。嘉靖十三年，知府敖文祯增筑东北土城，覆以串楼。嘉靖二十二年，知府李资坤废旧城，增扩新城。二十八年，知府李允简瓮以巨石。二十九年，参议刘望之檄守备张大儒复加修筑，经历李仲芳督建串楼，始称完固。万历三十年，巡抚郭子章发银五百九十余两，修砌府城。复圮于水，重新修筑，撤去串楼，高加十之三，厚加十之二，工筑坚实，卓冠黔中。
石阡府	嘉靖元年（1522）	何邦宪	初为土城。嘉靖四十年知府萧立业瓮以石，周围六百六丈，高一丈八尺，广一丈五尺，门四，城楼四，水关四。年久城圮。万历间，巡抚郭子章补修。
平溪卫	洪武二十二年（1389）	许昇	为平溪卫城，指挥使许昇等督建，周围九里三分，高二丈，城五门，楼五座。

资料来源：（嘉靖）《思南府志》、（万历）《铜仁府志》、（光绪）《石阡府志》、（康熙）《思州府志》、（康熙）《平溪卫志书》。

　　黔东北府、卫城池是推行王化的重要场所，更是黔东北经济社会发展的集中体现。黔东北城池修建选址多为水陆交通要地。如思南府"上接乌江，下通蜀楚，舟楫往来，商贾鳞集"[①]。铜仁府则"东联锦水，西接样柯，北扼诸夷，南通贵竹……商旅往来，舟楫通利"[②]。以城池为节点，水陆交通网络逐渐形

———————
① （嘉靖）《思南府志》卷之一《地理志·形胜》。
② （万历）《铜仁府志》卷一《方舆志·形胜》。

成，从而形成黔东北经济社会发展的空间格局。

随着商品贸易的发展和道路交通设施的完善，黔东北城乡市场逐渐发育。（万历）《贵州通志》载：思州有"承流宣化坊、旬宣坊、肃振坊（俱府前左右，今废）、应宿坊、聚英坊、育才坊、贞烈坊，北街市（城外）、南郭市（城外）、新正街市（南郭）"①；思南府有"圣旨坊、承流宣化坊、腾蛟坊、起凤坊、儒林坊、泮宫坊、双桂坊、登科坊、鲲化坊、蜚英坊、登云坊、登后坊、彩凤鸣阳坊、青云得路坊、保釐南服坊、屏翰坊、进士坊、繡衣坊、都促坊、进士坊、解元文魁坊、都宪坊、壹山鸣凤坊、双桂联芳坊、经元坊、椒桂坊、文魁坊、承流坊、宣化坊"②；石阡府有"崇正学坊、育贤才坊、师帅一方坊、柟循千里坊、圣旨坊，府前市、绥阳市（去府百里）、司前市（一龙泉司，一苗民司）、本庄市（在石阡司）"③；铜仁府有"承流宣化坊（治南）、江通济坊（治南）、江通云梦坊（治东）、山接蚕业坊（治西）、大造斯文坊（学前）、崇正学坊、育英才坊（学左右）"④。这些史料说明，明代黔东北各府"坊"集中于城池之内，而各"市"则分布于城池之外，体现出明代黔东北城市功能的区划。此外，"坊"与"市"承担的赋役亦不相同。"各坊无丁田，止寄住客民，借办充役，迎送驱使，民亦称劳"⑤；市乃商品贸易之地，各府抽取商税，充实地方财政。（嘉靖）《贵州通志》载：思州府"岁征商税三千二百五十一贯"；思南府"岁征商税钞一万三千九百四十一贯"；石阡府"岁征门摊商税钞共一千四百七十五贯六百子"；铜仁府"门摊盐钞共征白银八两六钱二分一厘（铜仁司门摊银二两三钱，盐钞银一钱八分；省溪司门摊银一两九钱，盐钞银一钱八分；提溪司门摊银六钱三分，盐钞银一钱八分；乌罗司门摊银二两一钱九分六厘，盐钞银一钱八分；平头司门摊银六钱二分三厘，盐钞银一钱八分；万山司盐钞银七分二厘）"⑥。

总体而言，由于黔东北地区开辟较晚，虽经各府流官修建城池，然城乡市场仍处于初步创设阶段。

---

① （万历）《贵州通志》卷十六《思州府》。
② （万历）《贵州通志》卷十六《思南府》。
③ （万历）《贵州通志》卷十七《石阡府》。
④ （万历）《贵州通志》卷十七《铜仁府》。
⑤ （万历）《铜仁府志》卷二《方舆志·坊乡》。
⑥ （嘉靖）《贵州通志》卷之四《财赋》。

第三章

清代黔东北的资源开发

明代黔东北地区的改土归流加强了区域与中原地区的联系，促进了区域资源开发。进入清代后，内地"核心"对黔东北"边缘"地区的影响进一步扩大，黔东北的农业、手工业、矿业等经济行业持续发展，逐渐与内地接轨。

第一节　农　业

明代黔东北农业得到了长足的发展，但囿于地方不靖，土地抛荒较多。明末清初的战乱更致使人口流失严重，对农业生产影响严重。清朝稳定地方后，对黔东北外围的土司进行了改土归流，并改善了道路交通条件，大量内地人口随之移入，促进了黔东北的农业开发。具体而言，清代黔东北农业开发的成绩主要体现在土地垦荒、农耕技术的发展、粮食作物和经济作物的发展等方面。

一、土地开垦

经明代的土地开垦，黔东北逐渐改善了"地广人稀"的局面。顺治十五年（1658），清廷委任经略洪承畴溯沅水而取贵州，结束了明末清初贵州地区的战乱局面。然明末清初的战乱致使丁逃田荒，地方财赋无从征收。据（康熙）《贵州通志》载，贵州"原额田一百九十八万五千九十八亩九分一厘九毫二丝一忽二微三织四渺"，荒芜田达"八十二万二千七百四十二亩三厘八毫六忽三微七尘六织三渺"①，占总田土四成以上。黔东北各府田土荒芜亦十分严重。康熙年间，思南府"荒芜田五万二千八百七十七亩三分九厘四毫二丝一忽一微八织一渺"②；石阡府"荒芜田四万九千六亩七分七厘四毫一丝八忽七微九尘二织三渺……荒芜山土一万六千八百一亩四分六厘九毫九丝八忽八尘"③；思州府"荒芜田九千九百一十二亩二分八厘二毫七丝三忽四微五尘九织四渺"④；铜仁府"荒芜田四万三千四百四十六亩一分一厘六毫四丝三微八尘一织六渺"⑤。黔东北四府荒芜田土亦占田亩总数四成以上，田土荒芜十分严重。思州府知府蒋深言："查思郡明季有丁二千四百，田有四万八千，培养百年，其丁差田赋，考之赋役全书、通志所载四司熟田尚缺一万，人丁尚少一千六百，良可慨也。"⑥ 田赋乃地方财赋之源，故清廷稳定贵州地方后，便通过奖励垦荒、实行屯田等方式扩大土地资源的开发利用。

清初，贵州地区久经战乱，社会经济凋敝，土地荒芜严重，故清廷稳定地方后，便采取了奖励垦荒政策。顺治十五年（1658）十月三十日，贵州道御史李秀奏言："迩来田土荒芜，财赋日绌。臣以为劝垦荒田之典不可不隆，其州县士民暨见任文武各官并闲废缙绅，有能捐资开垦者，请饬部从优分别授职升用，则不烦帑金之费而坐收额课之盈。"⑦ 顺治十八年（1661）二月十五日，户部议复："云南贵州总督李廷臣条奏：'滇、黔田土荒芜，当亟开垦，将有主荒田令本主开垦，无主荒田招民垦种，俱三年起科，该州县给以印票永为己业。……'应如所请。"⑧ 康熙四年（1665）四月十二日，贵州巡抚罗绘锦疏言："黔省以新造之地，哀鸿初集，田多荒废，粮无由办，请不立年限，尽民力次第开垦，酌量起科。"⑨ 随着地方社会的稳定，清廷奖励垦荒政策的推行，黔东北荒芜田

---

① （康熙）《贵州通志》卷之十一《田赋·贵州布政司》。
② （康熙）《贵州通志》卷之十一《田赋·思南府》。
③ （康熙）《贵州通志》卷之十一《田赋·石阡府》。
④ （康熙）《贵州通志》卷之十一《田赋·思州府》。
⑤ （康熙）《贵州通志》卷之十一《田赋·铜仁府》。
⑥ （康熙）《思州府志》卷之四《赋役志》。
⑦ 清实录（第三册），卷一百二十一，顺治十五年十月癸巳日条［M］.影印版.北京：中华书局，1985：939.
⑧ 清实录（第四册），卷一，顺治十八年二月乙未日条［M］.影印版.北京：中华书局，1985：49—50.
⑨ 清实录（第四册），卷十五，康熙四年四月戊辰日条［M］.影印版.北京：中华书局，1985：224—225.

土逐渐得到开垦。康熙三年（1664），"贵州各府卫开垦田一万二千九百余亩，照例起科"①。雍正八年（1730）七月十五日，贵州巡抚张广泗疏报："南笼、思南等三府，开州、清镇等五州县，开垦本年分田地十一顷有奇。"② 康熙、雍正年间的土地垦荒主要针对"额内"荒芜田土而展开，至乾隆年间土地垦荒逐渐向山地展开。乾隆六年（1741）九月，"户部议覆：署贵州总督、云南巡抚张允随奏称：'黔省地鲜平畴，凡山头地角零星地土及山石搀杂工多获少，或依山傍岭虽成坵段而土浅力薄须间年休息者，悉听夷民垦种，永免升科。至有水可引，力能垦田一亩以上，照水田例六年升科，不及一亩者亦免升科。无水可引，地稍平衍，或垦为土，或成垦为干田，二亩以上照旱田例十年升科，不及二亩者亦免升科。'应如所请。"③ 上述史料大致反映出清代的土地垦荒成绩。

表 3-1　清代黔东北各府厅实在田亩情况表

年份	思南府	石阡府	思州府	铜仁府	松桃厅
康熙年间	85685 亩	40095 亩	38468 亩	41389 亩	—
乾隆年间	97354 亩	51384 亩	55551 亩	71566 亩	—
道光年间	114131 亩	—	—	53361 亩	20230 亩

资料来源：（康熙）《贵州通志》、（乾隆）《贵州通志》、（道光）《思南府续志》、（道光）《铜仁府志》、（道光）《松桃厅志》。

由表 3-1 可见，黔东北各府荒芜田地已渐次复垦。其中，清初平溪卫仍隶湖广都司及辰沅靖道，雍正五年（1727）方裁卫设玉屏县，属黔，隶思州府。故乾隆年间思州府实在田亩较康熙年间增额较多。（乾隆）《玉屏县志》载："玉屏县旧为平溪卫，所辖平屯、麻屯、沅屯三屯。雍正六年（1728）奉旨划清地界。经黔、楚两省会议，将附近湖广麻阳县之麻屯拨归麻阳；附近湖广沅州之沅屯，拨归沅州；将附近玉屏县之沅州西溪六里，拨归玉屏。"④ 松桃厅地处

① 清实录（第四册），卷十六，康熙四年七月丁亥日条 [M]. 影印版. 北京：中华书局，1985：235.

② 清实录（第八册），卷九十六，雍正八年七月丁亥日条 [M]. 影印版. 北京：中华书局，1985：291—292.

③ 清实录（第十册），卷一百五十，乾隆六年年九月壬申日条 [M]. 影印版. 北京：中华书局，1985：255.

④ （乾隆）《玉屏县志》卷之二《区域志·分界》。

黔、楚、蜀交界，原为"三不管地"。"康熙四十三年（1704），平红苗，设正大营，以同知驻其地。雍正八年（1730），平松桃红苗，移同知驻松桃，为铜仁理苗同知。至乾隆六十年（1795），有逆苗石柳邓之变。事平后，增设碉堡，乃就其地设松桃直隶军民府而以乌罗、平头四司之地拨入。"① 故表中道光年间铜仁府实在田亩较前额减少。

清代黔东北土地垦荒虽然取得了一定的成绩，但区域不平衡性仍非常明显，且各地情况差异明显。

黔东北诸府厅之中，思南府幅员最为广阔，"归流最早，既无客户，亦无苗种"②，故其耕地面积亦居黔东北之首，其原额民田达"一十三万八千五百六十三亩二分五厘四毫零"③。思南府辖三司（沿河司、蛮夷司、朗溪司）三县（安化县、印江县、务川县）。至道光年间，"增新垦田三百八十六亩，粮银均较昔为增"④。然府境各司县耕地面积颇不平衡。

表 3-2　清代思南府各司县实在田亩情况表

司县	康熙年间	乾隆年间	道光年间
府辖三司	28566 亩	30011 亩	30520 亩
安化县	31541 亩	36439 亩	38071 亩
印江县	14893 亩	15086 亩	15853 亩
务川县	10684 亩	15816 亩	19699 亩

资料来源：（康熙）《贵州通志》、（乾隆）《贵州通志》、（道光）《思南府续志》。其中，沿河司、蛮夷司、朗溪司为思南府亲辖。

除了耕地分布不平衡外，思南府耕地类型的分布亦有差异。《黔南识略》载：思南府"地邻楚蜀，寒暑较正。田亩东南二乡多水田，西北二乡多旱田，其余皆依山附麓，层累如阶梯，但有泉源引溉者即为膏腴"。安化县"田亩则煎茶溪、来安营等处山高畏旱，沿江一带又时有水患"；务川县"田亩东南二乡为膏腴，西北二乡为硗瘠"；印江县"田亩山高水陡，地土瘠薄，近城平坦处，水

① （道光）《松桃厅志》卷之二《地理门·建置》。
② 《黔南职方纪略》卷六《思南府》。
③ （道光）《思南府续志》卷三《食货门·田赋》。
④ （道光）《思南府续志》卷三《食货门·田赋》。

旱无虞。寨凯一带畏水，落木一带畏旱"①。思南府耕地分布及类型的差异源于山区地理环境的差别。(道光)《思南府续志》言："思郡非沃壤也。依山垦田，凡山间小坦夷处，胥辟治焉。冈陵之地有田矣，然不可以亩计，原隰之地有亩矣，然不可以里计，以其鲜十里平畴也。若山农耕土为生，有户无田者，又比比矣。"②

思州府清初所辖仅四司，原额民苗田"四万八千三百八十亩二分零四厘"，此为明万历年间丈量之数。明末清初，地方不靖，人丁逃亡，田土荒芜。康熙七年(1668)，实在田土仅"二万九千一百六十三亩一厘九毫八丝一忽"。"康熙七、八两年报垦田八千四百八十一亩五分一厘五毫。二十四年(1685)奉旨清丈又实在田三万八千四百六十八亩零一厘七毫二司六忽五微四厘六渺"③。雍正五年(1727)，"割湖广平溪、清浪二卫来属，改为玉屏、青溪二县，隶府"④。原平溪、清浪屯田经划拨亦渐次属府。至乾隆年间，经历年开垦，"实在成熟田五万五千五百五十一亩"，荒芜田仍达"三万四千五百九十一亩"之多。康熙年间，思州府知府陆世楷描述道："竟日行荒岭，披荆复扪萝。山村烟屋少，溪路石田多。土旷牛常卧，仓空雀不过。穷乡兼俭岁，未忍说催科。更入穷荒境，高平聚犵苗。未能通嗜欲，渐可服征徭。骇鹿投深莽，饥鹰逐迅飚。不毛今古地，谁与问刍荛。"⑤ 故其有《裁并思州府议》，认为：思州府"较之他省尚不及一小县"，"附郭居民尚不满一百家"，"四土司境内合计不满二千烟，且大半俱系流户"，营伍不设，商旅不通，且"孤悬楚境，平、清两卫上下夹持"，乞将思州降府为州⑥。此议虽未经批准，但亦从侧面反映出思州府之窘境。其时，"思郡民田旧额四万余亩，不过江浙一二富家之产耳，四土司丁口计其力耕，所获者尚不足以自给"⑦。《黔南职方纪略》亦载：思州府"田土颇瘠……产米仅敷民食，偶歉收，即藉楚米接济"⑧。境内玉屏县"田多硗瘠"；青溪县田亩"惟漏溪一屯两山夹峙地苦硗瘠，其余各屯尚多膏腴"。玉屏、青溪

---

① 《黔南识略》卷十六《思南府》。
② (道光)《思南府续志》卷三《食货门·田赋》。
③ (康熙)《思州府志》卷四《赋役志·田粮》。
④ 《黔南识略》卷八《思州府》。
⑤ (康熙)《思州府志》卷之八上《艺文志》。
⑥ (康熙)《思州府志》卷之八上《艺文志》。
⑦ (康熙)《思州府志》卷四《赋役志》。
⑧ 《黔南职方纪略》卷十八《思州府》。

二县丰年尚足民食，偶遇歉荒，则需思州府拨发。可见，思州府田土荒芜仍十分严重。

石阡府地处万山之中，"不与他省接壤"，所辖龙泉一县，苗民、石阡、葛彰三司。石阡府"土狭而多瘠，明末民遭苗寇田卒汗莱"①。康熙年间，石阡府荒芜田达"四万九千六亩七分七厘四毫一丝八忽七微九尘二织三渺"，占原额一半以上（原额田八万九千一百二亩二厘一毫二丝）；荒芜山土更达"一万六千八百一亩四分六厘九毫九丝八忽八尘"，实在山土仅"一千二十八亩九分七厘八毫四忽"②。可见，田土荒芜情况非常严重。随着战乱平息，"招复流亡，豁除荒赋"，休息生息，荒芜田地渐次复垦。乾隆二十八年（1763），罗文思莅任知府石阡，认为："阡山多溪流，民颇自取以溉焉。第渠源易涸，堰能长蓄，作坝安车，皆引水之法，是不可不详究为斯民劝。"③ 遂推广塘、坝之利，使石阡"通水利，故无虞"④。至乾隆年间，石阡府实在成熟田"五万一千三百八十四亩三分八厘一毫六丝二忽九微七尘八织五渺"，实在成熟山土"六千一百八十五亩四分九厘九毫四丝七忽四微"，较清初已颇有改善。《黔南识略》载：石阡"虽其地苦瘠，层级树艺，泉源四处，脉注而绮交之，有歉岁无殣民也"，所辖龙泉县"田亩则长碛一带皆山石确莘之地，长水巅一带高下适均，颇称膏腴"⑤。可见，清代石阡府垦荒之成效。

铜仁府地处辰沅上游，明季动乱频仍，加之清初战乱，民散田荒。康熙年间，荒芜田土达"田四万三千四百四十六亩一分一厘六毫四丝三微八尘一织六渺"⑥，占总数一半以上。（道光）《铜仁府志》载："贵州土地硗确，惟正之供不敌中原一大郡。铜仁又贵州之一隅，田多仄嵝，民少盖藏，生计甚微，殆荒瘠之甚耳。"⑦ 此为铜仁府耕地情况之大概。随着奖励垦荒、轻徭薄赋的推行，铜仁府荒芜田土逐渐复垦。至乾隆年间，荒芜田缩减至"一万三千四百六十八亩四分二厘二毫五丝一忽九微一尘四渺"⑧。由于毗邻苗疆，丁银、田赋俱"供

---

① （光绪）《石阡府志》卷七《田赋志》。
② （康熙）《贵州通志》卷十一《田赋·石阡府》。
③ （光绪）《石阡府志》卷二《地舆志·渠堰》。
④ 《黔南识略》卷十七《石阡府》。
⑤ 《黔南识略》卷十七《石阡府》。
⑥ （康熙）《贵州通志》卷十一《田赋·铜仁府》。
⑦ （道光）《铜仁府志》卷四《食货》。
⑧ （乾隆）《贵州通志》卷十三《食货·田赋·铜仁府》。

支兵糈"①。清初，铜仁府辖铜仁一县，省溪、提溪、乌罗、平头四司，"自正大营以北，俗名三不管地，昔为红苗所踞"。康熙四十二年（1703），平定松桃红苗，设正大营同知。雍正年间，清廷经略苗疆，"新辟苗疆六厅"，铜仁府红苗亦得以平定，移正大营同知驻松桃。雍正年间，武陵山区众土司逐渐改流，为内地无地贫民的迁入创造了有利条件。"改土归流"后，黔东北少数民族地区汉户迁入较多。《黔南职方纪略》载："乌、平二司在铜郡西北，提溪一司为铜郡西鄙，惟省溪司与郡治最近，其联松桃苗地，昔年安插汉户，均有成熟老添，额粮一概拨归松桃管辖。乾隆间，省溪、前洞、内科股旁，苗汉接连之处，续报新垦天地，升粮即照内科股则例起征，与松桃苗地仅完无亩粟粮有别，因名其地为外科股。"② 外迁客户或佃耕，或垦荒，对少数民族地区土地开垦做出了积极贡献。

随着外迁汉户的增多，其亦向苗疆迁徙。（道光）《松桃厅志》载："松桃汉民五分之二，平头、乌罗等司，皆外省寄籍，以日以年，遂成聚落。壤僻而瘠，一切礼文俱少繁缛。又读书力田而外别无他业，是以其风朴古。"③ 其中，松桃"城西六十里孟溪地，为松桃一大乡。镇距两河口六里，百货辐辏，商贾云集，郡士绅多居于此，田亦膏腴"④。《黔南识略》亦言：松桃"厅出万山之中，地势洼下，气候甚暖，与铜仁府同，平头司亦然，正大营、乌罗司则寒暖适中。惟石岘、凉亭坳、盘石营一带，山高风劲，气候独寒。田亩大抵近水地平者田多腴，山高水少者田多瘠。地暖则谷熟早，地寒则熟迟"。"厅属山多田少，承平日久，生齿渐繁，地力已无余利。"⑤至道光年间，松桃厅"原额民田二万四千一百六十亩三分七厘七毫三丝九忽四微二尘五纤。内除荒芜不开，实在成熟民田二万二百三十亩六分三厘一毫五忽三尘五渺"⑥。耕地成熟情况已颇可观，但成熟民田多集中于乌罗、平头二司。乌罗、平头二司"久隶版图，并无苗民夹杂之处"，故其耕地面积非常可观。其中，以平头司为最，达"一万三百二十一亩一厘四毫九丝九微八尘六纤五渺。内：上里民田，七钱五十六亩五

① （道光）《铜仁府志》卷四《食货》。
② 《黔南职方纪略》卷六《铜仁府》。
③ （道光）《松桃厅志》卷六《风俗》。
④ （道光）《松桃厅志》卷四《形胜》。
⑤ 《黔南识略》卷二十《松桃直隶厅》。
⑥ （道光）《松桃厅志》卷之十二《食货门·田赋》。

75

分五厘四毫八丝二忽九尘四纤二渺。下里民田，三千二百六十四亩四分五厘九毫二丝七忽三微九尘二纤三渺。"乌罗司"成熟民田九千九百九亩六分一厘六毫九丝五忽四尘四纤。内：上里民田，六千八百九十四亩八厘三毫四丝五忽二微三纤七渺。下里民田，三千一十五亩五分三厘三毫四丝九忽八微四尘三纤"。而松桃厅之坡东、坡西地方苗多汉少。"坡东界联楚省永绥、凤凰两厅，铜仁府之正大营县丞，盘石巡检，借地设官。其地深入苗巢，客户尚少。坡西地接乌、平两司，北界四川秀山县，地为汉苗接壤之处，汉户颇多。"① 坡东、坡西汉户"共八百五十七户"②，"新垦旱地一千三百六十二亩一分九厘七毫八丝五忽"③。由此可见松桃厅耕地分布之大致情况。

此外，清代黔东北亦有屯务。乾隆、嘉庆年间，爆发规模宏大的苗民起义，造成黔、楚、蜀三省交界地区的动乱。"事平后，增设碉堡，乃就其地设松桃直隶军民府而以乌罗、平头四司之地拨入。松桃于是版图四至几四百里。四司者，平头正、副长官（司），乌罗正、副长官（司）也。乌罗副司即麻兔司。"④ 同时，邻近之湘西诸厅展开了大规模的"均田屯防"。至嘉庆六年（1801），"铜仁府所属石岘、上潮等十四寨穷苗，与楚苗相互勾结，在平头司沙坝场及四十八溪等地方，焚抢滋扰。铜仁府县境内，被掠尚轻。惟松桃厅属及附近四十八溪、龙眉等处，扰害稍重"⑤。四十八溪乃镇远府"锁钥"，而镇远府又为黔省门户，故清廷紧急令"云贵督琅（轩）、贵州抚院伊（桑阿）暨贵州布政司常[明]详咨赴部，请令征剿"⑥。事平后，设石岘卫，分置八堡，"堡以碉为门者四，余有增设四十八碉，各分屯兵五名，以司巡察"⑦。石岘卫依古州等九卫之例，实行屯军，"安设屯军四百名，共给田一千六百一十六亩，免纳租粮。……各屯军丁，无事则力农肆武，有事则补巡防，既资弹压苗人，又可稽备调遣"⑧。据《石岘卫设置屯军始末实录》载：石岘卫共"屯军四百名，内设百户四名，总旗八名，分布八堡。每军一名赏授田四亩，百户每名加给田四亩，总

① 《黔南职方纪略》卷六《松桃厅》。
② 《黔南职方纪略》卷六《松桃厅》。
③ （道光）《松桃厅志》卷之十二《食货门·田赋》。
④ （道光）《松桃厅志》卷二《地理门·建置》。
⑤ 苗疆屯防实录［M］.伍新福，校点.长沙：岳麓书社，2012：442.
⑥ （道光）《松桃厅志》卷十八《屯兵》。
⑦ （道光）《松桃厅志》卷十八《屯兵》。
⑧ （道光）《松桃厅志》卷十八《屯兵》。

旗每名加给田二亩，共给田一千六百一十六亩，奉准免纳租粮。饬令屯军自亲耕。该管卫千总课督耕作，屯兼任。余田二百一十二亩，每亩出谷三石，共出花谷六百三十六石。又旱田四百九十八亩，每亩交水谷十分之四，每亩出谷一石二斗，共出谷五十七石六斗，水旱田亩均招佃耕种，除分去佃户一半，每年照抵松桃厅具报。秋成中米价值一两或一两二、三分不等，每年约变米价银三百另八两四钱至三百一十七两零，作为卫官俸薪、养廉、心红纸张、案依、役食、屯军年支药铅等项，按款支销，仍由松桃厅按年造册，详请藩宪转详抚宪，咨部核销"①。石岘卫各堡屯田具体情况如下：

> 勘丈石岘卫屯递产，通溪凡属苗田，丈量得水田一千八百二十八亩，计田大小六千零四十丘，弓口量得四十一万九千零八十九步六分九厘，品作九股。
>
> ——坝得堡，分得田大小五百九十二丘，量得二百亩，积得田四万八千零二十九步三分。
>
> ——九安堡，分得田大小五百一十三丘，量得二百亩，积得田四万八千零二十八步六分。
>
> ——怀恩堡，分得田大小五百九十二丘，量得二百亩，积得田四万八千零二十九步六分。
>
> ——西溪堡，分得田大小六百二十九丘，量得二百亩，积得田四万八千零一十二步八分。
>
> ——茶园堡，分得田大小六百五十九丘，量得二百亩，积得田四万八千零一十七步九分。
>
> ——大营堡，分得田大小六百六十六丘，量得二百亩，积得田四万八千零一十七步九分。
>
> ——绥宁堡，分得田大小七百零一丘，量得二百亩，积得田四万八千零二十五步四分。
>
> ——太平堡，分得田大小一千零二十丘，量得二百亩，积得田四万八千零二十五步四分。
>
> ——卫官，分得田大小三百一十丘，量得二百一十二亩，积得五万一

① （道光）《松桃厅志》卷十八《屯兵》。

千零八十三步一分九厘。

　　卫官分得旱田四百九十八丘，荒土二百九十八段，系均估之数，添卫官廉俸等项，未过弓口丈量，给与八堡屯军佃耕，按年每军完谷七斗四升七合。又征课银三钱，以为佃耕旱田荒土甘议籽粒之项，免临田地分花。①

　　《黔南识略》亦载："道光六年（1826）石岘大水，冲刷屯田二十九亩，卫官田一百四十三亩，又拨卫官田二十九亩补给屯军，卫官水田止余四十亩，不敷廉俸等项之需，现已筹款支给。屯田皆临河，八年（1828）筑堤，以防水患冲刷，各田可望渐次修复。卫千总督率屯兵，三时力田，一时讲武，各卡轮流巡警，为西南一带地方卫护。"② 松桃直隶厅的设立，不仅巩固苗疆，安靖地方社会，还在土地资源开发方面贡献颇多。松桃厅"藩篱东北，保障西南，虽一隅哉，足为全黔重矣"③。

二、粮食作物和经济作物的发展

　　清初贵州社会动乱，农业生产受到严重影响，故时人多发贫瘠之语。（康熙）《贵州通志》即言："黔地瘠而贫。桑麻既少，鱼盐不通，即有所生仅足给小民之日用，无一可供天府之需。"④ 黔东北地区亦如此。受山区地形之影响，思州府"所获者尚不足以自给，而又无桑土漆林之利"。可见清初农业生产之萧条。随着各级官府的引导，尤其是雍正年间改土归流后，内地移民甫入，不仅使得荒地得以开垦，生产技术亦随之提高，促进了黔东北农业生产的较快开发。其中作物种类的丰富、新作物的引入与推广、经济作物的种植等方面表现尤为突出。

　　（一）粮食作物种类的丰富

　　黔东北山田为多，水利初兴，粮食作物种类的丰富对农业生产至关重要，故受到各级官府的高度重视。乾隆五年（1740）十一月，张广泗上疏言"山土宜广行垦辟、增种杂粮"，得到认可："查黔省山土既多未辟，收获惟恃稻田。应如所议。凡有可垦山土，俱报官勘验，或令业主自垦，或招佃共垦，按其勤

----

① （道光）《松桃厅志》卷十八《屯兵》。
② 《黔南识略》卷二十《松桃直隶厅》。
③ （道光）《松桃厅志》卷四《形胜》。
④ （康熙）《贵州通志》卷十二《物产》。

惰，分别劝惩。其无业主之官山，一概招人认垦，官为立界，给照管业。至劝民随时播种卒粮之处，应令地方官酌借谷种。"① 务川县知县康熙年间"全民开垦荒田千余亩"②。荒田的开垦、杂粮的推广，使得黔东北粮食作物逐渐丰富，粮食产量得以自足。

1. 水稻

黔东北自明代改土归流后即引入内地水稻品种，但因水利未兴，耕作技术较落后等原因未能得到普遍推广。进入清代后，水稻品种逐渐增多，并且耕作技术、稻谷品质显著提升，是清代黔东北农业开发的重要成就。明代改土归流后，土司制度下的"不得水田"逐渐废除，水稻种植便得到重视。随着外地移民的迁入，水稻品种亦逐渐增多，产量亦随之提高。至清代后期，黔东北的水稻品种日益多样化。康熙年间，思州府知府蒋深鉴于旧志"积贮、物产多所未备"，故"详搜胪列"，显示思州府清初有"早稻，种山土中，平地亦种，名曰旱粘"③。此志所载物产中，水稻列于"谷"类之后，说明水稻种植在清初仍不普遍。这同样反映在（康熙）《贵州通志》之中，其《物产志》所列黔东北物产未见水稻。但经百余年的推广，至乾隆年间，"金钗糯"已为思南府众物产之首④。《贵州通志》所载物产聚焦于区域之"土产"，因此水稻列入其首，可见其影响。（乾隆）《玉屏县志》已将"稻"列于众谷物之首，"一曰稌，有粘有糯，有早迟，红白各种"⑤。至道光年间，黔东北各府厅方志关于水稻品种的记载更为丰富。（道光）《思南府志》载：水稻"居人谓之大谷。有早谷、晚谷、粘谷、糯谷。早者，立秋后三五日可获。最早者，百日谷，大暑后即可获。粘谷有贵阳粘、贵东粘、麻粘、沙粘、乌脚粘各种。糯谷有刷帚糯、金钗糯、半边糯各种。惟牛虱糯穗上有芒，熟较迟。又一种曰寸谷糯，实长倍于他种。又一种曰旱稻，不水而活。又一种曰烂草米，实似粟而细。思属下五里多种之。"⑥ 从中可见，水稻作为"大谷"在众粮食作物中已颇为重要，其品种亦多

---

① 清实录（第十册），卷一百三十，乾隆五年十一月癸酉日条 [M]. 影印版. 北京：中华书局，1985：899—902.

② （道光）《思南府志》卷四《秩官门·名宦》。

③ （康熙）《思州府志》卷四《赋役志》。

④ （乾隆）《贵州通志》卷十五《物产·思南府》。

⑤ （乾隆）《玉屏县志》卷五《赋役志·物产·谷类》。

⑥ （道光）《思南府志》卷三《食货门·土产·谷之属》。

至十余种。思南府所辖印江县"无特产业，惟大石墩山麓之稻，米白而香，甲于思郡"①。（道光）《铜仁府志》所载物产未列"谷类"，然据同时期松桃厅情况亦可推之大概。（道光）《松桃厅志》载：水稻有"北风籼，冷水籼，稻，矮籼，洗把籼，黄瓜籼，桂阳籼，打谷糯，红壳糯，百日籼，打谷籼"众多品种。可见，清代铜仁府水稻种植的重要性和品种的丰富性。由上可见，清代黔东北的水稻种植逐渐普遍，已成众粮食作物之首，并且品种逐渐多样化，从中可见清代黔东北水稻种植的较大发展。

2. 杂粮

水稻种植强调水利灌溉，而黔东北属山地环境，故仍需要种植麦类及其他杂粮以"佐食"。（道光）《思南府志》载：思南府"惟稍平坦处，略成阡陌焉。若山农则锄戴石之土，杂种包谷、高粱、粟谷、毛稗，尤恃番薯以给朝夕"②。所辖安化县"所产稻谷无多，全赖杂粮接济"③。务川县"产米不多，有包谷杂粮等项，足敷民食，无须他处接济"④。思南府开辟较早，尚且所产仅敷民食，其他各府情况更是如此。而松桃厅设立最迟，其境动乱频仍，"山多田少。……米贱，每官斗价一钱二分，米贵递增，斗米值价银一钱至二钱不等。米价昂贵，甲于黔省。岁稍歉，即不敷民食"⑤。因此，引入并推其他粮食作物对弥补水稻不足至关重要。

康熙年间，思州府杂粮有黍（高粱）、稷（粟类，似黍而小者）、粟（小米，有黄白二种）、梁（穇子，米似麦，三种）、莜（有苦莜、甜莜二种）、豆（有豌豆、扁豆、蚕豆、豇豆、黄豆、绿豆、黑豆、红豆、饭豆各种）、秬（黑黍）诸种⑥。至乾隆年间，所辖玉屏县杂粮众多，有"粟（俗云小米，有粘糯两种）、黍子（一曰秬，一曰秠）、麦（大麦，一曰酱麦；牟麦、小麦，一曰燕麦）、荞（有甜苦二种）、高粱（一曰蜀黍）、玉米（包谷米）、川谷米（薏苡）、豆（有黄豆、绿豆、饭豆、豌豆、黑豆各种）"众种⑦。

---

① （道光）《印江县志》卷之一《田赋志第四》。
② （道光）《思南府志》卷四《地理门·风俗》。
③ 《黔南识略》卷十六《思南府·安化县》。
④ 《黔南识略》卷十六《思南府·务川县》。
⑤ 《黔南识略》卷二十《松桃直隶厅》。
⑥ （康熙）《思州府志》卷之四《赋役志·物产·谷类》。
⑦ （乾隆）《玉屏县志》卷五《赋役志·物产·谷类》。

在思南府，杂粮种植亦非常普遍，以至"华实被野，黍稷盈畴"①。据（道光）《思南府志》载，杂粮品种主要有以下数种。

梁：居人谓之小谷，有粘糯二种。春种秋熟，实兼黄白二色。

菽：居人谓之豆，黄豆最繁，黑豆、花豆次之。绿豆实小而圆。蚕豆、豌豆数种，均佐谷食。又一种扁豆，红白二色。豇豆、四季豆二种，居人以嫩壳供蔬。至如爬山、画眉、鱼鳅等名，皆因形取肖，种者亦多。

麦：有大麦、小麦、米麦、燕麦、老麦各种，其助饔飧者，小麦为重。秋种夏熟，壳甚坚韧，熟较早，叶逊各种。燕麦较他种为小，味迹迥别。农人或刈未实之苗饭牛。

黍：与稷类，叶似芦，高可丈许，居人谓之高粱，穗暗红色，实圆重。取以酿酒，糯者亦可佐食。又一种，高三五尺，名黍子，米性粘，可作粥。间有种者。

稷：与黍同，月令云，秋种夏熟，思郡无此种。考稷：一名䅟，一名穄，一名秫，为五谷。长本草。稷之粘者为黍。

玉蜀黍：居人谓之包谷，有红、白、黄三色。花开于顶，实缀于身，护以层壳，须茸茸然。春种夏收，夏种秋收。高山沍寒处，有入冬始收者，山农种以佐谷。

荞麦：有苦、甜二种，春秋俱可种，百日内即成实。

稗：有红、绿二种。鸡爪、鹅掌等名，亦曰穇子，米实红。居人团饼以食，或研面和饭。思属下五里等地多种之。

薏苡仁：居人谓之五谷米，间有种者。

思南府杂粮多种于山地。（道光）《思南府志》载："若山农则锄戴石之土，杂种包谷、高粱、粟谷、毛稗，尤恃番薯以给朝夕。"②

松桃厅开辟较晚，田土无多，"大抵近水地平者田多腴，山高水少者田多瘠。地暖则谷熟早，地寒则熟迟"③。山地地形促使厅属居民广种杂粮以度日。（道光）《松桃厅志》载："松桃山多田少，居民耕种以食，大无储积，全赖雨

---

① （道光）《思南府志》卷三《食货门·土产》。
② （道光）《思南府志》卷四《地理门·风俗》。
③ 《黔南识略》卷二十《松桃直隶厅》。

旸时。若百谷顺成，庶几自给。"① 厅志所载杂粮有"青皮豆，马尾高粱，粱，黑大豆，泥黄豆，峨眉豆，鼓米高粱，菽，红豆，绿豆，饭豆，蓑豆，豌豆，蚕豆，豇豆，茶豆，冬豆，牛打脚，裙带豇，胀气豇，羊眼豆，刀把豆，四季豆，和尚麦，谷麦，黄麦，半麦，燕麦，荞麦，麦，黍，稷，粟，糯粟，穆子，油麻，稗子，薏仁，红薯"② 众多品种。《黔南识略》亦载：松桃厅"乡民勤俭力田之外，栽桐、茶诸树及种包谷、番薯等物，男女共之"③。

石阡府其地虽瘠，然水利兴起，故可"有歉岁无殍民"，境内水稻之外，亦种杂粮佐食，有粱（有白赤黄三种，均可酿酒）、黍、稷、小麦、大麦、燕麦、荞麦、青稞、黄稗（水旱二种）、玉黍（蜀黍，名包谷）、大豆（有黄青黑紫数种，可作腐、取油）、小豆（色赤）、绿豆、扁豆、蚕豆（一名胡豆）、菀豆等诸种④。

（二）新作物的引入与推广

清代黔东北的杂粮作物中，有几种高产、耐旱作物尤为值得关注。其中，玉米、番薯、红薯等作物对补充粮食作物的不足起到了至关重要的作用。

玉米，又名包谷、玉米黍等，原产于美洲大陆，后经哥伦布传至欧洲和亚洲地区。玉米"一株常二三包，上收之岁，一包结实千粒，中岁每包亦五六百粒，种一收千，其利甚大"⑤。玉米高产、耐旱，适应黔东北地区的山地土壤环境，是水稻、麦类等粮食作物的重要补充。"据各地方志记载，广西始见于嘉靖十年（1531），云南始见于嘉靖四十二年（1563），湖南始见于清康熙二十三年（1684），四川始见于康熙四十二年（1703），由此推断传入贵州的时间大约在明末清初。"⑥ 然查阅明末清初黔东北方志，笔者未发现有关玉米的相关记载，可见明末清初玉米或已引入黔东北地区，但并没有受到足够的重视，尚未普遍种植。至乾隆年间，《玉屏县志》将玉米载入，俗称"包谷米"，列于稻、粟、黍子、麦、荞、高粱等作物之后。同时期《黔南识略》亦载：松桃厅"乡民勤俭

---

① （道光）《松桃厅志》卷之一《天文・气候》。

② （道光）《松桃厅志》卷之十四《食货门・土产》。

③ 《黔南识略》卷二十《松桃直隶厅》。

④ （光绪）《石阡府志》卷七《田赋志・物产・谷之属》。

⑤ 《三省边防备览》卷十二《策略》。

⑥ 《贵州六百年经济史》编委会．贵州六百年经济史［M］．贵阳：贵州人民出版社，1998：111.

力田之外，栽桐、茶诸树及种包谷、番薯等物，男女共之"①。思南府务川县"产米不多，有包谷杂粮等项，足敷民食"②。这说明此时玉米已经得到普遍重视，为黔东北重要作物之一。至道光年间，黔东北各地已经普遍种植玉米。(道光)《思南府志》载：玉米为山农杂种于山田之中③，称"玉蜀黍，居人谓之包谷，有红、白、黄三色。花开于顶，实缀于身，护以层壳，须茸茸然。春种夏收，夏种秋收。高山冱寒处，有入冬始收者，山农种以佐谷"④。然此志所列"玉蜀黍"仍位于稻、粱、菽、麦、黍、稷之后。(道光)《松桃厅志》亦载：松桃"山多田少，种稻而外，山坡杂植粟、菽、膏粱、大小麦以补其缺。……包谷亦分旱、晚二种，瘠土之民，藉佐饔飧"⑤。同书"天文门"亦载：松桃"地多硗瘠，不耐亢燠……民食以稻为主，自稻而外，百谷略备。近今于山之坡坨处多种包谷"⑥。可见，此时玉米已经普遍种植于山土贫瘠之处，成为居民佐食之重要来源。至光绪年间，《石阡府志》载有"玉黍，即蜀黍，名包谷"⑦，说明此时石阡府境内已遍植玉米。此外，《苗防备览》载："苗耕，男妇并作。山多于田，宜谷者少。燔榛芜，垦山坡，种芝麻、粟米、麦豆、包谷、高粱、荞麦诸杂粮。既种三四年则弃地而别垦，以垦熟者硗瘠故也。弃之数年，地方既复，则仍垦之。"⑧ 由以上资料可见，清末民初是玉米在黔东北推广的重要时期。与此同时，玉米的种植进一步向黔东北少数民族地区扩散。

玉米之外，清代黔东北引种了番薯和红薯两种高产作物。番薯，又名红苕，有土、洋二种。黔东北土番薯种植历史较久，洋番薯则大约清末民初引入。《黔南识略》载：松桃直隶厅"勤俭力田之外……种番薯"⑨。(道光)《松桃厅志》土产载有"红薯"，居"谷之属"⑩，并言居民于"山之平衍处广栽红薯，贫民资以佐食，举恃时雨浸润"⑪，仅次于"包谷"，"剪芽以种，实缀于根，累累贯

① 《黔南识略》卷二十《松桃直隶厅》。
② 《黔南识略》卷十六《思南府·务川县》。
③ (道光)《思南府志》卷二《地理门·风俗》。
④ (道光)《思南府志》卷三《食货门·土产·谷之属》。
⑤ (道光)《松桃厅志》卷之六《风俗》。
⑥ (道光)《松桃厅志》卷之一《天文门·气候》。
⑦ (光绪)《石阡府志》卷七《赋役志·物产》。
⑧ 《苗防备览》卷八《风俗考上》。
⑨ 《黔南识略》卷二十《松桃直隶厅》。
⑩ (道光)《松桃厅志》卷之十四《食货门·土产·谷之属》。
⑪ (道光)《松桃厅志》卷一《天文门·气候》。

珠，味极甘美，秉土之气最养人，以之代饭，可免菜色。山谷间，坡坨石缝，随栽随活，较他种所收，不啻三倍"①。（道光）《思南府志》亦载：思南府山民"尤恃番薯以给朝夕"②。

由上，玉米、番薯等高产、耐旱作物引入黔东北地区后，逐渐得到推广，进而影响了农作物的种植结构，有效地促进了黔东北地区的粮食供给。"正是由于玉米、番薯的引种和推广提高了粮食的单位亩产量，同时又扩大了耕地面积，因而，两个因素综合作用的结果，使清代贵州的粮食总产量得到提高。粮食总产量的大幅度提高，一方面适应了清代贵州人口增长对粮食的需求，另一方面也使农民挪出部分耕地种植经济作物，为经济作物面积的扩大提供了可能。"③

（三）经济作物的种植

随着耕地得到垦辟，黔东北地区粮食生产已经"足敷民食"，促使农业生产逐渐转向经济作物的种植以追求更高的生产效益。清代黔东北商品贸易的发展，使农副产品卷入其中，故黔东北农民亦可通过贸易市场进行粮食交换。这一方面促使"农民的阶级分化，出现了萌芽状态的自由劳动者"；另一方面"经济作物由于一般效益高于粮食作物，刺激了农民的种植，因而比重日益增大"④。本文从布料作物、染料作物、油料作物、蜡树、其他经济作物几个层面大致梳理清代黔东北经济作物种植情况。

1. 棉麻作物

清代黔东北推广的布料作物以棉花、麻、桑三种为大宗。其中，棉花与麻自明代黔东北改土归流后即普遍种植，桑则是在清代各级官府的推动下逐渐兴盛起来。布料作物一方面可供居民自用，另一方面还可以通过市场交换换取经济效益，因此布料作物在黔东北的推广较为普遍。

苎麻是黔东北地区的传统织料，在黔东北地区皆有分布。自明代改土归流后，邻省客商就收购黔东北的苎麻。（嘉靖）《思南府志》即将苎麻列为"货物"⑤。至清代，苎麻种植得到推广。（康熙）《思州府志》载有"苎麻"，属

---

① （道光）《松桃厅志》卷之六《风俗》。

② （道光）《思南府志》卷二《地理门·风俗》。

③ 何伟福. 制度变迁与清代贵州经济研究［M］. 北京：中国时代经济出版社，2008：119.

④ 何伟福. 清代贵州商品经济史研究［M］. 北京：中国经济出版社，2007：54—65.

⑤ （嘉靖）《思南府志》卷之三《田赋志·土产·货物》。

"货类"①。（光绪）《石阡府志》亦载"苎麻"，仅次于"棉花"，属"货之属"②。（道光）《松桃厅志》物产有苎麻，亦有"枲麻，苴麻，葛麻"等麻类织料③，更载：居民制衣，以"绩麻为线索，备缝纫之用，且以刺履，针黹简朴"。黔东北苗族作"苗锦"甚著，"《峒溪纤志》：苗锦大似苎布，以为巾帨，甚佳。其妇女衣缘领袖皆缀。《杂俎》：藻彩云霞非近致，谓之花练，土俗珍之"④。由上可见，清代黔东北地区苎麻种植的普遍性。

黔东北思南府自明代改土归流后就在川湖移民的带动下种植棉花，为"中州所重，商人获利，故多趋焉"⑤。据《贵州六百年经济史》推断：贵州"棉花的种植，在明代仅见于思南府，大约在明代中叶，川湖流民大量涌入思南地方，见其地适宜植棉，于是开始引种，数年间，获利甚厚，当地农民以此致富"⑥。因棉花"获利"，故各地居民亦尝试引种。（康熙）《思州府志》载：其境产"棉花"，亦有"棉布"，皆为"货类"⑦，说明康熙年间思州府境居民尝试植棉取得了成效。

乡民的引种亦得到了各级官府的积极支持，并对之加以推广。虽黔省气候差异，植棉之地无多，然择适宜之地种植棉花可获利。乾隆五年（1740），署贵州总督张广泗上疏言："劝民种棉织布"，"九卿会议"认为："查棉性喜暖，黔省除威宁、大定等处山高气寒，其余可种棉者甚多。应如所议。令民如法试种，其苗寨素知种棉者劝令广种，有率先遵奉者酌赏。至请募楚、粤织葛机匠之处，亦于后款另议。"⑧ 对此，刑部左侍郎张照疏称："黔省无蚕桑、木棉之利者，似不尽由民愚妇惰。蚕喜晴而黔多雨，木棉喜暑而黔六月如秋。窃恐职此之故，然未经历试，不敢异议。"⑨ 乾隆六年（1741）七月张广泗复奏称："黔省惟思

① （康熙）《思州府志》卷之四《赋役志·物产·货类》。
② （光绪）《石阡府志》卷七《田赋志·物产·货之属》。
③ （道光）《松桃厅志》卷之十四《食货门·土产·枲之属》。
④ （民国）《铜仁府志》卷之七《物产》。
⑤ （嘉靖）《思南府志》卷之一《地理志·形胜》。
⑥ 《贵州六百年经济史》编委会. 贵州六百年经济史［M］. 贵阳：贵州人民出版社，1998：112.
⑦ （康熙）《思州府志》卷之四《赋役志·物产·货类》。
⑧ 清实录（第十册），卷一百三十，乾隆五年十一月癸酉日条［M］. 影印版. 北京：中华书局，1985：899—902.
⑨ 清实录（第十册），卷一百三十，乾隆五年十一月癸酉日条［M］. 影印版. 北京：中华书局，1985：899—902.

南府属皆种棉花，其余地方或种而不生，或花而不实，皆因黔地昼热夜凉，与棉性不宜之故，未可以一二处相宜概之全省。"① 其时，丝、布价昂，故贵州转而"通饬各属于川、楚邻省购种木棉、苎麻，教民纺织"②。可见，由于黔东北地理环境的限制，棉花种植未能普遍推广，故官府转而在适宜植棉之地推广，并从川楚两省购买，教民纺织。

据清代黔东北各地方志所载，棉花种植之地亦是不多。思南府为植棉较早之地，故棉花种植得到推广，并获利颇多。（道光）《思南府志》载："商之由陕、由江至者。边引蜀盐，陕人主之。棉花布匹，江人主之。"③ 此时棉花已经成为思南府土产"出口"内地，由江西商人转卖。（光绪）《石阡府志》"食货志"载有"棉花"，属"货之属"④。（道光）《松桃厅志》物产中亦有"棉花"⑤。亦言"女工不养蚕，地亦不出棉。棉皆取资湖南量买，以供纺织。布阔而粗，取足衣著，不能贸远。余则绩麻为线索，备缝纫之用，且以刺履，针黹简朴"⑥。这说明清代松桃厅不产棉花，仅从湖南购买，以供纺织。思州府属之玉屏地方也大抵如此。

除了黔东北汉民地区外，少数民族地区亦引种棉花，并得到官府的积极推广。乾隆五年（1740），中央王朝在认可张广泗"劝民种棉织布"奏疏中便"令民如法试种，其苗寨素知种棉者劝令广种，有率先遵奉者酌赏"⑦。据严如煜描述，黔东北苗族女子"以布棉为裙"，然"深冬严寒三两重单衣，不衣絮棉"⑧。乾隆年间，铜仁府"禁革碑文"亦有条文："四乡民苗手提零星货物饼面豆棉等物入城者，永不许巡拦人等，勒索税银，致滋扰累，如有不遵察出官参役处。"由上可见，清代黔东北少数民族亦知植棉，然并不普及。

黔东北地区原无桑丝之利。明代，中央王朝经略西南，曾取桑种"遣人送

① 清实录（第十册），卷一百四十七，乾隆五年七月丁亥日条 [M]. 影印版. 北京：中华书局，1985：2918.

② 清实录（第十六册），卷五百七十三，乾隆二十三年十月癸未日条 [M]. 影印版. 北京：中华书局，1985：291.

③ （道光）《思南府志》卷二《地理门·风俗》。

④ （光绪）《石阡府志》卷七《田赋志·物产·货之属》。

⑤ （道光）《松桃厅志》卷之十四《食货门·土产·枲之属》。

⑥ （道光）《松桃厅志》卷之六《风俗》。

⑦ 清实录（第十册），卷一百三十，乾隆五年十一月癸酉日条 [M]. 影印版. 北京：中华书局，1985：899—902.

⑧ 《苗防备览》卷八《风俗考上》。

至辰、沅、靖、全、道、永、宝庆、衡州等处"①，然未及黔东北地区。至清代乾隆年间，改平溪卫属黔，亦从楚省沅洲划拨田土，其中有"全熟桑丝地四亩九分八厘一毫三丝，每亩科征丝银一分七厘九毫六丝三忽五微，共该丝银：八分九厘四毫八丝一忽五微八尘二纤五渺五漠"②。（乾隆）《贵州通志》亦载：思州府"原额条编课程桑丝等银二千二百三十三两三钱一分四厘五毫四丝九忽二尘四织八渺五漠，田荒无征银三百九十四两七钱三分三毫七丝三忽六尘四织八渺，实在有征银一千八百三十八两五钱八分四厘一毫七丝五忽九微六尘五漠"③。贺长龄在《广种桑棉兼教纺织情形疏》中言："桑棉为衣被之大利，而黔省向不多产者……但能织成粗布，唯安顺、兴义、黎平三府，及贵阳府属之定番州间或有之。若细白布则皆贩自他省，路远价昂，故民间谋衣，艰于谋食。……臣自抚黔以来，目击贫民褴褛情形，常以此为地方一大缺陷……因于楚豫两省，购回棉子，散给各属，择其地之相宜者，教民栽种……又督饬贵阳府贵筑县，于省城南门外设局雇匠，教民纺织。……现织成之布，较之贩自客商者，价贱而易售，小民趋利若鹜。省城纺绩者已不下数百家。各属亦闻风兴起，而唯思南府及所属安化婺川两县劝办最为踊跃，可见地方无不可兴之利，但须实力行之耳。"④ 思南府徐近光对引进蚕桑记叙道："森圃郡伯履任思唐，未半载，捐设纺织局，修穷乡僻路，培前任邓云谷太守所植桑园，讼狱不兴，吏役稀少"，并作诗赞其功效：

桑园好

桑园好，桑园好，满园青青长嫩苗。

一尺二尺弱且娇，三尺四尺东风摇。

春宜植，夏宜浇，明年丈二抽新条。

提篮蚕妇笑还语，甘棠虽好无过此。⑤

---

① "中央研究院历史语言研究所"，校刊. 明实录·明太祖实录·卷二百四十六·洪武二十九年五月庚午日条 [M]. 台北：明和美术印刷厂，1964：3027.
② （乾隆）《玉屏县志》卷五《赋役志》。
③ （乾隆）《贵州通志》卷十三《食货·田赋·思州府》。
④ ［清］贺长龄. 广种桑棉兼教纺织情形疏 [M]//彭泽益. 中国近代手工业史资料（第1卷）. 北京：生活·读书·新知三联书店，1957：227—228.
⑤ （道光）《思南府志》卷十二《艺文门》。

思南府属印江县史志亦载："桑亦有之，然不养蚕，云非土所宜。"①

由上可见，黔东北植桑最早为思南府属之玉屏县，其桑田为楚省沅州划拨而来。清乾隆年间，在各级官府的推动下，思南府境引种桑田，然因地理环境差异未得到普及。

2. 油料作物

黔东北山地较多，随着与内地市场联系的加强，油料作物得到显著的开发。其中，包括桐油、茶油、乌桕油、麻油等众多种类。油料作物经济价值颇高，故得到较为普遍的推广。

在思州府，油料作物亦颇丰富，"有菜油、茶油、桐油、桕油、芝麻油、苏麻油、火麻油、罂粟油、草麻油各种"②。所辖玉屏县亦有"芝麻油、苏麻油、茶油、菜油、桕油、桐油"等种类③。思南府油料作物种类多样，有桐油、桕油等。（道光）《思南府志》载："桐、乌桕，实可压油，则落其实而货之。……府县属地，土产寥寥，惟桐油、桕油、山漆及婺川之朱砂、水银，可以行远，产亦无多，下此则药材矣。然皆由各商收贩以去，居人资薄亦鲜业此者，惟米、豆、猪、牛小负贩，俟农隙时，村民多为之。"④ 据该志"土产"所载，桐油、桕油为思南府油料作物之大宗。"桐油，研末而压者，曰明油；炒末而压者曰黑油，运两湖销售；桕油，以白膜压者，曰皮油；以仁压曰木油，运售与桐油同。"⑤ 可见，清代思南府油料种植、加工发展程度已较高。在石阡府，油料作物亦种植颇广。（光绪）《石阡府志》载有桐油、茶油，皆为货类⑥。铜仁府油料作物种类更为丰富，包括桐油、茶油、菜油、麻油、乌桕油、马鞍油、君迁油、蓖麻油等种类。在铜仁府，"桐油是其重要物产，是赋税的重要之源"⑦。与铜仁相邻之松桃地区原系苗疆，开辟后亦多植桐、茶。（道光）《松桃厅志》载："树则桐、茶，可以榨油，亦通商焉。"⑧ 每值"雨水节"，"松厅多种桐。桐即宋陈翥《桐谱》所称'青桐'者是，《本草》谓之：'荏桐'。先花后叶，花亦

① （道光）《印江县志》田赋志《第四》。
② （康熙）《思州府志》卷之四《赋役志·物产·货类》。
③ （乾隆）《玉屏县志》卷之五《赋役志·物产·货》。
④ （道光）《思南府志》卷二《地理门·风俗》。
⑤ （道光）《思南府志》卷三《食货志·土产》。
⑥ （光绪）《石阡府志》卷七《田赋志·物产·货之属》。
⑦ 邓辉. 土家族区域经济发展史［M］. 北京：中央民族大学出版社，2002：269.
⑧ （道光）《松桃厅志》卷之一《天文门·气候》。

媚媚，结实如鸡卵，大而圆，去其壳，压仁为油，资以代烛。居人以是月种其子山谷间"①。松桃厅植桐树，取子榨油已颇具规模，运抵辰州、常德地区。厅志载："地产桐茶，二树除给用外，以其余运出辰、常，而桐油为甚。炒子而榨，谓之'明油'。以之点灯，性耐久。其炒子至焦始入榨者，谓之'黑油'。"② 除桐茶之油外，亦有"麻油""菜油""木油"等种类③，可见其种植规模较广。

3. 其他经济作物

除布料作物和油料作物开发外，清代黔东北地区的其他经济作物亦得到较为广泛的开发。其中，蜡是较为重要的经济作物，素为"川、黔、滇重货"，在明清时期的黔东北史志之中亦多有记载。此外，还有蓝靛、漆树、茶叶等众多经济作物亦因地制宜，相应开发。

蜡是黔东北地区的重要经济作物之一，并于元明时期就已经得到相应开发，并延续至清代。(康熙)《贵州通志》载：思南府"蜡：各县俱有，产岩上蜂房者为黄蜡，产于冬青林者为白蜡"；石阡府"黄蜡：出府属"；铜仁府"蜡：有黄、白二种"④。思州府原亦产蜡，有黄、白二种，"白蜡生于冬青树，俗名蜡树；黄蜡有岩蜡、家蜡"⑤。(康熙)《思州府志》载有杂课"黄蜡一百八十九斤，折价一十八两九钱"，然康熙年间"无征"⑥。松桃厅地方产"白蜡"，属货之属⑦。黔东北蜡有黄蜡、白蜡二种。思南府郡人张敏文《思唐杂咏》云："荒田种蜡裕生涯，万本冬青雪作花。直与压油虫子异，益州名物要搜爬。"⑧《续黔书》言："黔之蜡树尤足贵。取蜡之法，于四月内将蜡虫置女贞树上，虫吸树脂，两三月后渐长如蚕，遂吐蜡卷抱树枝，莹白成片。九月间采取，煎熬作饼。各夷洞惯畜蜡虫，汉民亦间畜之。每二三月进洞收买，虫凡一斗常价用银一两四五钱，贵至二两外，贱极亦一两。畜虫亦在四月中，布种女贞树，但虫必俟一年方收，蜡则半岁可得，故汉民懒于收虫。虫与蜡俱蜡虫所生，共在一股内。

---

① (道光)《松桃厅志》卷之一《天文门·气候》。
② (道光)《松桃厅志》卷之六《风俗》。
③ (道光)《松桃厅志》卷之十四《食货门·土产》。
④ (康熙)《贵州通志》卷十二《物产》。
⑤ (康熙)《思州府志》卷之四《赋役志·物产·货类》。
⑥ (康熙)《思州府志》卷之四《赋役志·杂课附》。
⑦ (道光)《松桃厅志》卷之十二《食货门·土产·货之属》。
⑧ (道光)《思南府志》卷十二《艺文门·乐府附》。

大如豆，上面赤色者为虫，下稍白者为蜡。虫一树止可放三四颗，蜡一树可放二十余颗。树放蜡者，虽有虫辄死不得生子也。"[1]《黔南识略》载：思南府属安化县"冬青放虫取蜡，民稍蜡利"[2]。

此外，黔东北亦出产漆树、蓝靛等燃料作物。（道光）《思南府志》载："漆，出郡属，归大堡，煎茶溪运售。"[3]《黔南识略》载：思南府属安化县"山头地角遍栽桐、楮、杉、漆、冬青等树……漆树倍于他产，夏秋之间，商贾辐辏。"[4] 所辖印江县漆亦为"奇货"[5]。石阡府境产"漆"[6]。铜仁府境亦产"漆树"[7]。

三、农耕技术的发展

随着地方社会的逐渐稳定，尤其是雍正年间的大规模改土归流，内地移民逐渐进入黔东北地区，促进了区域农耕技术的进一步发展。较明代而言，清代黔东北农耕技术的发展主要体现在以下几个方面。

（一）清代黔东北农田水利的兴修

经明代兴修水利后，黔东北各府厅已认识到农田水利的重要性。乾隆五年（1740），贵州总督张广泗与将署贵州布政使陈德荣上疏朝廷"水田宜劝修渠堰"，"大学士九卿会议"复道："查黔地多山，泉源皆由引注，必善为经理，斯沃壤不至坐弃。应如所议。凡贫民不能修渠筑堰及有渠堰而久废者，令各业主通力合作，计灌田之多寡分别奖赏。如渠堰甚大，准借司库银修筑；其水源稍远，必由邻人及邻邑地内开渠者，官为断价置买，无许掯勒。至请仿江、楚龙骨车灌田，并雇匠教造之处，应于借给工本款内另议。……即制造龙骨水车，亦止可各府州县分给一架，劝民照式成造。"[8] 石阡知府罗文思莅任后，认为"阡山多溪流，民颇自取以溉焉。第渠源易涸，堰能长蓄，作坝安车，皆引水之

---

① 《续黔书》卷七《蜡树》。
② 《黔南识略》卷十六《思南府·安化县》。
③ （道光）《思南府志》卷三《食货门·土产·货之属》。
④ 《黔南识略》卷十六《思南府·安化县》。
⑤ （道光）《印江县志》卷之一《田赋志第四》。
⑥ （光绪）《石阡府志》卷七《田赋志·物产·货之属》。
⑦ （道光）《铜仁府志》卷四《食货·土产》。
⑧ 清实录（第十册），卷一百三十，乾隆五年十一月癸酉日条［M］.影印版.北京：中华书局，1985：899—902.

法，是不可不详究为斯民劝"①，故积极修堤筑坝，时人颂道："一堤新筑似重城，半壁江干碧水横。德拟反风能灭火，功同砥柱可驱鲸。任他溪泛家无虑，挽尔澜回户不惊。安枕厘民谁足念，千秋惟戴我公名。"② 罗知府曾"任关中商南县三载"，故颇知水利之重要，认为"山流引渠，高田作堰，平地开塘，沿河筑坝，农民之水利也"③。在任期间，阡"民未知水利引渠安车外，凡通沟渎蓄坡泽者，当为之亟讲也"。并著"堰说""塘说""塘法""坝法"推广水利兴修。清代郑珍根据贵州农田情况，将农田水利分为"拦河""引泉""车田溪"三种途径。其一，"灌溉之利，拦河为上，溪水之流随地势次第节为堰而分之，使东西溉。又相田之高、卑为小沟，轮日泄闭，溉无不均，是坐食其利也，故一溪若流百里，则百里近岸地皆上田"。其二，"次则莫若泉，泉委长者可灌十里田，但泉水有冷热，热者丰，冷则谷迟，迟病秋风"。其三，"又莫若车田溪，大岸高不可拦，横堤之近岸砌隘港焉，水至此速，因为水轮使溜以灌，一轮之水常输五十石谷田，岁一补，三岁一新，逸不及拦田之美，俱无忧水旱"④。在各级官员的推动下，清代黔东北农田水利较明代有明显发展。

首先，清代黔东北地区"拦河"引水，灌溉农田更为普遍。黔东北地区溪流众多，因此利用天然河流灌溉是最为经济的引水方式。"自明代以来，屯堡、村坞大都建在临河地区，近河者可直接引水入田，离河较远的可用沟渠引水，或作坝作堰灌田。"⑤ 罗文思所著《堰说》言："平田作渠，引水以资灌溉，非不善。而天时稍旱，水易竭，与无渠等，惟有堰始能常蓄涧流，作堰之法略如作坝，但坝需留港，此则横截中流，较平田少低数寸，水大则直趋其上，水小则停留不泻也。"⑥ 石阡府筑有戴家坝堰，在府城"西八十里，引水灌千亩田，此外皆渠"⑦。思南府有连环洞，在"府治西四十里，双洞重叠，水可灌田"。并有塘头河，"源出石阡包溪，通舟楫，因地易名"。塘头河支流众多，居人沿

①　（光绪）《石阡府志》卷二《地舆志·渠塘》。

②　（光绪）《石阡府志》卷八《艺文志》。

③　（光绪）《石阡府志》卷二《地舆志·渠堰论》。

④　（道光）《遵义府志》卷十六《农桑》。

⑤　《贵州六百年经济史》编委会. 贵州六百年经济史［M］. 贵阳：贵州人民出版社，1998：102.

⑥　（光绪）《石阡府志》卷二《地舆志·堰说》。

⑦　（光绪）《石阡府志》卷二《地舆志·渠堰》。

岸筑堰，引水灌田，有万家堰、黄家堰、新堰、龚家堰、石马堰、人字堰等①。印江县有马熊洞，"县北五十里，有二泉，一正出，一旁出，居人资以灌田"②。婺川县有龙泉，"县东二十里，一日三潮，消则清，涨则浊，居人资以灌田"③。沿河县井坝河，"平冈穿插，田水相连，登高展望，俨若井田，因以名焉"。并筑有孙家堰，"在县南九十里之六井溪，长五里。道光末乡人筑响水洞以灌民田，至今犹获其利"④。松桃厅孟溪地方，地势平坦，境内并有油蓬、大龙诸洞，居人引水灌田，农耕颇盛。油蓬洞在"城西南十里，在孟溪。内涌清泉，油蓬田亩赖以灌荫"。大龙洞在"城西南七十里，在孟溪。内有泉，水源最大，可灌田数千亩"⑤。

其次，作塘、筑坝，以备旱时之需。山间溪流遇旱则涸，遇涝则洪，故引溪流、泉洞之水，易涨易落，影响农业生产。故清代黔东北各府、厅作塘、筑坝，以资灌溉。"两山夹笒，其中稍平，开土成坻，如阶而下者为塝田，不赖旱，救之惟以塘。塘宜深。作塘之法，先度地势于田头之上，当众流所归处，随地宽广，挖为塘，塘形多上高下低，其下即以塘土筑横堤。堤脚乃布木桥，以防崩卸，中留水宝以备启放，此为头塘，至田之中段，亦有旁山归溜处，照前左为腰塘，次第启放，间有开塘得泉。因泉开塘者，大都藉山泽雨溜以为蓄。塘中储水，草荇荷鱼蝦之类则水活亦可得利。""筑塘者，堤脚布木桥，弗若堤上植柳，枝叶可荫塘水，盘根可固堤脚，溜水宝用新伐松树，存皮剖为两半，刮空如竹之去内节，然长短照堤脚厚薄。松头尺余，上下覆合，压堤下。筑土头入塘内，尾出堤外，鳌头上半空处方寸作水眼，以木条削尖，竖塞水眼。启放时，抽竖木条，水从眼流出，欲止则塞之，松树存皮，在水中经久不朽，塘水肥，菱草乃生，鱼易长，种荷，枝碍鱼游，藕穿堤身。塘不宜种荷。"罗文思莅任石阡知府期间，曾筑登沙塘、湾塘等塘缓解水旱⑥。《黔南识略》评道：石阡府"虽其地苦瘠，层级树艺，泉源四处，脉注而绮交之，有歉岁无殍民

---

① （道光）《思南府志》卷二《地理门·山川》。
② （道光）《思南府志》卷二《地理门·山川》。
③ （道光）《思南府志》卷二《地理门·山川》。
④ 《沿河县志》卷二《水道》。
⑤ （道光）《松桃厅志》卷之四《地理门·山川》
⑥ （光绪）《石阡府志》卷三《山川》载：登沙塘在城南三里，民集堤蓄水，以备旱；《光绪石阡府志》卷三《渠堰》载：石阡府有湾塘。

也"①。可见其之功效。塘之外，作坝，安水车。"水分则势缓，聚则势急。安车之处必急水方能冲转，非筑坝不可。其法用劲木长六尺，为椿，将一头铲尖，交叉打入水中，如鹿角状，于近岸安车用沙石壅堆，使无动摇，其布椿上广下狭，逼水急流至车所，车自转动。若河平水缓则离下坝，则众水由一港奔窜逼成急流，可安水车二座于一处。阡近一带安车之法可谓尽善，未见有用龙骨车者，当授其法也。"② 在罗文思的推动下，石阡府所作塘堰冠于黔东北地区。松桃厅开设较晚，其大塘汛地方，"水由五里牌多鱼洞发源，十里而外，扎塘十五口"③。

最后，黔东北山地较多，开垦梯田是充分利用水资源的重要方式。黔东北山脉之中，多有平坝，可作耕田。如思州府有十万屯，曾为"宣慰屯兵处地"④。思南府万圣山"四面陡绝，上平坦可耕"。又有云盘岩"城西南一百里，一曰营盘，层峦叠嶂，左石鲤岩，右文峰岭，中拓坦地，垦田盈阡"⑤。山间平地有险可守，往往成为避兵之所，如松桃厅西之"云罗屯"⑥。这些山间平坝渐次得到开垦，往往成为避兵、农耕的世外桃源。沿地势高低，利用山泉、溪水灌溉田土则更为普遍。如铜仁府"气候一日之间晴雨不同，即寒暄顿易。郡多山田，虽阴雨连绵，赳泻不至于潦，惟久晴非所宜"⑦。（道光）《思南府志》载：思南府"农事，各视其所居之地，以勤力作。有田之户，清明播稻种，铧焉、犁焉，自一至再。或低水可戽，或他水可决，均属上田，余惟恃雨以治，五六两月雨旸时若，则有年矣。垦田随山势之高下，或斜而长，或环而曲，故不可以亩计，宋人所谓梯田者是。惟稍平坦处，略成阡陌焉"⑧。《黔南识略》亦载：思南府"田亩东南二乡多水田，西北二乡多旱田，其余皆依山附麓，层累如阶梯，但有泉源引溉者即为膏腴"⑨。从上可见，黔东北田土高处畏旱，低处虑涝，筑坝车水方解其困。"贵州最常见的水车是'筒车'，即流水筒轮，又

①　《黔南识略》卷十七《石阡府》。
②　（光绪）《石阡府志》卷三《坝法》。
③　（道光）《松桃厅志》卷五《津梁》。
④　（康熙）《思州府志》卷一《区域志·山川》。
⑤　（道光）《思南府志》卷二《地理门·山川》。
⑥　（道光）《松桃厅志》卷四《山川》。
⑦　（道光）《铜仁府志》卷一《气候》。
⑧　（道光）《思南府志》卷二《地理门·风俗》。
⑨　《黔南识略》卷十六《思南府》。

作圜缚绕轮上，将竹筒或木筒系于轮的一周，水即激轮转，众轮兜水，次第倾于岸上的水槽之中，'以灌水稻，日夜辨析，绝胜人力'。"① 石阡府"自白岩江过府前一带沿河皆水车"②。清代黔东北或引山泉溪水，或车水灌田，将山田渐次开发成梯田，对农业生产影响显著。

（二）肥料与牛耕的运用

清代内地移民大量迁入黔东北地区，随之带来"精耕细作"的农耕技术，如"趣时""和土""务粪""保泽""早锄""早获"等。这些农耕技术进入黔东北地区与区域自然环境相结合，逐渐演化出适应山地农耕的方法。其中，肥料、农耕器具的使用有了较大的发展。（道光）《思南府志》载："瘠田必须粪治，不给则以宿草踏田，俟其腐以代之。近今多取桐实枯饼，碾和柴灰培壅稻根，以壮地力。二麦杂粮胥如之。"③ 除施肥之外，清代黔东北农耕器具亦逐渐丰富起来，"耕种普用犁、耙、锄、锹，施肥用簸箕、高箕、秧马，灌溉用筒车、龙骨车、犀牛，收获用镰刀、掼斗、撮箕、木耙、风簸"④。这都说明清代黔东北的农耕技术已逐渐与内地接轨。

牛耕，是古代农耕技术的重要代表。明代推行屯田时便引进牛耕技术，由官府发给牛、具。至清代，黔东北牛耕技术逐渐得到普及。乾隆年间，铜仁府知府徐如澍诗作提及："鸡犬豕羊牛与马，人各分携汗盈把。"⑤ 思南府印江县南有中州"两水环流，长二里，可资刍牧。每值晴和，牛背笛声，互相响答"⑥。（道光）《思南府志》载：思南府居民"惟米、豆、猪、牛小负贩，俟农隙时，村民多为之。"⑦ 正因为牛对农业生产的重要性，故每值自然灾害、社会动乱影响农业生产后，各级官府都资以牛具等生产物资。如张广泗上奏即称："借给民间牛具、籽种，请于田土多者量增，田土少者递减。"⑧ 此外，官府严

---

① 《贵州六百年经济史》编委会 . 贵州六百年经济史 ［M］. 贵阳：贵州人民出版社，1998：105.

② （光绪）《石阡府志》卷二《地舆志·渠堰》。

③ （道光）《思南府志》卷二《地理门·风俗》。

④ 《贵州六百年经济史》编委会 . 贵州六百年经济史 ［M］. 贵阳：贵州人民出版社，1998：108.

⑤ （道光）《铜仁府志》卷之十《艺文》。

⑥ （道光）《思南府志》卷二《地理门·山川》。

⑦ （道光）《思南府志》卷二《地理门·风俗》。

⑧ 清实录（第九册），卷十，乾隆元年正月乙巳日条 ［M］. 影印版 . 北京：中华书局，1985：341.

禁居民杀牛。铜仁府尹思敬"精明强干，决狱如神，善治盗。……聚赌、宰耕牛诸弊，革除殆尽"①。道光四年（1824），铜仁府发张经田所撰《劝戒食牛杀牛文》，劝居民戒杀牛：

　　牛为养命之源，服田力穑，无一不藉牛力。冬春翻犁，五六人之推挽，不敌一牛之荷负。牛之有功于人大矣哉！试思高黍下稻，千仓万箱酒醴以奉神明，盈止以乐妇，于微牛只功不及此。又况牛之为畜也，饿龁野草渴饮浑泉，不费主人一钱，早作夜休，行泥负重，悉惟主人是命。人何德于牛哉，牛亦何负于牛哉。彼夫力田之家，每念其扶耕之苦，有功于己。食其力者，倡其劳。当老则畜之，死则埋之，或至老且死剥其皮而用其骨，则已愀然有不安者，更何忍利其健壮付之刀俎。以快屠门之大嚼，使受炮烙之惨刑哉。牛者，上天元武之精，下土太牢之饩，非郊祀不敢用，非天神不敢歆德门戒杀。但凡生皆不忍伤，况牛马大畜乎？礼云：诸侯无故不杀牛，士庶之家何可杀之、食之。或者谓食者无罪，罪在杀者。夫操刀之罪既已通天，而食肉之人即同戎者。使世无食肉者，则杀之何益。是以王章必除私宰，冥报最重食牛。例载：私宰耕牛至三条者，问拟发遣。王章俱在，何等森严。至冥报则多见于《感应记》。近相传里人有好食牛肉，于卧病时，有作牛喘而死者。并闻有求死不得，术者置屠家一刀、一盆，于床下，随即气绝者，是可愍也。丙子，湖南乡试，有士子杨某素号能文，头场誊真毕于卷面，书"平生未捐阴隲，但于牛肉未能严戒。"十四字，因此被贴。此则吾乡近事。报应之较较【佼佼】者，以知戒牛不严大关阴隲，以此类推，真可鉴戒。近日，头牛叠案，皆由屠牛者众，易于销赃，私宰充衢亦由食牛者众，易于牟利。夫人不食牛，则杀牛者易业矣。人不杀牛，则偷牛者敛手矣。大凡时气流染感于人心，先贤程子云：水旱螟虫之灾，兵疫牢狱之苦，多由伤生所致，而杀牛为重。又仙子简书云：六畜皆前业，惟牛最苦辛。君看横死者，尽是食牛人。近日，人多灾疾焉，知不因宰食报业，其沴戾之气有以感之。嗟乎！世间何物不可食，而必服耕有功之畜充其饥肠。人生何事不可做，而必以祭享有用之牲，资其生计上干天地之和阴受鬼神之谴责不痛哉！孟子曰：人能无以饿渴之害为心害，可知口腹

_____

① （民国）《铜仁府志》卷八《职官·名宦》。

亦关心术。我辈学道人，当知持戒，而市井或不之察，更望仁人君子于镇市乡村中转相告诫，俾万物命以重农功其果报又岂可思议耶。[1]

值得指出的是，清代黔东北牛耕技术的推广在少数民族地区尚未完成，宰牛吃酒等现象多有发生。如苗族丧葬即"亲戚助以牛酒"，"苗头以富厚者出牛酒调"[2]。少数民族吃"牛酒"原为民族习俗，官府亦难禁止。

第二节　手工业

明清时期，我国手工业逐渐兴起，行业分类愈加细致。清雍正年间，针对武陵山区的土司制度进行了影响深远的"改土归流"，促使黔东北地区与内地的商贸联系更加密切。（道光）《思南府志》载："工匠不能备具，木工、石工，间有习其艺者，多笨拙，其细致者，举由他省来。此外埏埴、缝纫、铜、铁、锡、银等匠，胥致他郡，居人亦为之，不精也。至无常职闲民，出力为人代耕，收其雇值，有岁雇，有月雇，历年久者，谓之长年。及瓜而去，亦不能以主仆概之。"[3] 随着内地移民的迁入和区域性商贸网络的形成，清代黔东北地区手工业逐渐兴起，打破了相对封闭的社会环境，促进了山区资源的进一步开发。

一、纺织业

清代黔东北纺织业在官府推动、市场需求的促进下得到长足发展，并表现在民族织锦、棉纺和丝织等方面。

其一，民族织锦源于黔东北的传统纺织，但随着黔东北与内地的逐渐融合，越来越受到认知和认可。其中，武侯锦、苗锦等民族织锦成为区域的"土产"进入流通市场。武侯锦"用木棉线，染成五色织之，质粗有文采"[4]。"俗传武侯征铜仁蛮不下，时蛮儿女患痘，多有殇者，求之武侯。侯教织此锦为卧，具

---

①　（民国）《铜仁府治》卷之二十《杂记·艺文》。

②　（道光）《铜仁府志》卷二《地理·风俗》。

③　（道光）《思南府志》卷二《地理门·风俗》。

④　《康熙黔书》下《武侯锦》。

立活。故至今名之武侯锦。"① 清代黔东北少数民族的织锦颇盛。（道光）《铜仁府志》载："苗人服饰，五姓俱同，衣常斑丝，女工以此为专务，被用花斑甚短，夜卧蒙头而露足。"② （道光）《松桃厅志》载：松桃"设城最后，饮食、衣服、居室有与汉民迥别者"。乾隆、嘉靖平定苗疆后，"风俗顿改，衣服饮食与汉民不殊"③。此志"土产"载有"土锦"，属"货之属"④。《黔南识略》载：松桃厅"女苗习耕种，勤纺织，养家蚕，织板丝绢及花布棉以为业"⑤。

其二，清代黔东北推广棉花种植和蚕桑养殖，带动了棉纺织行业的发展。明清时期黔东北民间"谋衣"艰于"谋食"，区域布料经营多为外省客商。（道光）《松桃厅志》载："商贾来松厅者，蜀之盐，楚之布，其大较也。"⑥ 因此，雍正年间改土归流后，在总督张广泗的积极筹建下，推动了黔省纺织行业的发展。乾隆五年（1740），张广泗上疏陈"劝民种棉织布"言："至请募楚、粤织葛机匠之处，亦于后款另议。……至养蚕、缫丝、织茧、织葛等匠，不必通省纷纷雇募，应于省城酌定名，数给以工食，使教导本地匠作渐次遍及。"⑦ 乾隆七年（1742），张广泗"于省城设立机局，纺织绸疋"⑧。乾隆二十三年（1758），贵州巡抚周人骥奏："黔省民耕而不织，丝、布昂贵。现通饬各属于川、楚邻省购种木棉、苎麻，教民纺织，俟有成效，再酌立赏罚。"⑨ 至乾隆二十六年（1761），"黔省近年多种棉苎……试织茧绸，各属仿行，渐知机杼"，受到高宗嘉奖⑩。在省府的推动下，黔东北各地积极响应，推广纺织，并以思南府为著。思南府知府夏修恕到任后，"设纺织局教妇女"，知府周作楫"教纺

---

① （民国）《铜仁府志》卷之七《物产·货类》。
② （道光）《铜仁府志》卷二《地理·苗蛮》。
③ （道光）《松桃厅志》卷之六《风俗·苗蛮》。
④ （道光）《松桃厅志》卷之十二《食货门·土产·货之属》。
⑤ 《黔南识略》卷二十《松桃直隶厅》。
⑥ （道光）《松桃厅志》卷之六《风俗》。
⑦ 清实录（第十册），卷一百三十，乾隆五年十一月癸酉日条［M］.影印版.北京：中华书局，1985：899—902.
⑧ 清实录（第十一册），卷一百八十一，乾隆七年十二月乙卯日条［M］.影印版.北京：中华书局，1985：352.
⑨ 清实录（第十六册），卷五百七十三，乾隆二十三年十月癸未日条［M］.影印版.北京：中华书局，1985：291.
⑩ 清实录（第十七册），卷六百四十七，乾隆二十六年十月甲午日条［M］.影印版.北京：中华书局，1985：248.

织"。安化县知县杨钜源"偕夏府修恕设纺织局"。印江县知县王泞"喜夜巡，闻纺织、读书声，辄加奖赏，近城四寨，民多受其赐者"。务川县知县俞汝本"教民缫丝"①。在官府的推动下，思南府"农工毕，妇女纺木棉织以为衣，亦售而取息，以助家用"②。道光二十年（1840），知府夏修恕设纺织，"由府署捐廉买棉花，制纺车。车之制：竖直木为身，安轮其上，绲以弦，下设横木为牡，机投轮窍，以足承之，使转而抽棉于轮上。设铁线十三，曳三纱成三絮焉。计一日之功，可敌三日。觅江右寄籍之妇，能纺三絮者为女师。听城厢内外妇女入局学习。每次六十名，按名授以纺车、给棉，使习课其殿。最日能纺八两者为上，七次之，六又次之。上者赏银牌，重一两。次八钱，次六钱三钱不等。以月为度，学成出局，给纺车一辆，花本一斤，使其家纺成。持纱赴局，第其粗细而易之以花。纱细者，给花如纱之数而增以十两，次者九两，又其次八两、七两，易三次，收回成本，学习者，可获息花三斤有零。其挨次入局者，均如例。女师六名，按名月给钱一千八百文。学习者，日给钱二十文。其弹花工匠并管局、司帐、门役，各给钱有差，计捐廉九百五十两有奇。其纺车工■，前署安化县杨钜源，捐钱一百千制造，不足，则府署继之。安化县陈文衡经理局务。■时挑验捐廉、制牌给赏，约共赏银五十余两。局中出纳，遴郡人安统绪司其事"③。郡人徐近光著《乐府四章》颂道：

> 纺织局，纺声停，织声续，
> 纺织声声如转轴。
> 大妇牵，小妇束，
> 十三十四好女儿，齐向机边忙碌碌。
> 棉一筐，布一幅，轧轧不惜手如玉，
> 从此御寒安且燠，赢得家家衣被足。④

　　道光十八年（1838），务川县知县陈文衡"以县民不知纺织，艰于谋衣"，设纺织局。"募临邑女工来县教习。租城北民房一所为纺织局，制具纺车，谕阖邑妇女报名学习，四十名为一班，资其薪水。勤敏者，奖以银牌。学成出局，

---

① （道光）《思南府志》卷四《秩官门》。
② （道光）《思南府志》卷一《气候》。
③ （道光）《思南府志》卷之二《营建门·公署·附府公所》。
④ （道光）《思南府志》卷十二《艺文门》。

给以车价，俾自制车，仍给棉花纺纱，优其工值。复募男女织匠，制机床织具，分局教织。每班男妇各十人，男局设于城隍庙，均给薪水，以两月为率。贫无力者，并给以织机，令领纱织布。第其工之粗细，分别奖赏。县城向无棉铺，招商领本，于南门内开设棉店，交易棉纱。以便申详立案，抚宪贺据详入奏。奏朱批：'实力劝导，断不可中辍。勉之。钦此。'二十年（1840），署县俞汝本接任，复设局于捕署后，并教缫山茧织绸。"①

二、榨油业

随着清代黔东北地区油料作物的普遍种植，榨油业不断发展。其中，桐油、柏油、桊油、茶油等转卖内地，对区域商业发展起到了推动作用。

思州府地区榨油业颇兴盛，且种类众多。（康熙）《思州府志》载："油有菜油、茶油、桐油、柏油、芝麻油、苏麻油、火麻油、罂粟油、草麻油各种。"② 所辖玉屏县有"芝麻油、苏麻油、茶油、菜油、柏油、桐油"③ 各种。

思南府榨油业以桐油、柏油为主。（康熙）《贵州通志》载：思南府"油桐：是处栽植结实如桃，取其子为油"④。（道光）《思南府志》载："惟桐油、柏油、山漆及婺川之朱砂、水银，可以行远，产亦无多，下此则药材矣。然皆由各商收贩以去，居人资薄亦鲜业此者，惟米、豆、猪、牛小负贩，俟农隙时，村民多为之。"⑤ 此志"食货志"载有"桐油：研末而压者，曰明油；炒末而压者曰黑油。运两湖销售。柏油：以白膜压者，曰皮油；以仁压曰木油，运售与桐油同。"⑥ 思南府所属印江地区有"桐茶桊油漆蜡，皆奇货"⑦。

石阡府榨油业发展较迟，然亦繁荣。（光绪）《石阡府志》载："大豆，有黄青黑紫数种，可作腐、取油。"⑧

松桃厅虽设立最迟，然榨油业亦颇兴盛，有"桐油，茶油，麻油，菜油，

① （道光）《思南府志》卷之二《营建门·公署·务川县》。
② （康熙）《思州府志》卷之四《赋役志·物产·货类》。
③ （乾隆）《玉屏县志》卷之五《赋役志·物产·货》。
④ （康熙）《贵州通志》卷十二《物产·思南府》。
⑤ （道光）《思南府志》卷之二《地理门·风俗》。
⑥ （道光）《思南府志》卷之三《食货志·土产·货之属》。
⑦ （道光）《印江县志》卷之一《田赋志第四》。
⑧ （光绪）《石阡府志》卷七《田赋志·物产·谷之属》。

木油"①等种类。（道光）《松桃厅志》载："树则桐茶，可以榨油，亦通商焉。……惟炸油之茶较多，叶不可食。"②桐茶"二树除给用外，以其余运出辰、常，而桐油为甚。炒子而榨，谓之'明油'。以之点灯，性耐久。其炒子至焦始入榨者，谓之'黑油'"③。

三、造纸业

贵州产纸自明代始。嘉靖年间，贵阳府曾建纸厂一所，"市民子弟皆习学，至今赖其利"④。至清代，黔东北地区各府厅亦有制纸业。《黔书》载："石阡纸极光，厚可临帖。"⑤石阡府所产之纸，为"皮纸"⑥，属货类，久负盛名。思州所产为绵纸⑦。（康熙）《思州府志》载："绵纸"，属"货类"⑧。思州府所辖玉屏县亦产"绵纸"⑨，属"货"类。（道光）《思南府志》载："楮纸，俗名皮纸，郡出不多，惟合水出者颇细致。"⑩思南府所辖印江县产白纸"莹洁如玉，似明代白绵纸，临帖印书皆精绝"，与定番州之纸共被指定为清代科举专用纸⑪。铜仁府用"构树"制纸。（道光）《铜仁府志》载："构树，即楮宝，生山中，可以为纸。"⑫

四、药材加工

俗谚称："黔地无闲草，贵州名药多。"黔东北山重水复，盛产中草药。清代黔东北商贸网络与内地衔接，促进了中草药资源的开发。（乾隆）《玉屏县

---

① （道光）《松桃厅志》卷之十四《食货门·土产·货之属》。

② （道光）《松桃厅志》卷之一《气候》。

③ （道光）《松桃厅志》卷之六《风俗》。

④ （万历）《贵州通志》卷二《贵阳府》。

⑤ （康熙）《黔书》下。

⑥ （光绪）《石阡府志》卷七《田赋志·物产·货类》。

⑦ （乾隆）《贵州通志》卷十五《物产·思州府》。

⑧ （康熙）《思州府志》卷之四《赋役志·物产·货类》。

⑨ （乾隆）《玉屏县志》卷之五《赋役志·物产·货》。

⑩ （道光）《思南府志》卷之三《食货门·土产·货之属》。

⑪ 《贵州六百年经济史》编委会.贵州六百年经济史［M］.贵阳：贵州人民出版社，1998：154.

⑫ （道光）《铜仁府志》卷之四《食货·土产》。

志》载有："五倍子、紫草"①，属货类，为中原所重。（光绪）《石阡府志》载有"黄芩、柴胡、厚朴、黄柏、半夏、南星、犬黄、麦冬、香附、苦参、荆芥、车前、木通、葛根、地骨、何首乌、金银花、五倍子、五加皮、酸枣、苍耳子、牛旁子、益母草、山茱萸、牛膝、石菖蒲、知母、葛粉。"② （道光）《思南府志》载："府县属地，土产寥寥，惟桐油、柏油、山漆及婺川之朱砂、水银，可以行远，产亦无多，下此则药材矣。"③

五、其他手工业

除了上述几种主要手工行业的发展外，清代黔东北的粮食加工、烧炭等手工行业亦有不同程度的发展。如（道光）《思南府志》载："黍……居人谓之高粱……取以酿酒。"④（光绪）《石阡府志》"风俗论"载："稻，秔者宜饭，糯者宜酒；粱，有白赤黄三种，均可酿酒。"⑤ 并载石阡府居人"家祭岁时……宴客，名为节酒。上元张灯立火……士民相兴于胜，概处聚饮。至清明日……佐雄黄酒。……重阳登高饮菊花酒"⑥。此外，烧炭业亦有发展。（光绪）《石阡府志》载有"柴炭"，为"货之属"。

第三节　矿　业

黔东北矿产资源丰富，明代就对黔东北地区的汞矿进行了较大规模开发。至清代后，黔东北矿业开发亦有发展。清康熙、雍正年间，中央王朝为保障区域稳定，实行了较为消极的矿业政策，黔东北矿业开发多由民间自主开发，且有众多限制。"一方面，是因为清朝政府在贵州的开矿政策和在全国其他地方一样是非常消极的，清政府原则上是严禁开采矿山的，除非矿山与政府财政有利，方可准许开采。……另一方面，清政府的消极开矿政策主要是恐惧人民'闹事'

---

① （乾隆）《玉屏县志》卷之五《赋役志·物产·货类》。
② （光绪）《石阡府志》卷七《田赋志·物产·货之属》。
③ （道光）《思南府志》卷之二《地理门·风俗》。
④ （道光）《思南府志》卷之三《食货门·土产·谷之属》。
⑤ （光绪）《石阡府志》卷七《田赋志·物产·谷之属》。
⑥ （光绪）《石阡府志》卷二《地舆志·风俗论》。

所致。"① 雍正五年（1727），上谕称"开矿一事，目前不无小利，聚集人多，为害甚巨。从来矿徒率皆五方匪类，乌合于深山穷谷之中，逐此末利。今聚之甚易，将来散之甚难也"②。乾隆年间，贵州不靖，军费大增，财政入不敷出。清初的矿业开发限制多被废除，推动了黔东北的矿业开发。其中，汞矿、金矿、铅矿、煤炭、石灰等矿业资源得到开采。

一、汞矿开采

贵州汞矿储量丰富，开发历史最长③。黔东北地区汞矿质地精良，为内地所重。明代黔东北曾在万山地区大规模开采，其名甚著。然明清交际，战乱频仍，场局亦纷纷倒闭。至清代康熙年间，黔东北汞矿开采方逐渐恢复。（康熙）《贵州通志》载：思南府"水银，出婺川木悠、板场、岩头诸处，居民穴土百余丈，燃炬入探"④；石阡府"水银，旧出，今废"⑤；思州府"硃砂，旧出施溪，久废，"但仍产"水银"⑥；铜仁府"硃砂，大万山出，今填塞"，水银"砂场久废"⑦。《黔书》亦载："砂床，铜仁箭簇砂，色比靺鞨，大如瑟瑟，散生水晶石中，红白绚映，可宝也。余获其二为笔床焉。"⑧（康熙）《思州府志》载：思州有"水龙坑山，府东北二百五十里，地名坡西，昔产硃砂，今废。"⑨ 所辖施溪司原有"硃砂坑"，"今废"⑩。雍正年间，中央王朝实施了大规模的改土归流，并加强了对贵州的政治、军事管控，军费随之大增。"为缓解财政紧张的问题，特别是为应付庞大的军费开支，在本省田赋税收有限、外省协款经常不能按时足额到位，而其他税收收入又非常微小的情况下，清政府不得不改变在贵

---

① 何伟福．制度变迁与清代贵州经济研究［M］．北京：中国时代经济出版社，2008：120—121.

② 《中国财政史辑要》卷 32《坑治下》中央财政金融学院财政系财政史助教进修班翻印版。

③ 《贵州六百年经济史》编委会．贵州六百年经济史［M］．贵阳：贵州人民出版社，1998：156.

④ （康熙）《贵州通志》卷十二《物产·思南府》。

⑤ （康熙）《贵州通志》卷十二《物产·石阡府》。

⑥ （康熙）《贵州通志》卷十二《物产·思州府》。

⑦ （康熙）《贵州通志》卷十二《物产·铜仁府》。

⑧ （康熙）《黔书》下《砂床》。

⑨ （康熙）《思州府志》卷一《区域志·山川》。

⑩ （康熙）《思州府志》卷一《区域志·古迹》。

州严禁开采矿冶业的政策，代之以在征收一定矿税的前提下有限制地开采矿业的政策和制度安排。"① 随着矿业开采政策的松弛，黔东北地方汞矿得到进一步开采。（乾隆）《贵州通志》载：思南府有"朱砂、水银"；石阡府有"朱砂、水银"；思州府有"硃砂"；铜仁府产"硃砂……水银"②。其中，思南府务川、铜仁府万山都是清代黔东北汞矿开采重地。（道光）《思南府志》载：硃砂，水银，皆出务川③，"可以远行"④。"婺川县打蕨沟水银朱砂矿厂，水银百斤，三七抽课；朱砂百斤，二八抽课起解。因洞老山空，于乾隆四十三年（1778）详请封闭。"⑤ 郡人张敏文《思唐杂咏》云："当年火种刀耕地，次日花团锦簇天。砂汞厂连金铁厂，小盐船接大盐船。"⑥《黔南识略》载：务川县"潜山在城二十五里，产朱砂。……长钱山在城东北五十里。县旧有板场坑水银场，税课局盖置于此，成化九年废。""大岩山、何家洞向有水银朱砂厂，近已封闭。"⑦ 光绪间，务川"木油厂开发最盛，每场可运出水银二三十挑（一挑重40公斤，据此统计，此处年产约 70 吨），依附为生者数千人……采矿之中心由木油厂南移至岩峰脚及北至干溪、板场、董家坝一带……木油厂一对昼仅可冶炼红粉二百至三百公斤"⑧。由上可见思南府务川县汞矿开采之兴盛。

铜仁府汞矿出万山。（道光）《铜仁府志》载："硃砂 原志铜仁产者有形如箭镞者，号箭斗砂，最为可贵，产于万山厂。他砂皆产于土中，此砂独产于石夹缝中，取之最难，每块并无重至一两者。黔书铜仁箭镞砂色比鞈鞈，大如瑟瑟，散生水晶石中，红白绚映，可宝也。余获其二，为笔状焉。此山董先生识其所见如此，万山厂所产尚有如鱼如马如鸡者，地灵之生物奇矣哉，厂之人以为砂精，见之不宜，今厂废。水银，万山出，久荒废。"⑨

《黔南识略》亦载："大万山在城南二百里，县属万山司前，旧产朱砂。"

---

① 何伟福. 制度变迁与清代贵州经济研究［M］. 北京：中国时代经济出版社，2008：123.

② （乾隆）《贵州通志》卷十三《食货·物产》。

③ （道光）《思南府志》卷之三《食货门·土产·货之属》。

④ （道光）《思南府志》卷之二《地理门·风俗》。

⑤ （道光）《思南府志》卷之三《食货门·税课》。

⑥ （道光）《思南府志》卷之九《艺文门·续增艺文》。

⑦ 《黔南识略》卷十六《思南府·安化县》。

⑧ 《贵州务川汞矿地质》，第9页，引自林兴黔. 贵州工业发展史略［M］. 四川省社会科学院出版社，1988：185.

⑨ （道光）《铜仁府志》卷之四《食货·土产》。

铜仁府硃砂"形如箭镞者号箭头砂，最为可贵，产于万山厂，他砂皆产于土中，此砂独产于石夹缝中，取之最难，每块无重至一两者。"① （宣统）《贵州地理志》载："铜仁府省治东六百六十里，领县一，无附郭县，有吏目驻省溪长官司。府南大万山产朱砂，月可得万斤。"② 可见黔东北汞矿开采之兴盛。

二、其他矿产开采

金矿为贵重金属，其开采需官府认可。黔东北思南府有金矿，然储量不丰。清乾隆十一年（1746），贵州总督兼管巡抚张广泗疏报称："思南府属之天庆寺、大河之西九皇阁一带山内，土人挖石淘砂，可得金末；如有自备工本，情愿承办者，准其续开具报，照例纳课。又，天庆寺山岭之后即系铜仁地界，亦属深山，并无田园庐墓，闻有金苗可采，亦听民人试採，俟有成效，具报升课。"③ 此议得到户部认可，准许开采。（道光）《思南府志》载："府辖天庆寺金厂，开自乾隆十三年（1748），砂丁采获毛金，每一两抽课四钱起解，因洞老山空，于乾隆四十三年（1778）详请封闭。"④ 天庆寺金厂附近有"淘金河""金花溪""老金厂"等地名，反映出清代思南采矿之影响。

黔东北地区亦有铅矿。《清实录》载："松桃厅属巴坝山一处，即名大丰厂，地近楚省，遵义县属新寨一处，地近川省；所产纯系白铅，矿砂旺盛，足资拨运。请以大丰厂铅全拨楚省额运，新寨铅酌拨京运一百余万斤，较莲花、福集厂办理既易，兼可节省水、路脚费四万余两。其莲花、福集二厂减运铅斤，仍照数积贮。"⑤ 乾隆四十二年（1777），四川总督文绶奏准："贵州抚臣裴宗锡咨称，松桃厅属大丰厂，煎铅煤不适用。查川省秀山县之厚薄弯产煤堪用，宜移炉就煤煎炼。"⑥ 此外，思州府亦有铅矿，"出郡平■"⑦。

---

① 《黔南识略》卷十九《铜仁府》。

② （宣统）《贵州地理志》卷六《铜仁府》。

③ 清实录（第十二册），卷二百六十二，乾隆十一年闰三月十一月癸卯日条 [M]. 影印版. 北京：中华书局，1985：402.

④ （道光）《思南府志》卷三《食货门·税课》。

⑤ 清实录（第二十一册），卷一千〇二十五，乾隆四十二年正月庚子日条 [M]. 影印版. 北京：中华书局，1985：748—749.

⑥ 清实录（第二十一册），卷一千〇三三，乾隆四十二年五月甲午日条 [M]. 影印版. 北京：中华书局，1985：854.

⑦ （康熙）《贵州通志》卷十二《思州府》。

　　铁矿冶铸后可制造兵器、农具、生活用具等，用途甚广。清代黔东北铁矿分布较广。（康熙）《贵州通志》载：思南府"铁出安化，为贡课，州贡缭铁"；石阡府"铁出府属长官司"；思州府"铁出龙塘"；铜仁府"铁场久废"①。思州府"有铁器、铜器、陶器之熔铸"②，所属"西区客楼产铁矿。清顺治间，曾经开采，不甚发达。迄光绪、宣统时，开者渐众，因技术不良，获利者鲜，颇多歇业。现惟陈允钦、邓兴泰、曾荣昌等独立开办，纯用旧法，每年获利无多，计前后所开地面约七十方里。……鲁溪产铁矿，地面约十方里，可资开采"③。铜仁府有铁，"旧俱出大万山等处，久荒废"④。石阡府产"铁"，属"货之属"⑤，境内有铺曰"铁厂铺"⑥。黔东北其他矿产，如煤炭、石灰、硫磺等，在清代亦有开采，然储量不丰，时采时停。

---

① （康熙）《贵州通志》卷十二《物产》。
② （民国）《思县志稿》卷七《经业志·工业》。
③ （民国）《思县志稿》卷七《经业志·矿业》。
④ （道光）《铜仁府志》卷之四《食货·土产》。
⑤ （光绪）《石阡府志》卷七《田赋志·物产·货之属》。
⑥ （光绪）《石阡府志》卷二《地舆志·塘铺》。

第四章

清代黔东北的商品贸易与市场网络

受区域社会环境影响，明代黔东北商品贸易未能充分发展，与内地的市场联系时断时续。清雍正改土归流后，黔东北周边地区陆续改土归流，加强了黔东北地区与内地的社会联系。随着经济作物的种植、手工业、矿业的日益开发，黔东北的农副产品逐渐为内地客商所倚重。与此同时，黔东北短缺的食盐、布料等物资亦逐渐流入区域社会。在商品贸易"出口"和"进口"逐渐发展过程中，内地客商逐渐主导了黔东北地区的市场贸易。

第一节　清代黔东北的商品流通

商品流通，是区域市场发展的重要特征。商品流通可分为由外地运销的"进口"商品和本地向外运销的"出口"商品。"在明、清两代的商业活动中，由省外运销贵州的主要是食盐、布匹、棉纱，而以食盐为大宗。向外运销的主要是土特产品，包括农林产品及矿产品，重要的有马、茶叶、木材、桐油、生漆、铅锌、水银、硃砂等。"[1] 黔东北地区毗邻川楚，故商品贸易以川楚二省为主。松桃厅"商贾来松厅者，蜀之盐，楚之布，其大较也。地产桐茶，二树除给用外，以其余运出辰、常，而桐油为甚"[2]。（道光）《思南府志》载：思南府"上接乌江，下通蜀楚，舟楫往来，商贾鳞集"[3]。境内"商之由陕、由江至者。

①　《贵州六百年经济史》编委会．贵州六百年经济史［M］．贵阳：贵州人民出版社，1998：190．

②　（道光）《松桃厅志》卷之六《风俗》。

③　（道光）《思南府志》卷之二《区域志·形胜》。

边引蜀盐，陕人主之。棉花布匹，江人主之。其盐自属五洞桥盐井运涪入黔，两易舟以达思南，分道散售。石阡、铜仁、镇远各府皆引地也。计岁销盐十数百万斤。西人出资，置货设店。涪州听居人及江南，运黔于各口岸销售。近则西商自遣其伙，入黔售卖。峨艑□□唉乃相闻，百货转输兹为大矣。花布除各城厢市集外，惟安属大堡、煎茶溪等墟市，销售为多，近则居人率能自织。府县属地，土产寥寥，惟桐油、柏油、山漆及婺川之朱砂、水银，可以行远，产亦无多，下此则药材矣。然皆由各商收贩以去，居人资薄亦鲜业此者，惟米、豆、猪、牛小负贩，俟农隙时，村民多为之"①。铜仁府"舟楫所通，商贾所集"②，土产外运亦颇兴盛。

一、清代黔东北地区的土特产外运

在商品贸易中，流通商品的多样化是市场繁荣的重要标志。清代，黔东北地区加强与内地市场的联系，大量土特产运销外地，既带动了黔东北的农业、手工业的发展，也使得区域资源的开采和利用越来越受内地市场的影响。

（一）外运产品日益多样化

清代黔东北地区的外运商品以山地资源为主。这可从清代黔东北各地方志所载"物产"之"货类"加以观察。就各府厅而言，因地理环境差异，外运产品亦有差别。思南府外运农副产品主要有"桐油、柏油、漆、蜡、麻、朱砂、水银、煤、石灰、文石"③ 等类；思州府主要有"油（有菜油、茶油、桐油、柏油、芝麻油、苏麻油、火麻油、罂粟油、草麻油各种）、绵纸、棉花、棉布、花椒、苎麻、葛布、蜂蜜（有岩蜜、家蜜）、茶叶、白蜡、黄蜡、菽油子、桑弩、芦笙、金星石砚"④ 等类；石阡府主要有"漆、铁、蜡、蜜、笋、桐油、茶油、皮纸、柴炭、砖瓦、石灰、茯苓、茯神、通草、木耳、棉花、苎麻、黄芩、柴胡、厚朴、黄柏、半夏、南星、犬黄、麦冬、香附、苦参、荆芥、车前、木通、葛根、地骨、何首乌、金银花、五倍子、五加皮、酸枣、苍耳子、牛旁子、益母草、山茱萸、牛膝、石菖蒲、知母、葛粉"⑤ 等类；铜仁府"土产"

---

① （道光）《思南府志》卷之二《区域志·风俗》。
② （道光）《铜仁府志》卷二《地理志·风俗》。
③ （道光）《思南府志》卷之三《食货志·物产·货类》。
④ （康熙）《思州府志》卷之四《赋役志·物产·货类》。
⑤ （光绪）《石阡府志》卷七《田赋志·物产·货之属》。

有"朱砂、水银、楠木、杉木、葛布、赤金、箭竹、降真香、黄杨木、铁、黑芝麻、橦树、茶树、漆树、构树、吐绶鸟、金钱龟"等；松桃厅"货之属"包括"桐油、茶油、麻油、菜油、木油、煤炭、白炭、黑炭、麸炭、棉布、麻布、黄丝、茶枯、桐枯、菜枯、石灰、白蜡、石碱、菸叶、土锦"等。可见清代黔东北土特产商品的多样化。土特产品的外运一方面提升了黔东北山地资源的利用程度，另一方面又反过来促进了清代黔东北地区的农业、手工业、矿业的进一步发展。

（二）土特产外运深受内地市场影响

按市场供需关系，清代黔东北外运之土特产需针对内地需求而流通。外省客商在商品贸易过程中，收购黔东北土特产品之类型、规模往往与内地需求直接相关，从而形成商品贸易的市场整体。在此过程中，市场供需就成了一种型塑黔东北土特产品供给的重要力量。明代改土归流后，黔东北外运土特产品以"硃砂""水银""蜡""棉"为大宗，颇为内地所重。此即是内地需求影响的重要表现。进入清代，外省客商的形塑力量进一步加强，黔东北土特产品外运的类型、规模亦随之变动。

在思州府，清初外运商品以"油、绵纸、棉花、棉布"等农副商品为大宗①。至乾隆年间，思州府所辖之玉屏县外运商品除"棉花、麻、苎麻、茶、蜜、蕨粉、葛、芝麻油、苏麻油、茶油、菜油、柏油、桐油、白蜡、黄蜡、绵纸、烟"等农副产品外，境内所产"平萧"为奇货，"邑人郑氏得之异传，音韵清越，善音者谓不减凤笙"。此外，"五倍子、紫草"等药材亦逐渐成外运"货类"②。其中，原来的"油"已不再为众"货"之首，"棉花"得到重视。从（乾隆）《贵州通志》所载"土产"来看，"油"类确实已不在为内地所重，而"棉花""棉布"等成为地方"物产"之代表。《黔南识略》亦载："树则枫香、麻栗、桐、茶为多，近亦渐植橡树、杉木及棉花。"③

在思南府，清初为内地所重的是"铁、水银、文石、棉花、蜡、油桐"④等物。至乾隆间，新增"金钗糯、蔓菁"⑤等。至道光年间，"桐油、柏油、

① （康熙）《思州府志》卷之四《赋役志·物产·货类》。
② （乾隆）《玉屏县志》卷之五《赋役志·物产·货》。
③ 《黔南识略》卷十八《思州府》。
④ （康熙）《贵州通志》卷十二《物产·思南府》。
⑤ （乾隆）《贵州通志》卷十四《食货·物产·思南府》。

漆、楮纸"① 等为众"货之属"之前列。故所载"风俗"言："土产寥寥，惟桐油、柏油、山漆及婺川之朱砂、水银，可以行远，产亦无多，下此则药材矣。"② 所辖印江县"桐、茶、楮、油、漆、蜡，皆奇货"③。

在石阡府，因地理位置影响，清初"农尽胼胝之力，非四达，鲜有贸递"④。至乾隆年间，府产"朱砂、水银、铁、棉花、黄蜡、苎麻、木瓜、知母、枫香、湘妃竹、鹿、白兔、白甲鱼"亦称"土产"⑤。（光绪）《石阡府志》载：石阡府"物产"中"漆、铁、蜡、蜜、笋、桐油、茶油、皮纸、柴炭、砖瓦、石灰、茯苓、茯神、通草、木耳、棉花、苎麻、黄苓、柴胡、厚朴、黄柏、半夏、南星、犬黄、麦冬、香附、苦参、荆芥、车前、木通、葛根、地骨、何首乌、金银花、五倍子、五加皮、酸枣、苍耳子、牛旁子、益母草、山茱萸、牛膝、石菖蒲、知母、葛粉"等皆属"货之属"⑥，可通商贾。

在铜仁府，康熙年间以"朱砂、水银、铁、葛布、蜡、箭竹"等为土产。乾隆年间物产有"硃砂、黑芝麻、水银、铁、葛布、白蜡、楠木、杉、黄杨、箭竹"等。至道光间，"橦树、茶树、漆树、构树"开始普遍种植。随着黔东北地区桐树的大量种植，外省客商溯沅水而上采购桐油，铜仁府成为黔东北的重要转运地，境内外运商品不断丰富。

由上可见，随着黔东北与内地联系的紧密，内地市场对黔东北的土特产外运具有直接影响。这些土特产品多由外省客商之手转运内地。清代本地居民亦有从商者，然多为小商贩。土特产品外运多由外省客商所主导，其原因大概有二：其一，外省客商资本雄厚，而本地商贩却为生计所困，难以至远；其二，外省客商洞察内地市场，转卖商品获利较易。清代，黔东北地区外省客商多来自陕西、四川、湖广、江西、福建等地。（道光）《思南府志》载：思南"府县属地，土产寥寥，惟桐油、柏油、山漆及婺川之朱砂、水银，可以行远，产亦无多，下此则药材矣。然皆由各商收贩以去，居人资薄亦鲜业此者，惟米、豆、

---

① （道光）《思南府志》卷三《食货门·土产·货之属》。
② （道光）《思南府志》卷之二《地理门·风俗》。
③ （道光）《印江县志》卷之一《田赋志第四》。
④ （光绪）《石阡府志》卷二《地舆志·风俗·旧册》。
⑤ （乾隆）《贵州通志》卷十四《食货·物产·石阡府》。
⑥ （光绪）《石阡府志》卷七《田赋志·物产·货之属》。

猪、牛小负贩，俟农隙时，村民多为之"①。（道光）《松桃厅志》亦载："商贾来松厅者，蜀之盐，楚之布，其大较也。"② "城乡市场，蜀、楚、江西商民居多，年久便为土著。"③ 此外，黔省"铅觔"亦由"江、安、浙、闽四省承办铜觔人员并商驮货物"④转运。总体而言，外省客商对清代黔东北土特产外运产生了重要影响。

二、清代黔东北地区的食盐运销

贵州素不产盐，居民所食之盐皆由外省运销。明代洪武年间"令商人输粟于边，给以盐引，令其赴场支盐自行贩运"。此为明初贵州地区缺粮缺盐之无奈之举，故实行"开中"制以满足军民所需。后贵州屯田，盐商亦多设屯田，称"商屯"。"赴贵州盐商所中之盐，盐源广泛，有淮浙盐、川盐、云南黑白盐及安宁盐。"⑤ 黔东北地区因临近川楚，所食之盐以川盐为主，兼辅淮盐。明末清初之际，战乱频仍，社会动荡，四川盐场受到严重破坏，"盐商更是逃亡殆尽，清初所谓'贸易之商'，'多系农民乘间逐末'，'朝贩盐斤'，而'暮操而耒耜'"⑥。随着战乱的平复、社会的稳定，贵州地区的食盐运销成为各级官府的重要事务。清政府废除了明季的"开中"制，实行"官督商销""官运商销"。

（一）清代黔东北地区的食盐运销体制

贵州素不产盐，没有盐场，故贵州盐业多集中在运、销两个环节。明末清初，"开中"制度紊乱，盐运不畅。贵州地区"改行'票盐'制度，由布政司填发盐票，交商人到盐场购取，然后运往销区"⑦。雍正年间，清政府在"开中"制基础上，"因明制而损益之"，实行以官督商销为主的运销体制，"设官

---

① （道光）《思南府志》卷之二《地舆志·风俗》。

② （道光）《松桃厅志》卷之六《风俗》。

③ 《黔南识略》卷二十《松桃直隶厅同知》。

④ 清实录（第十册），卷八十二，乾隆三年十二月癸未日条 [M]．影印版．北京：中华书局，1985：291.

⑤ 赵斌，田永国．贵州明清盐运史考 [M]．成都：西南财经大学出版社，2014：40—41.

⑥ 档案，顺治十三年四月初一日车克题．为盐课经制之外应征款项事．转引自陈锋．清代盐政与盐税 [M]．2 版．武汉：武汉大学出版社，2013：13.

⑦ 《贵州六百年经济史》编委会．贵州六百年经济史 [M]．贵阳：贵州人民出版社，1998：192.

分职、签商认领、划界行销"①。《清史稿》载："行盐法有七：曰官督商销、曰官运商销、曰商运商销、曰商运民销、曰民督民销、曰官督民销，惟官督商销行之为广且久。凡商有二：曰场商，主收盐；曰行商，主行盐。其总揽之者曰总商，主散商纳课。"② 清代贵州地区食盐运销由"贵州布政使司粮驿道"兼理，其下各府由知府管理。贵州地区无额销之引，民间食盐，由小贩担负四川、湖广引盐零售，主要有川盐、淮盐、滇盐、粤盐等分销。黔东北地区地近川楚，为川盐和淮盐销区。《钦定大清会典事例》载："贵阳府、安顺府与兴义府平越州、都匀府、思南府、石阡府、大定府、遵义府，以上九府州食四川盐；镇远府、思州府、铜仁府、黎平府，以上四府分食湖南所行之盐。"③ 湖南所行之盐即淮盐。黔东北部分地区近楚，历史上又曾有隶属关系，故食淮盐。乾隆八年（1743），贵州总督兼管巡抚事张广泗疏称："镇远、铜仁二县，并镇远、思州、黎平三府，例应行销川盐。但该地人户搀杂楚省地界，距川窎远，民、苗就近买食淮盐，相沿已久，应从民便，改食淮盐。惟是镇远等府村落零星，夷多汉少，买食不常，其行销引目，遽难悬定。应令淮商试行一年，再为增引定额。"④ 此议得到朝廷认可。但淮盐需经常德、辰州等地转运，其价亦昂。故乾隆五十六年（1791），清廷题"准镇远、铜仁、思州三府民间愿食淮盐者仍食淮盐，愿食川盐者，听其就近买食川盐，并无禁界"⑤。这说明官府认可了川盐在黔东北地区的优势地位。川盐入黔有四大引岸，分别为仁、綦、涪、永。黔东北所食之川盐由四川犍商"行黔水引……由涪州挽运至龚滩，转运思南、石阡、镇远、铜仁、思州等府销售，又由婺川之王家沱转运婺川县销售"⑥。可见，清代黔东北所销之川盐多由思南府而入，转其他各地销售。（道光）《思南府志》载："商之由陕、由江至者。边引蜀盐，陕人主之。……其盐自属五洞桥盐井运涪入黔，两易舟以达思南，分道散售。石阡、铜仁、镇远各府皆引地也。计岁销盐十数百万斤。西人出资，置货设店。涪州听居人及江南，运黔于各口岸销

---

① 陈锋. 清代盐政与盐税［M］. 2 版. 武汉：武汉大学出版社，2013：24.
② 《清史稿》卷一百二十三，《志 98·食货四·盐法》。
③ 《钦定大清会典事例》卷二百二十九《户部七十八·盐法·贵州》。
④ 清实录（第十一册），卷二百〇七，乾隆八年十二月戊辰日条［M］. 影印版. 北京：中华书局，1985：667.
⑤ 《清盐法志》卷二四六《运销门》。
⑥ 《钦定大清会典事例》卷二百二十九《户部七十八·盐法·贵州》。

售。近则西商自遣其伙，入黔售卖。"①

（二）清代黔东北地区川盐运销路径

黔东北山重水复，淮盐转运路途遥远，川盐运销亦颇艰难。黔东北川盐皆由涪岸转运，经羊角碛、武隆、彭水，至龚滩分转。一路经陆运至丁市、黔江、龙潭、秀山等地；一路经乌江水运至黔东北地区分销。（宣统）《贵州地理志》载："平越、石阡、思南之水为乌江，下流入四川酉阳州，中多险滩，其舟楫所通，下流扼以龚滩，上流仅及葛闪渡而止，四川之盐由乌江输入，然未畅行也。"② 由涪陵至思南，首经龚滩。龚滩有"乌江第一滩"之称，"波涛汹涌，声震如雷，长十余里。舟楫至者，皆取去货物，虚舟上下"③。川盐至龚滩皆易舟，溯乌江而上至沿河。由沿河经潮砥易舟，再行方至思南府城。潮砥，又称"潮底泊"，"在狮吼洞下，水流至此，平静下波。商人于此易舟而下，抵川江，连荆楚焉"④。故（道光）《思南府志》载：乌江"上运则以盐为大宗，其余则为广食、药材、杂货；下运则为米、麦、豆、菽、油、漆、木材等物品。惟过潮砥、新滩，上下均须换船，因乱石重叠水中。此思南水道之大概也"⑤。黔东北各府所食之川盐大多经思南府转运，以至"小盐船接大盐船"。川盐运销亦带动了思南府经济的繁荣，使之成为"黔中首郡"。

由思南府至石阡府多由乌江水运。《黔南识略》载：思南府"四至皆僻径，惟出得胜关，历石阡而至施秉，为赴省孔道。城外德江，舟楫通行，贩蜀盐者，多取道于此"⑥。"石阡盐引由涪岸入思南，复由水运购至石阡，其销行之地，东及思州三属，南及镇远五属。"⑦ 乌江至石阡有地名"水口"，又名"三江口"，会龙底江和乐回江。晏斯盛所著《黔中水道考》称：三江口为"思、石、平、遵通津也。江楚商旅，由铜江陆行者，多自此济，蜀贾盐艘溯思南而上者，亦多泊此"⑧。经三江口再溯舟而上，经葛闪渡可抵省会贵阳。葛闪渡位于石阡

---

① （道光）《思南府志》卷之二《地理门·风俗》。

② （宣统）《贵州地理志》卷六。

③ （嘉靖）《思南府志》卷之一《地理志·山川·滩》。

④ （嘉靖）《思南府志》卷之一《地理志·山川·滩》。

⑤ （道光）《思南府志》摭遗。

⑥ 《黔南识略》卷十六《思南府》。

⑦ （民国）《石阡府志》卷十一《经业志·商业》。

⑧ （民国）《铜仁府志》卷之十五《艺文·考·贵州水道考》。

府葛彰司，"土人称商为闪，呼葛商为葛闪渡"①。葛闪渡不通舟楫，乌江航运至此中断。川盐转运镇远，为入省府孔道。川盐入石阡可溯龙底江而上抵塘头中转，中经"龙川古渡"，为石阡府八景之一。龙川古渡，又称"龙底渡"，李白曾游历至此，石阡郡人有诗云："迢迢津渡古，终日任身横。夹岸幽花放，环林翠鸟鸣。雨添新涨满，风捲暮沙平，景色龙川媚，犹传太白名。"②

　　由思南府至铜仁府，盐运需转陆运，经印江县，绕梵净山而行，路分二。其一，走梵净山北面，经合水、木黄而至乌罗，再冷水溪、孟溪至寨英中转，转水路六十里可至两河口，再六十里达铜仁府小江。亦有陆路由印江县城，经双龙、白蜡湾、格板桥至苗旺场、再经茶寨场至铜仁府提溪司，再至铜仁县、坝盘场、坝黄场、木弄场、八贯溪，而至铜仁府③。黔东北松桃厅所食川盐多由孟溪场转运。据《道光松桃厅志》载：松桃厅城至思南府境为厅属南路，"【由城七里至】牛角河塘【二十一里至】大平场塘【十五里至】老鸦穴塘【十七里至】孟溪场塘【七十里至】乌罗司【一百里至】麻兔司【西界思南，北界四川秀山】。一由牛角河分路，走太平汛至平头司分石岘。一由大平场塘分路，西走双凤塘至振武汛"④。铜仁府与松桃厅亦有陆运相通，为松桃厅属之"东路"，由"松桃水塘【五里，至太平汛属】平所塘【七里，至凉亭坳汛属】凉水井塘【五里，至凉亭坳汛属】银梳沟塘【十里，至凉亭坳汛属】樟桂溪塘【五里，至凉亭坳汛属】凉亭坳塘【五里，至麦地汛属】麦地塘【五里，至麦地汛属】安定塘【十里，至铜仁协属】官舟营塘【以下各塘均铜仁协就地设汛，十里至】正大汛塘【五里至】报国塘【五里至】哑喇塘【五里至】新寨塘【五里至】大兴塘【七里至】马颈坳塘【交铜仁界，三十五里至】铜仁府城。一路由平所塘分，左走马乾溪、有泥堡、康金汛、长坪堡、构皮汛至正大营合路至铜仁。一路由有泥堡走盘石、芭茅汛，达湖南永绥螺丝凸"⑤。《苗防备览》载："铜仁往松桃营路由关仁城出西门，行山冲软坳路十里至茶山塘，山冲软坳路十里至马头营，行山冲软坳路十里至豹子场（一名报国场，由山沟中东北行十里至白水洞，再由山沟中行十五里至马脚岩，过水即施溪司），山冲中行十里

---

①　（民国）《石阡府志》卷十六《艺文志·补》。
②　（光绪）《石阡府志》卷八《艺文志》。
③　（民国）《铜仁府志》卷之二《地理·邮传》。
④　（道光）《松桃厅志》卷之五《邮传》。
⑤　（道光）《松桃厅志》卷之五《邮传》。

至新寨塘，高山峡中行软坳路十里至吖喇营，山坳路五里至盘塘坳，五里山陇路至正大营，行山冲软坳路过官舟营，共行十里至盘胜营，山腰软坳路十里至马脑台，十里至麦地营，上山梁上行崎岖路十里至张鬼溪，由山腰中绕松桃山脚行陡峻路十里至凉水井，下山腰走陡峻路行十里至平所，下坡行田冲路五里，过河至松桃城。按：此路自豹子场以西两面苗寨中间一线羊肠，自麦地城分路向北行，中经雷公坡、松桃山，山既高峻，苗尤凶顽。"①

思州府地处滇楚通道，元代即由辰州至镇远遍设赤道，明代建立平溪（隶楚）、清浪、偏桥等卫保证通道畅通。清雍正五年（1727），清廷改平溪卫为玉屏县，隶思州府。玉屏地处内地至云贵高原重要通道，《黔南识略》载：思州府"陆路东至铜仁，西至青谿，南至八号，北至石阡，俱系僻路。扼沅、靖之嗌喉，为涪、渝之唇齿，控临蛮徼，雄胜要区。"② 因原隶湖广，清初为淮盐运销区，后逐渐改食川盐。川盐运销思州府境大抵从铜仁府转运，经开添铺、茶店场、游鱼铺、铜鼓塘至玉屏，再转运至思州府。

上述为川盐运销黔东北之大概路径，各府有铺役之设，皆通乡场，转运销售。

（三）清代黔东北地区食盐运销之影响

盐，亦称"鹹鹾"，为民所必需之物。然而贵州素不产盐，民有淡食之苦。明代实行"开中制"引盐入黔，稍缓其苦。至清代，黔东北地区的食盐运销颇有成就，并对区域社会经济发展产生了重要影响。

其一，缓解了黔东北地区盐荒。虽然明代即有食盐输入黔东北地区，然盐价昂贵，居民苦于淡食。（嘉庆）《续黔书》言："黔介滇蜀之中，独不产盐，惟仰给于蜀，来远而价昂，洗金之物与金争价。"③ 此言乃针对贵州整体而言。对于黔东北少数民族来说，盐更至珍贵。思州府"府南有洞人，约五六百户，其俗采毛为絮，以御寒，饮食避盐酱"④。松桃厅"苗食日常两餐，春夏始三餐。……得盐宝之，各以一撮置掌中舔之，以为美"⑤。清代川盐运销黔东北地区，为解决盐荒问题带来契机。《苗防备览》载："苗民入市与民交易，驱牛马，

---

① 《苗防备览》卷六《道路上·铜仁府》。
② 《黔南识略》卷十八《思州府》。
③ （嘉庆）《续黔书》卷六《盐》。
④ 《黔南识略》卷十八《思州府》。
⑤ 《苗防备览》卷八《风俗考·上》。

负土物，如杂粮、布绢诸类，以趋集场。……届期毕至易盐、易蚕种、易农具，以通有无。……今日均相贸易，盐始达于远寨。"① 这说明随着川盐的运销，苗民亦可通过贸易得盐，更"达于远寨"，缓解"淡食"之苦。乾嘉苗民起义后，朝廷经理苗疆，曾议"移驻永绥厅协"，"以官民一经内移，一切食盐、茶、布，商贩不至，购买为难，均不甚愿，欲行控阻"②。由此可见，食盐运销已经成为影响区域社会发展的重要因素。

其二，充实了黔东北地区的财政收入。贵州原为西南夷地，明代方设行省，财赋不充，多由他省"协饷"。自明代起，贵州盐运即作为充实财赋之重要手段。清代黔东北地区的食盐运销对充实区域财政收入起到了重要作用。贵州盐税为落地税。黔东北地区税口设于思南、石阡等府。史载："顺治十七年（1660），题准贵阳、思南、镇远三府，每盐百斤征税二钱。康熙二年（1663）题准征税府卫在贵阳、思南、镇远、石阡、安顺、平远、大定、黔西、永宁、毕节、乌撒、鸭池等处。每盐百斤征税银二钱四分。……共盐税银五千七百三十两五钱九分四毫，定为额数。每年间有浮缺，据实报解。……雍正十年（1732）覆准黔省婺川县濯水地方设立税口，征收盐税。"③ 此为黔东北地区盐税征收之大概。据（康熙）《贵州通志》所载，清初思南府"年额盐税银四百四十八两三钱。遇闰年分加增闰月盐税银三十七两三钱五分八厘三毫"④。至乾隆年间，盐税征收有思南府及所属婺川县濯水、石阡府、铜仁府。（乾隆）《贵州通志》载：思南府"年额盐税银四百四十八两三钱，遇闰加征银三十七两三钱五分八厘三毫"，所属务川县濯水税"年额盐税银九百一十五两九钱一分六厘。遇闰加征银七十六两三钱二分六厘三毫"⑤；石阡府葛闪渡征税"年额杂税银一百四十一两一钱九分一厘八毫。遇闰加征银一十一两二钱八分九厘六毫"⑥；铜仁府"年额盐税银一百七十四两二钱五分一厘。遇闰加征一十四两五钱二分一厘"，所属省溪江口税"年额杂税银四百九十八两二钱九分一厘一毫。

---

① 《苗防备览》卷八《风俗考·上》。
② 苗疆屯防实录［M］. 伍新福，校点. 长沙：岳麓书社，2012：265.
③ 《钦定大清会典事例》卷二百二十九《户部七十八·盐法·贵州》。
④ （康熙）《贵州通志》卷十一《田赋·税课·思南府》。
⑤ （乾隆）《贵州通志》卷十四《食货·税课·思南府》。
⑥ （乾隆）《贵州通志》卷十四《食货·税课·石阡府》。

遇闰加征银三十九两八钱四分三厘"①。至道光年间，各府厅盐税征收，改归府属，按季起解藩库。（道光）《思南府志》载："府辖盐课额税，每年抽收课银四百四十八两三钱。雍正三年（1725），奉文增税羡银一千六百七十二两。婺川县，原设濯水关盐税一所，每盐百斤，抽收税银八钱。每年约计抽收银九百一十五两九钱二分，遇闰加征。道光十一年（1831），改归府征，合计盐税银三千零三十六两二钱二分，按季起解藩库。"②此为官府设税口征收之盐运落地税。黔东北思南府所征收盐税仅次于贵阳，占重要地位。除落地税外，黔东北各府厅亦向居民征食盐税，称"盐钞"，按户摊收。（康熙）《贵州通志》载：思南府"原额条编盐钞蜡价等银二千八百七十四两六钱四分八厘九毫五丝四忽一微四尘九织六渺。田荒无征银九百二十九两七钱一分七厘七毫二丝七忽四微三尘二织六渺"；石阡府"原额条编土赋食盐蜡价等银三千二百七十两二钱七分六厘六毫一丝六忽八微三尘九渺。田荒无征银二千一百六十七两三钱一分六厘六毫二丝二忽四微八尘四渺"；思州府"原额条编课程银二千二百三十三两二钱二分五尘六丝七忽四微四尘二织三渺。田荒无征银四百六十八两九分八厘三毫三微四尘九织三渺"；铜仁府"原额条编丁烟加增课程蜡价等银二千九百六十一两七钱六分一厘一毫一丝四忽二微四尘六织三渺。田荒无征银一千七百七十三两五钱二分"。此税为居民食盐所征之税，随田赋征收，故未单列盐课。食盐运销带动了黔东北地区的商业发展，官府亦征收"牙帖""场税"等项，对充实黔东北各府厅财政收入具有积极影响。

其三，带动了黔东北地区的商业发展。食盐运销虽然由官府管控，财政收入为巨，然对区域商业发展来讲亦颇有贡献。其中，一些地区往往因食盐运销而得以发展，居民也可"以盐为生"。如思南府之潮砥滩为川盐入黔之重要节点，因滩险，盐船皆易舟而行，故需大量劳力。清道光年间曾议凿滩。（道光）《思南府志》载："潮砥之滩可凿也，今居北岸者，恃运盐脚力以为生，沾润者数百人。其初张、王、黎三姓，今则为黎姓世祖之。若凿之使平，则人皆失业，兼其功亦不易举，计滩之险过于瞿塘滟滪滩，上束以石峡，水力甚遒，至滩头巨石壁立，高可丈许，怒流建瓴而下，跳珠喷沫，白波若山，潴为巨潭，深且无际，两岸嵯峨，怪石若堂、若困、若狮、若象，行舟至此，但闻轰轰雷鸣，

---

①　（乾隆）《贵州通志》卷十四《食货·税课·铜仁府》。
②　（道光）《思南府志》卷三《食货门·课程》。

安得柳子厚记'钴鉧',手笔以曲,肖其形也。"① 再如,川盐入黔后水运需船,陆运则需"脚力"。乌江中游使用独特"歪屁股船"和"麻雀尾船"。"麻雀尾船又叫斑鸠船、调羹船。船头形如撮箕、调羹状,船底平坦,尾部窄长并且往上翘。整个船体状如麻雀、斑鸠或调羹,故而得名。它们多行驶于潮砥至思南的乌江河段上,因这一段的江水相对平缓。"② 而乌江思南段的新滩,滩险水急,多为"歪屁股船"。《四川内河航运史》载:"歪屁股船,是乌江的主要船型。特点是头尾高翘,尾部歪向左方,干舷很高,两舷外各有三根柄。结构特别简易,这种船适宜航行滩凶水急的乌江。"黄炎培曾有诗云:"一江黄碧色分明,水入涪陵有浊清。滩恶当门君莫进,黔船曲尾峡中行。"两种船型适应了乌江食盐运输的需要,更使船工成为独特的行业而得到发展。在食盐运销中,货船结伴而行,形成船帮。"一般情况下,8 只船为一帮。航行中遇到险滩恶水时,就要集全帮船工纤夫之力,全力以赴的共拉一只船。"③

第二节　清代黔东北的商人与商业资本

在物资流通过程中,商人与商业资本占据着重要角色。商人"在商品交换中嵌入了交换的中项,在商品流通过程中承担着商品交换的工作。因而,他们是商品交换的媒介"④。传统社会中,国家倡导"重农抑商",商人的地位不高。然而物资的流通离不开商人和商业资本的运作。对此,鄂尔泰曾言:"云贵原居天末,必须商贾流通,地方庶有生色。"⑤ 至道光年间,贵州巡抚贺长龄言:"黔不产盐,布匹又贵,类皆挹注于他省。苗民错居岩洞,所饶者杂粮材木耳,非得客民与之交易,则盐布无所资,即杂粮材木亦无由销售,分余利以供日用。是客民未尝不有益于苗民。"⑥ 可见,清代贵州官府已较为清晰地认识到商业对物资流通的重要性。贵州地区商人以客商为多,本地商人多小规模经营地方多

---

① （道光）《思南府志》摭遗。
② 田永国,罗中玺. 乌江盐殇［M］. 贵阳:贵州教育出版社,2008:183.
③ 田永国,罗中玺. 乌江盐殇［M］. 贵阳:贵州教育出版社,2008:186.
④ 王微. 商品流通网络［M］. 北京:中国发展出版社,2002:107.
⑤ ［清］鄂尔泰《改土归流疏》,引自《皇朝经世文编》卷八十六《蛮防》。
⑥ （民国）《贵州通志》前事志《三》。

产。无论客商坐贾，还是小资本经营，商人的地位已不断提高。随着商人经营规模的扩大，商业资本逐渐积累。

一、外省客商及其商业活动

清代外省客商在黔东北地区的商业活动是促进区域经济社会发展的重要因素之一。外省客商因来源不同，其经营范围亦有差异。总体来说，外省客商的商业活动对清代黔东北区域的影响不容小觑。外省客商至黔东北地区经商历史长短不一，有的商人在明代就进入黔东北地区从事商业活动，有的则至清代方进入黔东北地区。此外，外省客商在黔东北各府厅之分布亦有差异。

思南府"上接乌江，下通楚蜀"，为"川贵商贾贸易之咽喉"，故客商多为川楚商贾。明代改土归流后，川民尚不入境，然"商贾通其盐、布"[1]。"弘治以来，蜀中兵荒流移入境，而土著大姓将各空闲山地，召佃安插，据为世业；或以一家跨有百里之地者，流移之人亲戚相招，缰属而至，日积月累，有来无去。"[2] 大量四川移民迁入思南，不仅充实了思南府的人口，还打通了连接黔蜀的乌江通道。当时的龚滩、潮底泊都是重要节点。龚滩"舟楫至者，皆取去货物，虚舟上下，古称巫峡之险，不过此也。本地本为本府水德江司所辖，近被四川酉阳宣抚司侵占，每纵使吏征商与此，百孔需索，莫能控诉"[3]。潮底泊"商人于此易舟而下，抵川江，连荆楚焉"。史料所载说明，明代时二滩已经成为商人聚集之所，而龚滩因其地近川，更为"酉阳宣抚司"所占，说明商人数量之多，可以逐利。正德六年（1511），"龙泉司地名任仙峰，无故开设集场，每集数千人。贼首方四武断其中，始则暮夜行劫，继而白昼公行……思、石二府地方大被其毒，守土世家往往携孥逃窜崖穴"。川贼方四武断集场，虽非正途，然亦可见其时思南府商人之众。明代思南府境内客商多自江西、两湖、福建等地。（道光）《思南府志》所载"坛庙"中有：

> 万寿宫 在府署右，旧名水府祠，祀英祐侯，在城外即今普济庵址。时正德五年（1510）没于水。嘉靖十三年（1534），长官张车登重建。万历二年（1574）郡人市张姓临街店基作祠，祀许旌阳，兼祀萧英祐侯、晏平浪

---

① （嘉靖）《思南府志》拾遗。
② （嘉靖）《思南府志》拾遗。
③ （嘉靖）《思南府志》卷之一《地理志·山川·滩》。

侯，即今址。康熙二十三年（1684），江右葡士英等，募众增市教氏民宅添建。嘉庆六年（1801），江右商民大加恢拓，更今名。临街为山门，门以内为牌坊，由坊而上为门楼，又上为拜厅，为正殿，左右为厢楼，曲其庑与门楼相环抱，后为规音堂，左为关圣殿，右为紫云宫，侧为梓潼宫，左右为僧舍，为客厨，俱幔以石，瓮砖为墉，壮丽倍前。郡属各场市，各有万寿宫，均江商公建，不具列。

禹王宫　在城内南街，道光六年（1826），两湖商民重建，郡属各场市均有禹王宫，皆湖商公建，不具列。

天后宫　在城东门外，嘉庆十七年（1812），福建商民公建。道光十八年（1838），知府郭鸣高添设对厅、廊房。郡属各场市，间有天后宫，皆闽商公建，不具列。

从上面史料我们可以看出，江西商人在明代就已在思南府从商，并建立万寿宫，而至清代嘉庆、道光年间，两湖、福建商民发展迅速，分别建立禹王宫和天后宫，皆为客商会所。再有，思南府亦建有"紫云宫"，为"嘉庆二十三年（1818），盐商、船户公建"。因地处川盐入黔乌江道的重要枢纽，思南府盐业颇兴。（道光）《思南府志》载："商之由陕、由江至者。边引蜀盐，陕人主之。棉花布匹，江人主之。"① 这说明陕西人是清代川盐入黔之主导者，江西商人则主导着思南府的棉花布匹贸易。至清末民初，思南府"交易者多为川湘两省人"。②

铜仁府"居辰、沅上游，舟楫往来，商贾互集"③，境内"汉人皆中州人，或以仕宦、或以商贾，流寓附籍，江西最众，蜀次之，楚又次之"④。可见，明代铜仁府与思南府情况相类似，江西商民数量最多，楚蜀次之。至清代，铜仁府"舟楫西来，沂沅水，历麻阳，经府治，以达江口，商旅辐辏，亦西南之都会"⑤。徐如澍曾在《买卖街》描述在六转山木寨三角岩一带的市场贸易情况：

---

① （道光）《思南府志》卷之二《地理门·风俗》。
② （民国）《思南府志》卷三《食货志·工商》。
③ （万历）《铜仁府志》卷二《方舆志·风俗》。
④ （万历）《铜仁府志》卷二《方舆志·风俗》。
⑤ （道光）《铜仁府志》卷二《地理·舆图》。

买卖街

大营墙子高于厓，墙子门外环为街。行商坐贾百货集，精奇麤瓅都安排。一时载宝争促走，黄金白金量以斗。大小布帐错杂支，日中交易无不有。血腥昨夜风吹来，突闻买卖街成灰。大营岿然灵光殿，绕墙骼胳纵横堆。锋余几人得残命，争说贼众风颇竞。手中又苦寸铁无，漏网已是再生庆。负创唧唧语咻咻，相诫利勿争蝇头。墙里寂不闻斗号，块土秦越夫何求？翼长书来需夫役，营垒单弱难朝夕。府官县官汗如流，仓猝召募苦无策。次日有人为我言，募役事缓毋为烦。买卖新开街如旧，蚁聚蜂屯不容窦。①

正如诗中所描述的，明清时期铜仁府营墙门外"环为街"，行商、坐贾聚集百货展开贸易，说明在动乱频繁的苗疆地带，外省客商亦多有分布。军事防备，稳定了民族杂居区域。黔东北地区苗民"读书者少，务农者多，亦作技艺，不习商贾"②。然苗民亦需要出售土特产品，来换取盐、布等短缺物资。《黔南识略》载：铜仁府汉民"多来自江西，抱布贸丝，游历苗寨"③。可见，清代外省客商已经深入至黔东北少数民族地区开展商品贸易。铜仁府外省客商以客商会所为聚集之地。铜仁府"川主庙，在江宗门外，（旧志）祀蜀太守李冰及子二郎"；"万寿宫，在西门内，康熙间江西客民建，祀晋旌阳令许逊"；"禹王宫（一名福寿宫）在东门外，湖南北客民建，祀夏禹"；"天后宫在中南门内，福建客民建"④。又有"王爷庙在坝盘乡，陕西客民建"⑤。

清代黔东北少数民族以松桃厅为最。松桃厅"山接秀、彭，水通辰、永，舟楫骈通，商贾麕至，亦西南一都会也"⑥。（道光）《松桃厅志》载："商贾来松厅者，蜀之盐，楚之布，其大较也。"⑦《黔南识略》亦载：松桃厅"城市乡场，蜀、楚、江西商民居多，年久便为土著。贸易以赶场为期，场多客民，各

① （道光）《铜仁府志》卷十一《艺文·诗》。
② （民国）《铜仁府志》卷之二《地理》。
③ 《黔南识略》卷十九《铜仁府》。
④ （民国）《铜仁府志》卷之三《营建·坛庙》。
⑤ （民国）《铜仁府志》卷之三《营建·坛庙》。
⑥ （道光）《松桃厅志》卷之四《形胜》。
⑦ （道光）《松桃厅志》卷之六《风俗》。

立客总，以约束之"①。（道光）《松桃厅志》载：孟溪"距两河口六里，百货
辐辏，商贾云集，郡士绅多居于此，田亦膏腴"。孟溪有八景："曰高阁临江，
曰二水拖蓝，曰南屏耸翠，曰东皋舒啸，曰文笔凌云，曰仙掌映月，曰红树烟
雨，曰龙泉春深。"可见其地富饶。乌罗、寨英等场亦为外省商贾云集之地。孟
溪、乌罗、寨英等地近思南，原为乌罗、平头二司之地，开发较早，汉人较多。
《黔南识略》载："厅城内无苗民，坡东、坡西苗多汉少，石岘汉苗各半，平头
司苗少汉多，自振武汛以西，凡乌罗司地方，皆无苗民。"② 因此，松桃厅所辖
区域内，自西而东汉民由多趋少，苗民由少渐多，故外省客商在松桃厅设立之
前多聚集乌罗、平头等地。客商潜入苗寨，从事贸易多以集镇为据点，逐渐拓
展。乾嘉苗民起义前，客民与苗民贸易往来较为频繁。《苗防备览》载：松桃厅
"豹子场、正大营附近苗寨，颇有在大途旁开店贸易者。黔楚客民贩牛经过投宿
其家，与外间逆旅无异。知敬客民，薪水以及住宿取值甚廉，无盘剥客民之习。
客或早行，邀其相送，持矛枪护之数十里。遇他寨苗伏草，作苗语招号之。伏
草苗不敢犯。如伏草苗不退，辄挺矛与斗，名曰护客"③。客民潜入苗寨贸易，
苗民得以交易盐、布所需物资，并有从事"开店""护客"等业者。然苗民不
能熟习客民之度量衡，故多用土法，"梁以四小碗为一升，布以两手一度为四
尺。牛以拳数多寡定价值，不任老少。其法将竹箅箍牛前肋定其宽侧，然后以
拳量竹箅，水牛至十六拳为大，黄牛至十三拳为大，名曰拳牛。买马亦论老少，
以木棍比至放鞍处，从地数起，高至十三拳者为大，齿少拳多价差昂，反是者
为劣，统曰比马。届期毕至易盐、易蚕种、易农具，以通有无。初，犹质直；
今，则操权衡，校锱铢甚于编氓矣。与亲党权子母，以牛计息，利上加利，岁
长一拳至八拳则成大牛，至数十年即积数十百倍，有终身莫能楚者，往往以此
生衅。虽父兄子弟叔伯甥舅见利则争。且有爱重贿而相卖，争财产而相杀
者"④。随着客民资本的提升，客民购置苗民土地，或与苗民结成姻亲，"侵占"
土地，苗民逐渐贫困，终酿苗民起义。《苗防备览》载：石柳邓苗民起义，"皆
因附近客民，平时在彼盘踞"，"与苗民私相往来交易……查旧例，汉民原不准

① 《黔南识略》卷二十《松桃直隶厅同知》。
② 《黔南识略》卷二十《松桃直隶厅同知》。
③ 《苗防备览》卷八《风俗考上》。
④ 《苗防备览》卷八《风俗考上》。

擅入苗地，自乾隆二十九年（1764）以苗人向化日久，准其与内地民人姻娅往来，驰其禁。立法之始，原以苗情顽梗，不妨令其声息相通，渐资化导"。这种状况，导致部分不法客民出入苗寨，"始则以贸易而利其财，继则因账债而占其地。在客民之侵占日见其多，则苗疆田地日见其哨，是以积忿相仇，猝然烧杀起事"①。苗疆平定后，清廷于苗疆设立碉卡，建立屯堡，严禁客民擅入苗寨，然客商与苗民贸易往来并不能因此禁止，故转而以各碉卡、屯堡为据点，定期从事商品贸易。嘉庆六年（1801），湖广总督奏议：因永绥厅孤悬苗寨，定议内移。永绥内移，民苗不愿，"皆因官民一经内移，一切食盐、茶、布，商贩不至，购买为难，均不甚愿，欲行控阻"②。由上可见，松桃厅地方客商之贸易活动随着清廷经营苗疆的政策而变迁。嘉庆二年（1797），改松桃理苗同知为直隶军民厅。随着松桃直隶厅的设立，厅城商业随之得以发展，外省客商建立会所，从事商品贸易。（道光）《松桃厅志》载有："万寿宫：在城东麻阳街。嘉庆二十三年（1818）建，江西客民建。禹王宫：在城东麻阳街。嘉庆十四年（1809），湖南、北客民建。天后宫：在城东麻阳街。嘉庆六年（1801），福建客民公建。"③外省客商集聚厅城内外，亦以各屯堡、乡场为据点，成为形塑苗疆的重要力量。

思州府源于明代之思州宣抚司，其名"最古，而隶属或楚或黔，自有明开建，始专隶于贵州，孤城保障，一迁平溪，再迁都坪而定，其山错处于八蛮，水遥控于五溪"④。清沿明制，思州府所辖仅四司，编户仅七里，地既不广，口亦无多。康熙年间，思州府有"江西会馆"，应为明代江西商人所建。其时，民生凋敝，百废待兴。故有"裁并思州府议"："或以路值繁冲，有货税出入，籍府官为之稽察乎，而思州商旅不通也。"⑤（康熙）《贵州通志》所载"税课"条中思州府亦无载，说明此时思州府商业不甚兴盛。随着区域社会的稳定，雍正年间清廷划拨平溪卫来隶，称玉屏县。思州府所辖渐增，且玉屏县为内地通往云贵之重要通道，"水陆交通，商贾鳞次，四方之物毕至"⑥。平溪卫原为明

①　苗疆屯防实录［M］.伍新福，校点.长沙：岳麓书社，2012：76.
②　苗疆屯防实录［M］.伍新福，校点.长沙：岳麓书社，2012：266.
③　（道光）《松桃厅志》卷之九《坛庙》。
④　（康熙）《思州府志》卷一《区域志》。
⑤　（康熙）《思州府志》卷之八《上·艺文志·裁并思州府议》。
⑥　（康熙）《平溪卫志书》建置。

代所设，清初动乱之下虽"关厢乔遇之客商仅百十余户而已"，然驿递频繁，商旅往来不断。改隶后，思州府玉屏县至乾隆年间"年额牙帖银一两五分六厘"①，乡场有三，曰在城场、大屯场、朱家场。其中，"朱家场为楚粤人民入川孔道，铜仁、思南、石阡皆以此为门户"②。（乾隆）《玉屏县志》载：朱家场在城东北四十里，场通楚蜀，商贩往来要路。在滇黔驿道的带动下，思州府商业渐兴。《黔南识略》载：思州府"场有十四"。由上可见，思州府开辟较早，然因地理位置、社会构成的影响，商业未能得到充分发展。雍正年间，玉屏、清溪二县划归之后，商业方逐渐发展，然亦非常有限。境内外省客商大抵以江西商人为众，其原因在于江西移民最早，而因地近楚，故楚地商贾经滇黔驿道至思州境内经商亦较多。

　　在黔东北各府厅之中，石阡府独"不与他省接壤"③，所辖多土司，仅领龙泉一县。清初之时，石阡府"驿递未设"④，税课亦无⑤，故境内"士无佻达之风，农尽胼胝之力，非四达，鲜有贸递"⑥。然其境处乌江中段，商旅往来经葛闪渡易舟而行，故亦通商贾。葛闪渡为川盐入黔之必经之路，设有税口，"年额杂税银一百四十一两一钱九分一厘八毫。遇闰加征银一十一两二钱八分九厘六毫"⑦。明万历间，石阡郡守郭原实疏鉴"新开河"，以致"可通舟楫，下达思南，上至府前"⑧。至清乾隆年间，罗文思莅任石阡知府，推广渠堰之法，修"罗公堤"⑨，又设"讲约所"⑩。罗公堤"截流远折，不复从前之滥浸，商民得以安居"。清乾隆五十年（1785），郡守董醇又劝募修筑董公堤，为商旅贸易提供了保障。石阡府外省客商往来贸易，并建有"万寿宫""川主庙"等会馆。"万寿宫在城北门外。明末建，清乾隆三年（1738）知府杜理重修。先是雍正十三年（1735），知府赵之坦庀材兴工，阅四载乃告竣，有常住天土十二处，共载

---

① （乾隆）《贵州通志》卷十四《食货·税课》。
② 《黔南识略》卷十八《思州府·玉屏县》。
③ （光绪）《石阡府志》卷二《地舆志·图说》。
④ （康熙）《贵州通志》卷八《驿递·石阡府》。
⑤ （乾隆）《贵州通志》卷十四《食货·税课》。
⑥ （光绪）《石阡府志》卷二《地舆志·风俗》。
⑦ （乾隆）《贵州通志》卷十四《食货·税课》。
⑧ （民国）《石阡府志》卷一《舆地志·水稻·新开河》。
⑨ （光绪）《石阡府志》卷八《艺文志》。
⑩ （光绪）《石阡府志》卷五《典礼志》。

粮九升八合。按：万寿宫规模阔大，由举人左维详之父成宪前贩南川笃往江南数年，致大富归，筹巨款生息，谅可大加振兴，复往江南绘图，以曾见江南会馆之壮丽也。后依图改修，数年监视卒苦韦观厥成，耳目一新，人皆羡，遂遗留至今。此彼馆中人最不可忘也，举人李绍谨记。……川主庙在北门外。"① 可见，石阡府原本黔东北偏僻之地，随着清代黔东北的商业发展，外省客商亦在其境多有活动。

二、本地商贩及其影响

外省客商资本雄厚，与内地联系广泛，故有其贸易优势。而黔东北本地亦有商贩从事贸易活动，这些商贩是区域内商品贸易的重要组成部分。在商品贸易逐渐扩大，物资流通更加多样化的背景下，本地商贩的发展对黔东北区域经济而言至关重要。

（一）本地商贩的经营范围

黔东北本地商贩虽不如外省客商资本雄厚，然其经营范围亦多有涉及，实为客商商贸活动之重要基础。从事商贸活动虽不及"务本力穑"为官府所倚重，然对于民众生活却必不可少。早在北宋时期，思州地便有本地商人从事马市活动。明代改土归流后，外省移民逐渐进入黔东北地区，商品贸易更加频繁和多样化。进入清代，黔东北本地商贩所经营的商品范围更加多样。其中，食盐、布料、药材等土产山货都有涉及。总体而言，黔东北本地商贩是外省客商商贸活动之延伸，从而使得商品贸易对黔东北经济社会的影响更加显著。

首先，黔东北本地商贩从事食盐贸易。前文述及，清代黔东北乌江流域为川盐入黔之重要通道。明清时期，食盐运销中盐引多由官府控制，"只有大商人资本才能交通官府，取得盐引"②。"川盐销黔主要是由陕西、四川商人设号经营，运至省内则多由黔商批零销售。"③ 黔东北地区亦是如此。在川盐入黔之乌江通道之中，龚滩、思渠、沿河、思南、寨英等地都有大量本地商贩从事食盐贸易。外省客商之中，有些商贾在乡场开店，久之便成土著。（道光）《思南府

---

① （民国）《石阡府志》卷三《秩祀志》。

② 吴承明. 中国的现代化：市场与社会 [M]. 北京：生活・读书・新知三联书店，2001：137.

③ 贵州通史委员会. 贵州通史（第 3 卷）[M]. 北京：当代中国出版社，2002：236.

志》所载"墟市"中"朗溪司""木黄场""思林场""野毛溪""文家店""瓮溪司""路濑""许家坝""亭子坝"等众多墟市皆有"铺民"的记载，且为数不少。墟市铺民为"坐贾"之列，为川黔运销黔东北的重要一环。此外，又有重要商贩或赶场，或游走村寨，从事贸易。

其次，本地商贩从事棉纺布匹的商品贸易。明代黔东北地区棉花种植主要集中在思南府。至清代，在官府的推动下，黔东北地区棉花、桑蚕业发展迅速。虽受限于地理环境，棉花、桑树的种植仍未能全面展开，然官府采购邻省资源，推动了黔东北棉纺布匹的生产。在此背景下，黔东北商贩从事棉纺布匹贸易者亦逐渐发展，带动了手工行业的发展。道光年间，黔省发《种橡养蚕示文》[1]，推广蚕桑纺织业。（道光）《思南府志》载：思南府"棉花布匹，江人主之。……花布除各城厢市集外，惟安属大堡、煎茶溪等墟市，销售为多，近则居人率能自织"。[2] 说明棉花布匹贸易起初多由江西商人运抵思南，销售于城厢市场。道光二十年（1840）后，官府设置纺织局，推广纺织，城厢内外妇女入局学校，遂"居人率能自织"。值得注意的是，随着纺织的推广，妇女从事纺织更加普遍。《苗防备览》载：苗族"妇女亦知饲蚕，惟不晓育种。春间俟民间蚕出，结伴负背笼以货物易之。育成上簇，成茧抽丝，染色制为裙被之属。作间道方胜杂文，第不如永顺、保靖峒锦，作鹤凤花鸟之更工致也。绩苎织布皆能，其机矮，席地而织，布亦坚厚耐久"[3]。松桃厅，"女工不养蚕，地亦不出棉。棉皆取资湖南量买，以供纺织。布阔而粗，取足衣著，不能贸远。余则绩麻为线索，备缝纫之用，且以刺履，针黹简朴"[4]。苗民"城市贸易者，苗妇居多。其与汉民居相近者，言语皆与汉民同"[5]。黔东北商贩亦有资助本地纺织业发展之举。如思南府田太澍"幼业儒，家贫，去而学贾，家以裕。道光十七年（1837）捐钱三百七十千，置田入义学。十九年（1839）知县陈文衡设纺织局，太澍复捐钱二百千，并董其事。二十年（1840），知县俞汝本续办纺织局，胥资其力"[6]。

---

① （道光）《铜仁府志》卷之十《艺文·补遗·种橡养蚕示文》。
② （道光）《思南府志》卷之二《地理门·风俗》。
③ 《苗防备览》卷八《风俗考上》。
④ （道光）《松桃厅志》卷之六《风俗》。
⑤ （道光）《松桃厅志》卷之六《苗蛮》。
⑥ （道光）《思南府志》卷八《人物门·续增孝义·婺川县》。

最后，土产百货之类亦是黔东北本地商贩经营范围。黔东北盛产多种土特产品，如桐油、生漆、茶叶、蓝靛、药材等。这些土特产品的流通贸易多由本地商贩收购，而转卖至上级经销商，再转运他省。虽然本地商贩较少从事长途贸易，然本地商贩可将土特产品转卖外省客商进行商品贸易。（道光）《思南府志》载："府县属地，土产寥寥，惟桐油、柏油、山漆及婺川之朱砂、水银，可以行远，产亦无多，下此则药材矣。然皆由各商收贩以去，居人资薄亦鲜业此者，惟米、豆、猪、牛小负贩，俟农隙时，村民多为之。"① 从上可见，思南府"进出口"商品贸易多为外省客商经营范围，而本地商贩经营之土产百货多为本地销售。思南府为清代黔东北地区经济繁盛之地，而其他各府之本地商贩经营之土产百货情形大抵相似。

（二）清代黔东北本地商贩的影响

清代黔东北本地商贩贸易规模虽不及外省客商，然经营范围较广，参与人群更为广泛。黔东北本地居民生产土特产品之后便就近入市集交易，说明大量农民是市场参与的重要群体。而专肆商贾之本地商贩则更为熟悉市场环境，或游走村寨，或按期赶场贸易，或依托市集开铺设店，其对黔东北地区的影响颇为显著。

首先，本地商贩是外省客商商品贸易的重要基础。外省客商所经营之大宗商品，如食盐、桐油、棉花等，都需要本地商贩采购。本地商贩较为熟知社会环境和市场分布，因此在收购、转销商品时具有独特优势。本地商贩通过黔东北的商贸体系为外省客商的商贸活动提供了可能。例如，黔东北的川盐运销，即少不了本地商贩的支撑。思南府为川盐入黔之重要通道。陈鼎《黔游记》曾言："黔中诸郡皆荒凉，唯思南府最盛，有水道通舟楫，货物俱集而人文亦可观。"例如，黔东北土特产如桐油、生漆、药材等亦需经本地商贩之手转经客商，转销内地，从而为充分开发黔东北山林资源，实现其经济价值提供了保障。

其次，本地商贩对区域商品流通做出重要贡献。黔东北本地商贩大致可以分为两类。其一，农民耕种田地之外，利用山林资源生产市场所需土特产品，入市销售。其二，为专职从事商业贸易活动。此类又大致可分为行商和坐贾。行商携带商品或按期至集市贸易，或游走村寨零散销售；坐贾则集中在市集之中，开铺设店，销售贸易。无论哪种经营方式，都对黔东北的区域经济做出了

---

① （道光）《思南府志》卷二《地理门·风俗》。

贡献。农民偶尔从事贸易，一则可以增加家庭收入，二则是黔东北山林资源开采的重要基础。行商与坐贾虽经营方式不同，然对于黔东北地区土特产品的外销以及食盐、布料等的运销都是非常重要的。

最后，本地商贩的商贸活动是黔东北市场体系发展的重要基础。清代黔东北商品贸易发展的重要特征就是区域市场网络的形成和发展，而在市场网络的发展过程之中，本地商贩的商贸活动起到了重要作用。本地商贩的商贸活动大部分是以黔东北城乡市场为依托，推动了城镇、市集的经济发展，从而使得区域市场网络与全国性市场相联系，为区域经济一体化进程奠定了基础。

第三节　清代黔东北的市场网络

清代黔东北地区资源开发和物资流通的发展，促进了区域市场网络的发展。邓亦兵考察了清代前期全国商贸网络的形成，认为："长江上游及其支流，金沙江、嘉陵江、涪江、渠江、赤水河等流经四川、云南、贵州省"，是区域商贸网络的水运基础，加之明清时期的官道疏通，全国性商贸网络已经逐渐形成①。黔东北地区地临川、楚二省，其乌江流域自古便为区域重要航道，在清代食盐运销的带动下成为区域物资流通的重要通道。上文已经大致论述了黔东北地区的物资转运路线，正是在这些纵横交错的贸易路线之中，黔东北市场网络逐渐形成。

一、市场区域特征

区域市场的发展是结构性的变迁过程，故对区域市场网络的考察首先要注重的就是区域市场网络中的层级关系。施坚雅根据自然地理特征、经济资源分布、区域中心覆盖范围以及城市综合功能，将中国划分为九大区域：华北、西北、长江上游、长江中游、长江下游、东南沿海、岭南、云贵以及"满洲"②。其中，长江上游包括了黔东北地区的沅水流域和乌江流域部分，故黔东北地区

---

① 邓亦兵. 清代前期全国商贸网络形成 [J]. 浙江学刊, 2010 (4).
② [美] 施坚雅. 中国封建社会晚期城市研究 [M]. 王旭, 等译. 长春: 吉林教育出版社, 1991: 54—63. 其中"满洲"为《中国封建社会晚期城市研究》原文提法。

可以看作长江上游区域的重要组成部分。云贵区域"还是只能看作五个相对独立的较小中心地体系的集合体，中心地过于分散，其间只有非常脆弱的联系；到 19 世纪 90 年代为止，贵阳和昆明的支配地位才愈明显；该区域一个完全结合的城市体系只是在帝国时代结束后才形成"①。

黔东北地区大致处于长江上游区域和云贵区域两大区域的中间过渡地带，其经贸网络体系多依托长江上游区域，而其政治社会反而受云贵区域发展的显著影响。明代初期，思州田氏一分为二，一隶楚，一隶蜀。从中可见乌江、沅水两大流域的渗透和影响。而明廷革二宣慰司统隶贵州，意在"通滇"，从中又可见云贵区域的发展之影响。至清代，黔东北地区的经贸网络亦多由乌江、沅水两条通道经过，因此受川、楚影响为巨。例如，清代黔东北的食盐运销、布匹贸易多由川楚两省商人所垄断。川、楚二省对黔东北的经济影响亦存在转换的过程，如清初黔东北部分地区所食之盐为淮盐，经常德、辰州，由沅水运抵，而至清中后期黔东北食盐运销亦多由川盐垄断。再者布匹贸易原为经乌江航道而行，然随着纺织业的发展，楚商已经逐渐控制了黔东北的布匹贸易。故（宣统）《贵州地理志》概述贵州东部道：

> 东临湖南，北隣四川，水陆之冲要也。镇远、思州之水为沅水、□水，出都挖山及金凤山，经偏桥穿诸葛洞，经镇远、清溪、玉屏入湖南晃州厅境，下流合于沅水。铜仁之水为辰水，出楚净山至铜仁县（即江口），合流过铜仁府，入湖南麻阳境，即麻阳河也（此河由铜仁至辰溪两岸千刃，壁立中间一线，溪河险滩鳞次，每遇夏令大雨时行或苗巢山水陡发，小船可直抵铜仁，至秋冬干涸，麻阳以上不但重船难行，即小船亦难行，牵挽之劳数倍大河）。平越、石阡、思南之水为乌江，下流入四川酉阳州，中多险滩，其舟楫所通，下流扼以龚滩，上流仅及葛闪渡而止，四川之盐由乌江输入，然未畅行也。凡东面之交通，以镇远偏桥为枢纽，故明代巡抚驻于偏桥，以扼要害，而平日商旅所止，皆在镇远，称繁盛焉。近年，铜仁矿务发达，商务遂移入辰河，其东关、西关厘税甚旺，较镇远尤为繁盛，其他商贾走集之地则湄潭之永兴场、思南之煎茶场、安化之大保场，亦皆

---

① 刘招成. 施坚雅模式研究——美国中国学社会科学化的一个剖析 [D]. 上海：华东师范大学博士学位论文，2003：14.

有名。①

就经济分区而言，贵州大致可分为黔中、黔北、黔东北、黔东南、黔西南、黔西北六大区域。其中，黔东北"包括思南府、石阡府、铜仁府、松桃直隶厅，辖安化、务川、印江、龙泉、铜仁、松桃等厅县。该区土虽瘠薄，但通水利，水旱无虞。地邻楚蜀，由黔江入四川，清江入湖广"②。故黔东北地区具有环境相似，经济相通之区域特征。

总体而言，黔东北市场由乌江、沅水两条航道向镇远方向延伸，从而形成类似三角形的空间区域。在此区域内，市场依各层级展布，由通道向两侧辐射，由中心向其腹地延伸。具体而言，乌江通道以思南府城为中心地，向周围辐射，沅水流域以邻近楚省之玉屏为节点向周边延伸，而铜仁之锦江经水陆转运，通楚省麻阳地方，为黔东北联系湘西、辰州地区之另一通道。这些主要干道向周边辐射，周边地区成为思南、玉屏、铜仁的经济腹地。随着松桃苗疆地区的开发，清廷设置松桃直隶厅，成为清代黔东北市场结构中的又一节点，为汉苗之间的经贸往来奠定了基础，随之市场网络进一步延伸至"苗疆"地区。

二、区域市场层级

区域市场存在着等级结构。施坚雅依照"核心—边缘"关系将中国区分为全国性大城市、区域级大城市、区域级城市、中等城市、地方级城市、中心性集镇、中等性集镇、一般性集镇八类市场等级结构③，并认为长江上游地区的成都为中心大城市，重庆逐渐发展为区域级大城市，其辐射范围之涪陵为区域级城市。成都—重庆—涪陵体现了"核心"逐渐向"边缘"辐射的市场等级结构。施坚雅的市场等级结构结合了地理环境、人口密度、行政区划等要素，对理解清代黔东北区域的市场层级具有借鉴意义。何伟福在《清代贵州商品经济史研究》中将清代贵州地区城乡市场区分为"农村市场""商业城镇"和"区域中心市场"三个不同层次，并认为三类市场"构成了一个比较完整、复杂多

---

① （宣统）《贵州地理志》卷六。
② 何伟福. 清代贵州商品经济史研究 [M]. 北京：中国经济出版社，2007：40.
③ ［美］施坚雅. 中国封建社会晚期城市研究 [M]. 王旭，等译. 长春：吉林教育出版社，1991：151—159.

变的贵州地区的市场网络体系"①。明清时期是黔东北地区市场网络体系发展、完善的重要历史时期。早在明代黔东北改土归流后，已经逐渐形成了以思南为中心的市场层级，然受到区域社会环境的影响，区域市场层级的结构还未充分发展。至清代后，黔东北周边地区的改土归流加强了区域市场与内地及云贵地区的商贸联系，促使黔东北的区域市场逐渐成熟，市场层级亦随之发展起来。本书将清代黔东北的市场等级区分为中心市场、集镇乡场等。各等级市场相互连接，共同构筑了清代黔东北的市场体系。

（一）中心市场

清代黔东北中心市场大抵以思南府城为中心。思南府城不仅是物资运输的重要枢纽，亦为政治、文化中心，经济辐射能力冠于黔东北地区。

从物资运输来看，思南府城地处乌江航道重要节点，"上接乌江，下通蜀楚，舟楫往来，商贾鳞集"②。乌江之水"自石阡葛闪渡而下至牛水口入"思南境，其"中、上游落差大，险滩多，无航运之便。下游自思南至河口，水量增大，比降放缓"……清代乌江航运"思南以上断续可通小型木船至余庆；思南以下可通大型木船以达涪陵。唯其间有潮砥、新滩、龚滩须换船起滩，方能通过"③。故乌江航运至葛闪渡至黔东北境，自思南方可运输大量物资，可见思南水道之便利。清代川盐入黔由涪陵越龚滩而入贵州，思南府即为其重要枢纽；黔东北土产山货亦多集中运抵思南府城，而后经乌江运销省外。故史载："江自石阡属葛闪渡入境，循龚滩出以蜀，盘折境内五百余里。不特楚蜀行商，招招待涉，即居人羁江者，亦按日无虚渡之所可悉数也。"④ 除水道之便外，思南府城陆路运输亦颇为便捷。思南府陆路围绕乌江普设渡口。（道光）《思南府志》载：

> 德江上渡，在城南一里，由上渡而上二十里至掌溪渡，又十里至邵家桥渡，又十里至江口渡，由江口渡溯大江而上又五里至思林土沱渡；又三十里至桶口官渡，石阡府属；由桶口而上又十里至迎溪口渡，又十五里至长滩渡，又七里至董家湾渡，又八里至文家店义渡，又十五里至安家沱渡，又五里至牛水口渡，抵石阡府界。计去城一百三十里，均府属德江上流。

---

① 何伟福．清代贵州商品经济史研究［M］．北京：中国经济出版社，2007：178．
② （道光）《思南府志》卷之二《地理门·形胜》。
③ 何伟福．清代贵州商品经济史研究［M］．北京：中国经济出版社，2007：14—15．
④ （道光）《思南府志》卷之三《营建门·关梁》。

又德江上流四十里至江口，溯义阳江小河二里至羊角石渡，又三里至梓潼阁渡，又六里至塘头渡，又五里至写字岩渡，以上安化属。又十五里至官渡河渡，石阡属。又十里至石浏滩渡，又十里至兴隆场渡，上至木根洞，抵石阡府界。

德江下渡，城东一里由下渡而下四十里至桶井渡，里人张浩捐田造船，凡张姓渡者，例不取钱；又十五里至麻海溪，本埋鞋溪；又五里至潮砥渡，又十里至仁洞渡，又十里至姜家渡，又十里至邓家渡，又十里至白果陀渡，又三十里至独油溪渡，又三十里至木居陀渡，又三十里至夹石渡，又十五里至周门渡，又三十五里至齐滩渡，又二十里至沙陀渡，又二十里至沿河司渡，又二十里至黑獭堡渡，又二十里至思渠渡，又三十里至毛家渡，又二十里至清溪渡，又十五里至蔡家坝渡，又十里至鲤鱼池渡，又二十里至龚滩渡，抵四川酉阳州界。岩头河渡、鱼门子渡、桥陡水渡、山羊溪渡、泥水渡、干坝渡、又别流双山子渡，七渡均暗溪上流。

绿池河义渡　城西一百里。道光十五年（1835），庠生何魁元倡募，置田造船，计钱四百四十千。

牛角水渡　在渡塘河上流。

黄腊洞渡　在掌渡［溪］上流。

小溪渡　印水下流，安化县属。①

关梁对连接陆路与水道航运起到了重要作用。思南府陆路以"邮递"为官马大道。思南府"南距施秉驿传，二百九十五里。守令有所申请，必由铺以达于偏桥驿。郡南路设铺五：府三，安化二。道涂所经地与石阡、龙泉、施秉相交互。故府县五铺，与石阡、龙泉、施秉五铺，相资为用。北路距务川二百四十里，设铺八：府一，安化四，务川三。东路距印江四十里，设铺二，属印江。东北路出沿河司，向有铺，今裁。综府县各在城铺，合之路铺数，为数十有五"②。

从行政设置来看，思南府开辟较早。"宋政和中，蕃部长田祐恭内附，即入版图，改设州县。"③ 其后，废置不常，然亦通内地。"元时始设军民安抚司，

---

① （道光）《思南府志》卷之三《营建门·关梁》。
② （道光）《思南府志》卷之三《营建门·邮递》。
③ 《黔南职方纪略》卷六《思南府》。

后复改为宣慰司，明洪武以前皆田氏世袭，隶湖广布政司。永乐十一年
（1413），田氏始废，设思南府，改隶贵州。"① 明时田氏改土归流之后，黔东北
各府唯思南府下辖安化县，可见其开化程度。《黔南职方纪略》载："黔省郡县，
惟思南属归流最早，是以境内悉系土著汉民，既无客户，亦无苗种，惟安化县
所辖存、江、堡、瓮四图，每图十里，有东越印江县，插花在松、铜之间为半
河地方，有苗民十余寨。自县至彼，计程四日，距镇远四十八溪主簿分驻之地，
不满十里。其地设有苗牟三名，有典买苗产客民十户，附寨居住并无苗产各有
生理之户又八户。"② （道光）《思南府志》载："思南为黔省东北大郡，外与四
川酉阳、秀山划疆而立，内与石阡、铜仁、遵义三郡毗连，峰峦合沓，封守之
固。地势可凭，环城四关，尤称扼要。江如练泻，山若屏环，水复山重，是称
天险。"③ 思南幅员较黔东北他府为广，人口亦居首位。至道光十年（1830），
思南府"共户九万一千八百四十二户，男妇共三十七万六千零七十七名口"，实
为黔东北人口繁盛之地。从区域市场数量而言，思南府城市乡场亦称多数。据
《黔南识略》载：思南府府辖"场市八"，安化县"场市十八"，务川县"场市
二十二"，印江县"场市六"，府辖及属县场市共五十四，居黔东北各府厅之首。

表 4-1　乾隆至道光年间黔东北各府厅场市密度情况表

府别	州县数	人口	面积（km²）	人口密度（人/km²）	场市数	场市密度（个/100km²）
思南府	3	335882	12300	27.30	54	0.44
石阡府	1	95164	900	105.73	23	2.56
思州府	2	126191	2700	46.74	21	0.78
铜仁府	1	131261	3000	43.75	不详	不详
松桃厅	1	113823	2400	47.43	不详	不详

资料来源：梁方仲，《中国历代户口、田地、田赋统计》，中华书局 1980 年版。

正因思南府处于黔东北市场的区域中心，故川楚商人在思南府城建立会馆，
开办商号。"江西巨资的江西商人还在思南府城开设 10 多家大商号，如著名的

---

① 《黔南职方纪略》卷六《思南府》。
② 《黔南职方纪略》卷六《思南府》。
③ （道光）《思南府志》卷之二《地理门·按》。

源荣号、十柱号、安家号、万家号、大盐号等，这些巨商大贾以商号为据点收购当地的农副产品和土特山货贩运至省外收买，同时从外省运来洋广杂货，经思南府城分销至贵州各地。"① 故陈鼎《黔游记》言："黔中诸郡皆荒凉，唯思南府最盛，有水道通舟楫，货物俱集而人文亦可观，较之石阡、思州有天壤之隔"。

（二）集镇乡场

除区域中心市场外，黔东北地区亦有众多具有市场贸易功能的集镇乡场，具有重要的商贸流通功能。集镇乡场是黔东北区域市场网络的重要中转站，"在商品和劳务向上向下两方的垂直流动中都处于中间地位"②。施坚雅将区域城市以下的集镇大致区分为"中心集镇""中间集镇"和"基层集镇"三类，从空间、经济、社会三个维度阐述了集镇商品流通中的"核心—边缘关系"，并阐述了商品经由各类集镇的流通关系："运到中心集镇的外来品和镇上生产的其他商品，部分在中心市场就地出售，部分由在中间市场和基层市场间巡回的行商带入整个中心市场体系，部分进入 6 个中间集镇的商号。每个中间集镇的商号得到的商品，以及镇上产的其他商品，有同样的分散方式：部分在中间市场就地销售，部分由巡回于这一中间市场体系内各基层市场的行商销售，部分进入 6 个基层集镇的店铺。在这个向下流动过程中接受商品的商号，在基层集镇上主要是小店铺，在中间集镇上包括行商提供商品的销售以及那些兼具批发零售两种功能的企业。在中心集镇上包括那些拥有货栈的最高级的批发商。农民所需的消费品和小手工业者需要的商品通过这个体系向下分散到所有市场。地方上层人士所用的消费品和手艺人所需物资只到中间市场，不再向下流动。而主要令官宦感兴趣的消费品和一些工业物资通常在中心集镇就地销售，不再向下流动。"③ 集镇乡场是中心市场的重要延伸，从而构成区域市场的网络体系。

1. 思南府集镇乡场情况

《黔南识略》载：思南府"场市有八"，属县安化县"场市十八，各有定

---

① 何伟福. 清代贵州商品经济史研究 [M]. 北京：中国经济出版社，2007：200—201.

② [美] 施坚雅. 中国农村的市场和社会结构 [M]. 史建云，等译. 北京：中国社会科学出版社，1998：7.

③ [美] 施坚雅. 中国农村的市场和社会结构 [M]. 史建云，等译. 北京：中国社会科学出版社，1998：37—38.

期。山头地角遍栽桐、桊、杉、漆、冬青等树。桐桊摘子取油，冬青放虫取蜡，民稍蜡利，漆树倍于他产，夏秋之间，商贾辐辏"。务川县"场市二十二，各有定期"。印江县"场市六，各有定期"①。故梁方仲在《中国历代户口、田地、田赋统计》中统计思南府集镇乡场为"54"所。至道光年间，思南府集镇乡场更为普遍。据（道光）《思南府志》所载思南府及属县"墟市"可分为"东路""南路""西路"和"北路"四种，数量达 100 余所。

表 4-2　道光年间思南府及属县集镇乡场统计表

属地	类别	名称	位置	铺民数量	场期
思南府属	东路	郎溪司	城东七十里	七十余户	四九日
		合水场	城东九十里		三八日
		谷旦铺	城东一百二十里		二七日
		木黄场	城东一百四十里	七十余户	一六日
		木社场	城东一百四十里		四九日
	南路	思林场	城南四十里	铺民二十余户	一五日
		三道水	城南八十五里		四九日
		兴隆场	城南九十里		一六日
		野毛溪	城南一百里	七十余户	四九日
		文家店	城南一百二十里	百数十户	二七日
		瓮溪司	城南一百二十里	二十余户	三八日
		三间地	城南一百二十里		三八日
		平头溪	城南一百四十里		三八日
		大地方	城南一百七十里		五十日
		路濑	城南二百里	百余户	子午日
	西路	许家坝	城西迤南四十里	百数十户	三八日
		亭子坝	城西八十里	百余户	二七日
		合朋溪	城西一百里	七十余户	三八日

---

① 《黔南识略》卷十六《思南府》。

属地	类别	名称	位置	铺民数量	场期
思南府属	西路	三合场	城西一百里		
		长林坝	城西一百二十里	百余户	一六日
		野猫岩	城西一百三十里		五十日
	北路	枫香溪	城北一百二十里	三十户	三八日
		谯家铺	城北一百五十里	四十余户	四九日
		夹石	城北一百六十里	七十余户	三八日
		官庄	城北一百六十里	三十余户	三八日
		土坝场	城北二百里	二十余户	五十日
		小井	城北一百里		三八日
		漆园坝	城北二百一十里		四九日
		齐滩	城北二百里	百二十户	一六日
		泉口寺	城北二百四十里		二七日
		沿河司	城北二百四十五里	两岸四百余户	二七日
		黑水	城北二百六十里	三十余户	三八日
		黑踏堡	城北二百六十五里		五十日
		沙子场	城北二百六十里	七十户	四九日
		桃子丫	城北三百里		四九日
		官洲	城北二百里	七十户	二七日
安化县属	东路	天堂哨	县东七十里		四九日
		沙坝场	县东三百里		二七日
		刀坝场	县东一百四十里		一六日
		武官坝	县东一百四十里		四九日
		安福坝	县东一百八十里		四九日
	南路	邵家桥	县南三十里	八十余户	三八日
		塘头	县南五十五里	三百余户	六十日
		天生桥	县南迤东六十里	六十余户	二七日
		大坝场	县南七十里	百余户	三八日
		洋溪	县南一百四十里	七十余户	二七日

续表

属地	类别	名称	位置	铺民数量	场期
安化县属	西路	鹦鹉溪	县西迤北四十里	四十余户	一六日
		张家寨	县西四十里	三十余户	五十日
		宽坪	县西八十里	三十余户	二七日
		合朋	县西迤北一百里	三十余户	三八日
		煎茶溪	县西迤北一百一十里	四百余户	二七日
		栏杆子	县西迤北一百八十里	三十余户	四九日
		后坝	县西二十里		一六日
		岩口场			二七日
	北路	潮砥	县北五十里	四十余户	三八日
		牛渡滩	县北八十里	二十余户	二七日
		大堡	县北一百一十里	四百余户	四九日
		宛平	县北一百二十里	六十余户	一六日
		十字路	县北一百二十里		五十日
		隆兴场	县北一百五十里		二七日
		干溪	县北一百六十里	七十余户	二七日
		万家寨	县北一百八十里	二十余户	三八日
		旧乡坝	县北一百八十里		四九日
		细沙溪	县北一百八十里		二七日
		思渠	县北三百里		五十日
		庙头	县北一百四十里		二七日
		黄土坎	县北三百里	二十余户	一六日
		庙丫寺	县北三百里		三八日
		红丝塘	县北三百二十里	六十户	一六日
		黄草坪	县北三百二十里		五十日
		洗插丫	县北三百四十里		三八日
		毛家渡	县北三百四十里	三十余户	二七日
		乐居	县北三百四十里	七十余户	四九日
		蕉窝坝	县北三百六十里		三八日

续表

属地	类别	名称	位置	铺民数量	场期
印江县属	东路	缠溪	县东五十里	二十余户	三八日
		鬼石口	县东五十里		三八日
		昔土坝	县东六十里		二七日
		凯上坪	县东八十里		一六日
		中坝	县东一百里		二七日
		洋溪	县东一百二十里	七十余户	四九日
		桅杆嘴	县东一百二十里		五十日
	南路	陈家沟	县南三十里		五十日
		孙家坝	县南五十里	二十余户	四九日
		黄坝	县南一百二十里		四九日
		党家湾	县南二百四十里		一六日
		干赛铺	县南二百四十里		一六日
		大堰塘	县南二百八十里		二七日
	西路	大田	县西三十里		一七日
		袁家湾	县西六十里	四十余户	四九日
		板庄	县西二百四十里		二七日
		格鹿丫	县西五百里		一六日
	北路	板溪场	县北三十里		三八日
		毛寨	县北五十里		二七日
		沙子坡	县北九十里		三八日
婺川县属	东路	桃符坝	县东四十里		三八日
		龙井坡	县东四十里		一六日
		干河坝	县东六十里		三八日
		白村	县东六十里		一六日
		镇南桥	县东六十里		四九日
		管家园	县东九十里		二七日
	南路	沙子井	县南六十里		三八日
		干溪	县南一百里		四九日
		青枫坡	县南三百二十里		四九日

续表

属地	类别	名称	位置	铺民数量	场期
印江县属	西路	新场	县西五十里		四九日
		细沙溪	县西七十里	八十余户	二七日
	北路	鹿池	县北四十里		五十日
		三角口	县北四十里		四九日
		虎门	县北六十里		二七日
		符阳场	县北六十里		四九日
		大坝场	县北八十里		二七日
		练山坡	县北九十里		二七日
		分水丫	县北一百二十里		一六日
		客店坝	县北一百二十里		二七日
		濯水口	县北一百五十里		一六日
		毛天口	县北一百八十里		三八日
		后坪	县北二百里		四九日
		唐坝场	县北二百四十里		五十日
		王家坨	县北三百里		一六日

资料来源：（道光）《思南府志》卷之二《地理门·墟市》。其中，思南府属南路墟市之大地方"与石阡分治"，西路墟市之三合场"与松桃、龙泉分治"；安化县属南路墟市之洋溪"与印江分治"。

由表 4-2 可见，思南府境内集镇乡场中，府属各路共 36 所，安化县属各路共 38 所，印江县属各路共 20 所，务川县属各路共 25 所，除去洋溪场为安化县与印江县分治，思南府境内集镇乡场已达 118 所之多，较《黔南识略》所载 54 所已成倍增长。其次，各"墟市"皆有"场期"，为五日集市，惟思南府属南路墟市之路濑场期为"子午日"（六日集市）。场期反映出区域集镇乡场贸易的频繁程度，以至"墟市大小不等，五方聚集，沿集一二十里村民，摩肩交易"①。在众墟市之中，有些墟市有"铺民"记载，说明该处墟市不但有行商，亦有坐贾。据（道光）《思南府志》载：思南府有万寿宫，"郡属各场市，各有

———————
① （道光）《思南府志》卷之二《地理门·墟市》。

万寿宫，均江商公建，不具列"；禹王宫为两湖商民所建，"郡属各场市均有禹王宫，皆湖商公建，不具列"；天后宫为福建商民所建，"郡属各场市，间有天后宫，皆闽商公建，不具列"。此条记载说明，在思南府境内各墟市之中皆有江西、两湖活动，间有闽商贸易，外省客商于思南从事商贸活动已经遍及各集镇乡场，并各建会馆，沟通往来。此外，因清代思南府为川盐运销之重要中转站，盐商、船户公建"紫云宫"，"极轩豁"①。客商与铺民数量的多少往往体现出墟市的大小。据（道光）《印江县志》载："场市在县东者，洋溪最大，昔土坝，桅杆嘴，缠溪次之，上坪，杨柳塘，鬼石口，中坝，南黄堤，陈家沟，孙家坝，党家湾，皆小。大者乾赛铺，西大田，板庄，黄家湾，北板溪，沙子坡，而毛寨差强。然大亦能百户，小惟茅店十余而已。"②

清代黔东北地区，思南府集镇乡场发展最兴，故有"黔东首郡"之称。从上述思南府的集镇乡场情况亦可见其踪迹。

2. 铜仁府集镇乡场情况

铜仁府"东联楚壤，北抵蜀境"③，故为"辰沅之要隘，思石之门户"④，其府城亦为区域市场之重要中心地。以铜仁府城为核心，其腹地延伸至松桃苗疆地带，市镇乡场罗列，贸易亦为繁盛。铜仁"村市各有场，场有定期，五日一次，有一六者，有二七者，有三八、四九者。入市交易曰赶场"⑤。《黔南识略》言：苗疆"汉民之黠者，多来自江右，抱布贸丝，游历苗寨，始则贷其赢余而厚取息，继则准折其土地、庐舍以为值"⑥。

3. 思州府集镇乡场情况

思州地名最古，开辟较早，故集镇乡场亦多有发展。据（康熙）《思州府志》载：思州府境内有北街市（府城外）、新正街市（府南门内）、本城场（在府城南门外，每月逢二八日赶集）、都坪场（离府城九十里）、大兴场（离府城六十里）、平牙场（离府城九十里）、大有场（离府城二十里）、罗家山场（离府城三十里）、小铺场（离府城十五里）、转水场（离府城四十里）、田塍场

---

① （道光）《思南府志》卷之三《营建门·坛庙》。
② （道光）《印江县志》卷之一《建置志·第二·场市》。
③ 《黔南职方纪略》卷六《铜仁府》。
④ 《黔南识略》卷十九《铜仁府》。
⑤ （民国）《铜仁府志》卷之二《风俗》。
⑥ 《黔南识略》卷十九《铜仁府》。

（离府城七十里）①。然因思州府地较思南、铜仁二府较僻，故清代思州府市场发展较为迟缓。雍正年间，平溪卫改置玉屏县归属思州府后，思州场市有所增加。《黔南识略》载思州府"场市十四"，属县玉屏县"场市三"、青谿县"场市四"，虽较清初有所发展，然较为缓慢。其中，玉屏县"水陆交通，商贾鳞次，四方之物毕至"②，有"小江南"之称。康熙年间，江西客民于玉屏城北公建万寿宫，并于乾隆二十年（1755）"筑堤拓基，增建戏台"。此外，湖广客民于乾隆十一年（1746）在朱家场公建"寿福寺"③。玉屏集镇乡场主要有"在城场""大屯场"以及"朱家场"。在城场"旧在校场，康熙五十年（1711）卫守备吴移于鼓楼十字街"；大屯场在"城东二十里"；朱家场在"城东北四十里，场通楚蜀，商贩往来要路。乾隆二年（1737）设塘，二十年（1755）设外委一员防汛"④。

4. 石阡府集镇乡场情况

黔东北诸府之中，唯石阡府"万山包裹，独处诸郡之中，不与他省接壤。旧志所谓地非四达，鲜有贸迁者也"。据《黔南识略》载：石阡府"场市四"。属县龙泉县"场市十九。木饶桐、茶，兼产土布"⑤。石阡府城北门外建有万寿宫、川主庙⑥，表明境内江西、四川商人为著。据（光绪）《石阡府志》载：府城市集，俗名赶场，各市集分布如下：

```
郡西关上下河坝    场期一四七日
东乡  石家场      场期一六日（离城六十里）
南乡  隆兴场      场期一七日（离城一百里）
西乡  龙塘场      场期三九日（离城三十里）
      本庄场      场期四九日（离城一百里）
北乡  龙硐场      场期二八日（离城二十五里）
      新场        场期三八日（离城六十五里）
      桶口场      场期四九日（离城八十里）⑦
```

① （康熙）《思州府志》卷之四《赋役志·市场》。
② （康熙）《平溪卫志书》建置。
③ （乾隆）《玉屏县志》卷之三《建设志·寺观》。
④ （乾隆）《玉屏县志》卷之五《赋役志·市场》。
⑤ 《黔南识略》卷十七《石阡府》。
⑥ （民国）《石阡府志》卷三《秩祀志》。
⑦ （光绪）《石阡府志》卷七《田赋志·市集》。

由上可见，石阡府市集之中以"郡西关上下河坝"为最，场期"一四七日"，为三日场，其他四乡各场或为五日集，或为六日集，皆为集镇乡场。

5. 松桃厅集镇乡场情况

松桃地连川楚，其西乌罗、平头二司地方开辟较早，集镇乡场亦兴，而其坡东、坡西之地俱为苗疆，有"三不管"之称。松桃"贸易以赶场为期，场多客民，各立客总，以约束之。场以五日为期"①。然而松桃集镇乡场未见详细记载。根据（道光）《松桃厅志》《黔南识略》等史料，松桃厅建厅之前大抵集镇乡场以乌罗、平头二司地方为著，主要包括乌罗、孟溪、寨英、平头等地。乌罗、平头地方久隶版图，皆为汉民，地近思南。清代川盐入黔，乌罗、平头地方之盐皆由思南由转销。孟溪为松桃集镇乡场之大者，场期四九日，有"黔东五大集镇之一"之称，"建场已有三百多年，成为松桃历史较长的集镇"。清代举人戴雅澄光绪年间从家族《历年总录》中抄录了孟溪场开设合同，可见其历史：

开设孟溪场议约合同②

立议合人杨通绅、杨光辉合族人等，今因族创乌罗司上洞新寨，住居边险，地窄民贫，不通商贾，民无生活，凡有差徭、正朵、钱粮实难上纳。绅等与众亲公议，愿将荒地一幅，地名鬼山坝献出与杨国器、杨鼎初、杨钻绪、舒日茂、杨明英、米世俊、杨明嵩、米资奇、杨明远、徐仁杰、米世俸、杨名举、戴朝注等承头，开立场基，便卖牲畜，输纳国赋，以安民生。自立议以后，任国器等招客，建造店房，当日议定基址，与同亲识作四六均分。合内人等受其六分；本族绅等受其四分。日后杨宅子孙，不得异言翻覆，如有不遵前议，许合内人等，执纸公论。至于上司衙门，诉状请示诸事，会同商议，彼此不得推卸。此系二比情愿，非相逼押，今恐无凭，立此议合，各执一纸为照，合同二纸为照。

依口代笔人　马天祥

康熙二十五年（1686）八月初四日立议

合同人　杨通绅、杨光辉

合同一纸　杨国器执掌

---

① 《黔南识略》卷二十《松桃直隶同知》。

② 政协松桃苗族自治县委员会文史资料研究委员会. 松桃文史资料（第八辑）［M］. 铜仁：贵州省松桃县印刷厂，1992：164.

此"合同"显示，孟溪开立乃康熙二十五年（1686）之事，此时孟溪属乌罗司所辖，隶铜仁府。"合同"乃族人公议，仍需"上司衙门，诉状请示诸事"，说明设立场市需官府认可方能成事。"合同"中杨通绅、杨光辉、杨国器皆为乌罗正长官司后裔，其"诉状请示"不难。建立场市之后，使孟溪成为松桃大乡，"百货辐辏，商贾云集，郡士绅多居于此，田亦膏腴"①。江西商人于孟溪建有"万寿宫"，成为江西会馆，说明江西商人商贸活动在孟溪多有发展②。

寨英地处梵净山麓，为松桃又一物资转运通道。明初，明廷开辟梵净山地区，便于寨英设屯立堡。"从湖南沅陵来此地经商多年的何氏家族更出资购下了临河一块地面，辟为街巷，称'何家坝巷子'，开设商号，称'何裕商号'，经营土特产和铁器具。之后，何氏家族又联合一同来自沅陵一带的乡亲紧邻，建造福寿宫，作为宗族内部议事和举行宗教祭祀活动的场所。"③ 清代黔东北地区经贸进一步发展，寨英之地处川黔运销通道，场市亦颇有发展，街道增多，商号林立。寨英建有东门街、南门街、中街、何家坝巷子、北门街、巷子口、城墙、冉嘉盐号、"协裕祥"商号、"富华"商号、"吴裕泰"商号、"同德祥"商号、"同心昌"商号、"易和兴"商号、"曹易合"商号、"湖广馆"戏楼、"裕国通商"商号、万寿宫等，体现了寨英集镇贸易的兴盛。

松桃厅坡东、坡西之地历为苗疆，有"三不管"之称。清初，平红苗，设正大营同知。雍正八年（1730），始建城于蓼皋山下。乾嘉苗民起义前，客民游走苗寨从事贸易未受限制。随着经济发展的不平衡，民族矛盾加深，爆发了乾嘉苗民起义，动荡三省。起义平复后，清廷经略苗疆，增设松桃直隶厅，隶贵东道，划铜仁府乌罗、平头隶属，增汛筑堡，严禁"客民"游走苗寨。碉堡之设，原为安靖苗疆，然因地处苗汉交汇之所，亦多具乡场贸易之功能。《苗疆屯防实录》即载："黔边芭茅坪、箕子坳，为楚省九里苗人往来贸易之所。千百成群，喧哗杂沓。"④ 可见，芭茅地方地处黔楚交汇之地，其商贸功能不容小觑。其他各汛之情形亦大抵如此。

---

① （道光）《松桃厅志》卷之四《形胜》。

② 政协松桃苗族自治县委员会文史资料研究委员会. 松桃文史资料（第十辑）[M]. 铜仁：铜仁 103 地质队电脑印刷厂，1996：71.

③ 政协松桃苗族自治县委员会文史资料研究委员会. 松桃文史资料（第十辑）[M]. 铜仁：铜仁 103 地质队电脑印刷厂，1996：236.

④ 苗疆屯防实录 [M]. 伍新福，校点. 长沙：岳麓书社，2012：208.

第五章

清代黔东北经济开发中的国家在场

黔东北地处武陵山区腹地，是国家"内陆边缘"地带，"其区域特征主要有三：一是国家权力相对缺失，政治控制方式多元；二是区域资源相对丰富，生计模式多样；三是文化多元交融，既具有较强的非汉特征，又深受汉文化的影响"①。明清之前，中央王朝对黔东北地区的管理多依托田氏土司进行，田氏土司世代相袭成为左右地方的重要政治力量。改土归流后，黔东北地区方设府建县，从而纳入统一的行政管理体系。区域政治系统的转变亦伴随着经济资源归属的变迁，如黔东北汞矿资源丰富，经济价值颇巨，为田氏土司上贡朝廷之重要土产。田氏土司一分为二，争夺矿坑，以致皆为明廷所革。改土归流后，明廷纳矿坑为国家矿产，召民开采，成为重要的国家资源。从中可见，明清时期黔东北地区政治建构的转变是影响经济开发进程的重要力量。米格代尔研究发现："国家的社会控制不只意味着国家机构对社会的渗透，也不仅仅是成功地汲取资源。它还包括为特定目标恰当地分配资源、规制人们的日常行为的能力。通过有控制地、选择性地分配社会资源，政府官员有可能为人们的生存策略提供重要的要素，尤其是重要的神话和象征性符号。只有在这种情况下，国家才具有有效规则的前提和广泛动员其民众的可能性。"② 因此，深入讨论清代黔东北经济开发进程，就需要剖析国家力量在黔东北地区的权力延伸、财政体系、社会救济以及社会管控等层面。

---

① 曹大明，黄柏权. 内地的边缘：武陵山区区域特征述论 [J]. 北方民族大学学报（哲学社会科学版），2014（6）：51-55.

② ［美］乔尔·S. 米格代尔. 强社会与弱国家：第三世界的国家社会关系及国家能力 [M]. 张长东，等译. 张长东，校. 南京：江苏人民出版社，2009：272.

第一节　清代黔东北地区国家权力之延伸

国家政令的推行需要地方官府职能的完善。自明代改土归流后，黔东北地区已设立府县制度，然因开辟较迟，府县仍需依靠众多土司及其后裔来协助，并且因黔东北周边地区土司林立、民族成分复杂，土地侵蚀、民族起义等现象频繁出现。进入清代后，清廷针对贵州地区进行了行政区划的调整，一方面"汰冗散专"，责文职而重其权；另一方面进行改土归流，设立州县，疏通政令，建立图甲，从而"时督租赋之入，而自为申解、听断、催科与牧令等"①。

一、建置调整与职能完善

较于明代黔东北府县、屯卫相互交叉，清代黔东北地区行政建置相对完善。其一，经过行政调整，原隶属于湖广行省的平溪、清浪、偏桥等卫所划归黔省，并撤卫设县，以便于政令的实施；其二，黔东北地处黔、川、楚三省交界之区，府县、卫相互插花，对区域行政措施的实施造成干扰，故清代进一步清理"插花"之地，以便于统驭；其三，明代改土归流后黔东北遗留了众多土司，世代相袭，随着区域经济社会发展，土司之弊端日益显现，清代遂进行了相应的裁革，并加强了管理；其四，为统驭苗疆，清代黔东北松桃苗疆建置逐渐完善，国家权力日益向内陆边缘地区拓展。上述四个层面的调整，促进了黔东北地区与内地的沟通联系。

首先，改土归流与裁卫并县。土司之设，意在"羁縻"。明代改土归流后，黔东北地区保留了众多小土司，协助新设府县处理公务。清初，清军平定贵州之时，即针对性地对马乃、水西等土司进行改土归流。黔东北地区因归流较早，保留的土司职衔较低，并由知府统驭，故归流较少，主要集中于石阡府。石阡府是黔东北地区唯一不与他省相邻的府，仅领四司，社会发展较为迟缓。康熙二年（1663），裁革葛彰长官司，仍存葛彰副长官司；康熙五十年（1711），裁

---

① （道光）《思南府志》卷之四《秩官门·职官》。

革苗民长官司，隶府①。裁革后，编户各半里，设有"在城里""苗民里"②。雍正年间，清廷针对武陵山区进行了大规模的改土归流，黔东北地区土司亦有所裁革。雍正八年（1730），裁革石阡正长官司，存副司以理苗③。同年，裁革思南府蛮夷副长官司。此外，清廷还裁卫设县，厘清地界。黔东北之平溪、清浪等卫为明代所设，地处内地通往云贵之驿道，"为黔门户，控楚咽喉，最关冲要"。清初，平溪卫隶属楚辖，设有官军，资以捍御。因处黔楚交界，平溪卫驿递频繁。顺治、康熙年间，平溪卫"承应楚夫楚役，扛抬饷鞘军装，押解逃人重犯，支持繁政"，然因卫属楚辖，驿属黔辖，夫属楚，马属黔，黔楚两省多有龃龉④。雍正五年（1727），清廷将二卫改置玉屏、清溪二县，隶黔，属思州府。经行政调整，"思州府领玉屏、清溪等县二，思南府领安化（附郭）、婺川、印江等县……石阡府领龙泉县一，铜仁府领铜仁县一"⑤，并新设松桃直隶厅。

其次，清理"插花"，完善行政职能。清代黔东北各府县疆域，多有交互。如思南府"外与蜀连，内与本省府县相接者，又多犬牙相错"⑥，故思南府属之图甲多有交互，"按甲征粮，有一地而粮兼数甲者；据图以定甲，又有一图而甲别东西者"⑦。（道光）《思南府志》载："府属、县属，共图一十有六，甲一百六十。惟府辖水东图另有花甲，卜龟图另有庄甲，特、纹、新三图，甲多交互，有一地而兼数甲。安化图甲，交互尤多。且又有府县相兼之地，名或再见三见，均不可删也。《刘志》载：沿河司，前尚有甫南一图，为酉阳州所侵。垂今据《刘志》又百五十年，势难详复旧界。又谓：朗图地狭人稀，不足一图。编户十五洞：曰司前、曰桂寅、曰桂治、曰亥溪、曰高寨、曰旺溪、曰小谷旦、曰大谷旦、曰昔牙、曰上木黄、曰下木黄、曰木良坝、曰木社、曰木桶、曰落坳。以今考之，人固不稀，地亦不狭。意彼时尚未垦荒，而生齿逮今十倍于前也。"⑧

黔东北各府、厅属地交互，提高了行政管理的成本，并导致匪患频繁，更

---

① （光绪）《石阡府志》卷二《地舆志·图说》。
② （光绪）《石阡府志》卷之七《田赋志·里甲》。
③ （光绪）《石阡府志》卷二《地舆志·图说》。
④ （康熙）《平溪卫志书》驿递。
⑤ 《大清会典事例》卷一百五十三《户部二·疆里·贵州省》。
⑥ （道光）《思南府志》卷之二《地理门·古迹》。
⑦ （道光）《思南府志》卷之四《食货门·图甲》。
⑧ （道光）《思南府志》卷之四《食货门·图甲·按》。

对财赋征收造成了不利影响。雍正三年（1725），雍正帝即言："从来两省交壤之地，其界址多有不清，云、贵、川、广等处尤甚。间有一省之内，各州县地界亦有不清者。每遇命盗等事，则相互推诿，矿厂盐茶等有利之事，则互相争竞，甚非息事宁民之意。"① 黔东北地处山区，因地理、历史、文化等原因，各地"插花"情况十分严重。道光年间，安顺知府胡林翼上书建议清理"插花"，以达到"官不扰民，自为经理，就疆域之形便而截长补短，即钱粮之会计而益寡衰多，不更易州县之名，不增减粮赋之数"②。然此议未能得到重视而实施，直至清末贵州"插花"问题才得到有效缓解。

再次，增设"巡检"，控驭隙地。因黔东北各府境交互颇多，加之山区地理环境，形成许多国家难以控驭的隙地。这些隙地不仅是国家行政力量难以深入的地区，而且往往是内地"流民"迁徙开发的重要方向。为控驭隙地，清廷一方面调整、完善区域府州县建置；另一方面也增设"巡检"，以备稽防。黔东北地区巡检司初设于明代。明代思南府"设板桥巡检司（隶府）、覃韩偏刀水巡检司（隶水德江长官司）、都儒、五堡、三坑等处巡检司（隶婺川县）"③。其中，覃韩偏刀水巡检司为土巡检，隶水德江长官司。"明太祖洪武十年（1377），以沿边溪洞军民万户总管安辉内附，分水特姜司地，置蛮夷长官司，以安氏世其职（贵州通志），改偏刀水长官司陆公阅为土巡检，世职。按：蛮夷司与土巡检皆德江所属，巡检属在今县西一百二十里，地名巡检司，西有花水为沃饶地。"④ 各巡检司设有"弓兵"，以备稽防地方之用。其中，板桥巡检司有"弓兵一十三名"；偏刀水巡检司有"弓兵四名"⑤。

作为国家行政的基层机构，巡检司具有次县级行政特征，大多设于国家权力相对缺失的地方。巡检司"在整个清代呈现波浪形的发展态势，大体分为三个阶段：顺治、康熙两朝为缩减期，雍正、乾隆朝为高速增长期，嘉庆以后趋于稳定期"⑥。清初黔东北地区巡检司陆续裁革。（道光）《思南府志》载：康熙三十八年（1699）所著"《刘志》所引旧志尚有板桥巡检司一员；偏刀水巡检

---

① （民国）《贵州通志》前事志《三》。
② （民国）《贵州通志》前事志《三》。
③ （嘉靖）《思南府志》卷一《地理志·沿革》。
④ （民国）《德江县志》卷一《地理志第一·县治沿革》。
⑤ （嘉靖）《思南府志》卷二《田赋志·差徭》。
⑥ 胡恒．清代巡检司时空分布特征初探［J］．史学月刊，2009（11）：42-51.

司一员。计明末时板桥地拨入石阡府，偏刀水地拨入龙泉县，官亦寻裁"①，其弓兵各项"均已删除"②。明代思南府所设"巡检"皆为武职，明末板桥地拨入石阡府、偏刀水地拨入龙泉县后，巡检司之职并入"武职"，改为"汛"。（光绪）《石阡府志》载：石阡府设有"分防龙泉县汛，把总马步亲丁（马兵一，战兵二，守兵二）共四名，战兵二十一名，守兵四十名。分防偏刀水汛，外委马步亲丁（马兵一，守兵一），战兵十名，守兵八名"③。至清顺治、康熙年间，思南府巡检已尽数裁革。至"道光十六年（1836），增红丝塘巡检司一员，武职"④。红丝塘位于思南府安化县"北三百二十里"，为安化县北路重要墟市，有"铺民六十户，场期一六日"⑤，处遵义府与思南府重要官道。清廷于此设置巡检，以备稽查。

　　清代黔东北地区巡检司的设置，突出体现在苗疆经营进程之中。黔东北松桃"明以前俱为红苗巢穴，接连黔、楚、蜀，谓之三不管地"⑥。明代之时虽对松桃地方多有经营，然国家行政亦难以深入。据嘉靖二十年（1541）《广舆图》显示，黔东北松桃地方多为国家行政之空隙（见图5-1）。

　　（道光）《松桃厅志·序》亦称："松桃厅者，黔与楚、蜀之隙地，而亦赤苗出没之陕区也。其地华离险阻，箐密洞深；其人蚁伏鹑居，犷悍剽疾。自唐宋以来，屡叛屡服。"⑦ 至清代，清廷经略苗疆，在广设营汛等军事机构的同时，亦有巡检的设置。例如，康熙四十三年（1704），设正大营，"以同知驻其地"⑧。"雍正八年（1730），平松桃苗，移正大营同知为松桃理苗同知，移铜仁协同驻松桃。"⑨ 松桃苗疆以正大营为分界，其东尽为苗疆，称坡东、坡西地。"坡东界联楚省永绥、凤凰两厅……其地深入苗巢，客户尚少。坡西地接乌、平两司，北界四川秀山县，地为汉苗接壤之处，汉户颇多。"⑩ 正大营以西

---

① （道光）《思南府志》卷四《秩官门·官制》。
② （道光）《思南府志》卷三《食货门·经费》。
③ （光绪）《石阡府志》卷四《兵防·武制》。
④ （道光）《思南府志》卷四《秩官门·官制》。
⑤ （道光）《思南府志》卷二《地理门·墟市》。
⑥ （道光）《松桃厅志》卷之二《地理门·建置》。
⑦ （道光）《松桃厅志》序。
⑧ （道光）《松桃厅志》卷之二《地理门·建置》。
⑨ （道光）《松桃厅志》卷之三《疆域》。
⑩ 《黔南职方纪略》卷六《松桃厅》。

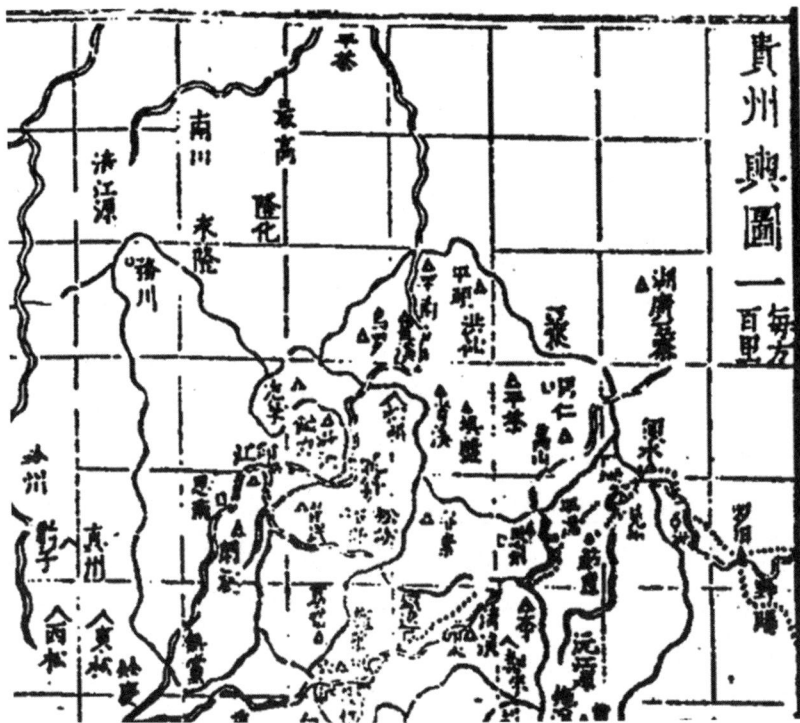

图 5-1　明嘉靖年间黔东北行政图

为乌罗、平头二司，以南为铜仁府境。故在松桃苗疆中，正大营为苗汉重要节点，军事、政治意义非常突出。清廷在正大设有巡检司，并建有巡检司署。（道光）《铜仁府志》载："正大营县丞一员，旧设巡检司，今裁设县丞。"① 松桃厅设立后，移巡检司于盘石。可见，松桃巡检司的设置情况与苗疆开发的进程是大体一致的。

二、城池修缮与道路疏通

（一）城池修缮

城池既是王权的象征，亦是贸易网络的重要载体。自明代改土归流后，黔东北各府县皆修筑城池，建立公署，是国家在黔东北地区"在场"的重要表征。明末清初，黔东北地方不靖，故清初黔东北地区城池、公署多有毁坏，成为地

① （道光）《铜仁府志》卷之五《秩官·官制》。

方稳定后之急务。随着区域社会逐渐稳定，各府、县逐渐修葺，有"捍卫陆防"之功。

表5-1　清代黔东北地区城池修缮情况表

府厅	城池	修缮情况
思南	府城	顺治十八年（1661），知府叶番重修；康熙十二年（1673），知府陈龙岩复修；康熙十三年（1674），知府姜登高接修；康熙二十九年（1690），知府刘谦吉任内，奉查估修（计周围八百一十一丈，高一丈五尺，脚宽一丈二尺，收面一丈，坍塌三百余丈，当估价曰四千余金，工未举）；乾隆四年（1739），安化知县解韬于敬陈刍尧案内奉文估勘（计周围四里六分，长八百三十六丈八尺，内除东南西北、遵化五门门洞空阔一十六丈五尺外，实计城八百一十六丈三尺，高一丈五尺，脚宽一丈四尺，收面一丈二尺，工未举）；乾隆四十年（1775），署守凌任内奉文估勘，丈尺如前；乾隆五十二年（1787），知府王雨溥任内，奉文确勘，详明城身大段均已坍塌，间有存留石址，膨裂倾斜，应周身筑砌，嗣经奉文奏明缓修，俟铅斤节省，银两充裕，再行奏办；道光十六年（1836），知府马佑龙详请估修，会调补贵阳府，事中止。①
	印江	康熙十一年（1672），知县蒋元捷重修。②
	务川	康熙十年（1671），知县雷起龙重修；康熙二十九年（1690），奉查估修时，东、南、北三门，城楼均漏缺，西仅存门址，城身坍塌强半，工未举。③
铜仁	府城	顺治十五年（1658），知府梁懋辰重修上南、正南、下南等门并城楼，皆蠲俸，不费民间丝粟；康熙九年（1670）补修；乾隆三十七年（1772）重修上南门城楼；道光三年（1823），知府陈兆熙补修；同治五年（1866），知府陈枚增筑东北门炮台二各门小炮台二十八，每垛十，修硝棚一，共棚一百七十三；光绪十二年（1886），知府王宪曾补修。④

① （道光）《思南府志》卷之二《营建门·城池》。
② （道光）《思南府志》卷之二《营建门·城池》。
③ （道光）《思南府志》卷之二《营建门·城池》。
④ （民国）《铜仁府志》卷三《城池》。

续表

府厅	城池	修缮情况
石阡	府城	顺治十八年（1661），推官陈龙岩补修；乾隆二十八年（1763）十一月内，文思禀勘阡郡石城一座，查建自明永乐年间，历年久远，城身坍塌，历任估报请修，嗣奉文以偏僻之地，于农隙时督令民夫补葺在案，历任虽随时修补，无如工大费繁，不过量堵砌筑，必得全行拆修始能坚固等语。二十九年（1764）正月内，着贵州巡抚刘藻奏查明通省城垣外有石阡等处城久已废坍列入稍缓，俟各处急工修竣再行委勘典修。四月初七日，奉朱批览奏"俱悉，钦此"。①
思州	府城	明末，思州府城毁于兵。康熙八年（1669），知府陈龙岩增修；康熙十一年（1672）内，复倾塌四十余丈，知府李敷治重修；雍正九年（1731），知府褚世晫加修；乾隆五年（1740），知府吴惠修以土城不坚，包石多倾圮，请拨款改修石城，阅三年告成，宽广仍旧，垛口计五百四十六个，城门四，西面不能辟门，东北各一门，南面大小两门。②
思州	玉屏	康熙五十年（1711），卫守备吴丕烈补修；雍正七年（1729），署知县卢造量修；乾隆三年（1738），知县张能后领帑重修，续有坍塌；乾隆二十二年（1757），署知县赵沁领帑重修。③
松桃	厅城	松桃转城一座，周围二里八分，长五百零六丈，高一丈，广一丈，起脚石砌入土三尺，出土一尺，收顶七尺，垛口九百五十一座。门四：东为迎恩门，南为永宁门，西为化三门，北为河润门。计除城门一十二丈二尺，实在城身四百九十一丈二尺。每长一丈，开垛口二个，宽、高一尺五寸。城门楼四座。实帑银一万六千三百四十七两一钱八分。雍正十三年（1735）建。乾隆二年（1737）题请重修；乾隆三年（1738）告竣，高广如前。嘉庆元年（1796），铜仁"善后案"内，奏请补修；嘉庆七年（1802）告竣。道光九年（1829），添设炮台四座，高广如前。计炮台四座，每座基长一丈五尺，宽深二丈。石脚入土三尺，上砌火砖，高八尺；中筑土台，砖铺平；顶外加垛口，高四尺五寸。共高一丈四尺五寸。④

城以卫民，池以卫城。城池一方面为保障地方之设施，故曰"城取坚，池

① （光绪）《石阡府志》卷三《城池》。

② （民国）《思县志稿》卷三《建置志·城池》。

③ （乾隆）《玉屏县志》卷之三《建设志·城池》。

④ （道光）《松桃厅志》卷之七《营建门·城池》。

取深也"①；另一方面城池多为官府公署所在之地，地方官府为国家权力之"在场"，故历任官员都有城池修缮之职责。然而，城池历经风雨洗刷，容易坍塌，而修缮之费又多为浩繁，故黔东北城池往往年久不得及时修缮。（道光）《思南府志》即言："城至今五百余年矣，前之人，先以土木，继以砖石，由永乐迄嘉靖，历年百有四十，始有完城。后，此虽叠经重修，旋修旋圮。今则坍塌略尽，四无完堞，惟城身隆起，仅有石址可寻，欲复旧观，谈何容易。兴大工，动大众，是在乎大才力者肩之而已。崇百雉之规，杜三刻之逾，捍卫陆防于是乎在。"② 与此同时，城池修缮对于地方而言，实为重务。乾隆二十八年（1763），上谕言："城垣为地方保障之资，自应一律完固，以资捍卫。地方官吏往往视为具文，或任其坍塌不问，日久因循，或修葺有名无实，徒縻帑项，皆所不免。着各省督抚嗣后敕令该管道府将所属城垣细加勘察，如稍有坍卸，即随时修补，按例保固，仍于每年岁底时通省城垣是否完固之处缮折汇奏一次。"③ 地方官府或请帑项，或蠲俸以及地方之资，修缮城池。

黔东北各城池多修筑于明代设府之时，独松桃厅城为清代新筑。《黔南识略》载："厅城旧系土筑，雍正十二年（1734）建，原在松桃山下，地甚狭隘，乾隆二年（1737）改建砖城于蓼皋山下，周二里，计五百丈，门四。"④（道光）《松桃厅志》言：

松厅设城，由来久矣，迄今且再葺焉。城基来脉，绵远敦厚。建城之地，背山而面河，南屏拥于前，太乙踞其后，山势重沓，周于四围。小江迤西而南，汇于东北之大江，以下达于楚。山环水抱，类智者所设施。乾隆六十年（1795）之役，逆苗窥伺，久淹旬日，守陴者御之裕如。人力洵足凭哉，亦缘地利，扼其险要而操常胜之局也，乃者群苗，格化沐浴皇仁，昔之严刁斗而资防卫者，今更雉堞崇隆，女墙碑兀，容民畜众，称乐国焉。群苗喁喁然驯扰向风，渐知礼让，獉狉之习，咸与维新。昔振以武，今柔以德，固不以他族嫌也。志城池。⑤

---

① （道光）《松桃厅志》卷之七《营建门·城池》。
② （道光）《思南府志》卷之二《营建门·城池》。
③ （光绪）《石阡府志》卷三《城池》。
④ 《黔南识略》卷二十《松桃直隶同知》。
⑤ （道光）《松桃厅志》卷之七《营建门·城池》。

松桃地处苗疆，明代为"三不管"之地，故厅城之建实为国家权力在苗疆的延伸。松桃厅有"垛口九百五十一座""炮台四座"，亦是其军事保障功能的体现。《黔南识略》亦言：松桃"正大营、盘石营、平头司、木树汛、芭茅汛、石岘卫，各建有城"[①]。从中可见，松桃境内之重要营汛亦有"城"建，保障地方。然而，正如上文所分析的，黔东北境内疆域多有交互，松桃之地更是如此。松桃城建之地有二：雍正八年（1730）所建之城在松桃山下，乾隆十二年（1747）所建之城在蓼皋山下。（道光）《松桃厅志》载有滕仕清《松桃城基说》言：

> 松桃城基，旧四川秀山县九江里地也。先是雍正八年（1730），落塘逆苗因收粮，戕平头司吏目张文炳、太平营把总张以志于稿平瓦罐窑。事闻，中丞张光泗、总兵刘永贵督师剿之。时有川属土长官杨再基率土兵以从，困苗于水田坝刺笼山，苗党歼焉。
>
> （乾隆）十一年（1746），奏设松桃城。既得旨矣，顾建城之地，惟九江里宜而地又属蜀。爰议拨蜀之九江、清水江、明镜江三里归黔，以便兴工。惟时川民有不从者，于是仅以清水、明镜属黔，而九江里则建城以外，仍隶蜀。以故城南半里许即蜀地。城既成，移正大营分防同知与铜仁副将驻扎。盖群苗帖耳驯扰者六十余年。
>
> 乾隆六十年（1795），苗再叛，贝子福康安讨之，师既集，黔苗望风降。于是改同知为直隶厅以专事权。又虑新辟地之不足于厅也，益之乌罗、平头二司而厅治以扩，副将则改设松桃营，其各堡各碉，以次增设。凡扼塞之区，控制之术，所以卫城者无不周也。
>
> 城小而固，群山分层壁立，匼匝四围。水则双流交汇，于东北隅始折而入楚。山水灵秀，天造地设。设厅后，文武掇科者累累，苗亦欣欣向化，擢其俊秀，入之胶庠。既平既安，百雉言言，实足御川楚之冲，作东南之镇。近果勇侯杨芳，以西师立功，圣恩汪濊，锡之世爵，允为桑梓光荣，实奉建城后恩命。城之擅地脉而钟伟人者，方兴未艾焉。志其原始，以告后之君子。

经过各府厅官员的努力，黔东北各城池逐渐修缮或新建，公署亦随之完备，

---

① 《黔南识略》卷二十《松桃直隶同知》。

中央王朝在黔东北的影响逐渐扩大。

（二）道路疏通

道路交通环境对区域经济开发至关重要。黔东北交通分为水运和陆运，水运以乌江、锦江、潕水三条江河为主，陆运则有国家驿道、官马大道以及乡道之分。

乌江为贵州重要航道，其上游和中游滩多水急，不利于通航。明代石阡知府郭原兵曾疏通乌江支流石阡河，清理石阡府至塘头河道 60 余里，打通险阻 9 处，方便舟楫往来。万历二十四年（1596），贵州巡抚舒应龙曾倡议疏通乌江中游水道以通贵阳，然因工费浩繁，未能实现。清乾隆二十四年（1759），贵州巡抚周人骥开凿南明河、清水河以运铜铅，历时年余而成。道光十二年（1832），思南城南镇江阁因险滩失事，知府杨以增等组织开辟了左岸山径数百米，船舶过滩易岸而行。咸丰六年（1856），德江县境河道塌岩，阻碍河道，称"新滩"，水道又断航，过往舟楫易舟而行。乌江因明清时期技术、财赋等原因未能充分疏通，但是乌江居民建造了"歪屁股"船，适应了滩多水急的航情，辅以两岸纤道，雇用纤夫，航道亦保持了相对畅通。

潕水为湘黔驿道中重要水道，通航历史久远，然元代河道失修，有断航之忧。明代郭子章倡议开凿诸葛洞，河道亦随之得以疏通。至清代潕水航道较为畅通，所行船只为类似"麻阳船"，"大者曰辰船，容二十余人"，"小者曰潕船，容三四人"。在玉屏至镇远间，又有"翘脑船"，"属木帆船型，艄部较高可以防浪，前后有梢便于上滩下滩"[1]。

锦江又称辰江，在黔称"铜仁河"，在楚则称"麻阳江"，发源于黔东北之梵净山，经闵孝、江口、铜仁，而入楚境，汇于沅江。锦江为黔东北通往湘西之重要水道，明代即通航。至清代，地方官府多有疏通之举。顺治十六年（1659），贵州巡抚卞三元倡议修整锦江水道，自省溪以达提溪，全程 80 余里。雍正、乾隆年间，再次疏浚锦江以运粮。铜仁商民与船户集资修河，在高溶开凿铜漕溶，设闸坝蓄水以利行舟，船可至楚省麻阳。严如煜记载了锦江通航的情况："由铜仁至辰溪，两岸千仞壁立，中间一线，溪河险滩鳞次。每遇夏令大雨时行或苗巢山水陡发，小船可直达铜仁。至秋冬干涸，麻阳以上不但重载难

---

① 《贵州六百年经济史》编委会.贵州六百年经济史［M］.贵阳：贵州人民出版社，1998：181.

行，即小船亦难，行走牵挽之劳数倍于大河矣。由辰溪西进辰江，十里至潭湾，十七里至石马塘，十里至迷河塘（麻阳界），十里至九溪湾塘，十里至桑林塘，十里至滥泥塘，十里至逢伊塘，十二里至高村塘，二十里至龙家铺塘，二十里至江口塘，三十五里至石庵潭，三十五里至麻阳县，由城西南行十里至渡头塘，十里至铜信塘，十里至小坡塘，十里至米沙塘，七里至牪牛坪，五里至施溪司（交贵州界），五里至马脚岩，十五里至黄腊关，二十五里至铜仁府城。"① 锦江行船为"麻阳船"。

除上述三条主要航道外，黔东北其他河道亦有通航。其中，松桃厅之北河尤为重要。北河为湖南酉水之分支，又称"受水"，其松桃段称为"松桃河"。（道光）《松桃厅志》载：

> 松桃河：一由山羊溪发源，一由革茶溪发源。距城一百三十里，二水汇于石万屯，合流十余里至大鱼泉地，乌罗司之水入焉。又其下，谢家沟之水入焉。又三十余里至双龙屯，蜡山洞、犀牛洞、冷水溪三水入焉。又历落袍、耿溪、第瀛、乜江、平洞、大路河、楼阁至两河口，木耳溪、孟溪之水入焉。历仁武屯、长汉五里许，益隘之水入焉。历龙家堡、敖家堡、尖岩、岑照营至地耶河，桂板之水入焉。又十余里至凯皮，炮里之水入焉。顺流三里许，至平城，石岘之水入焉。其大平场水则由龙头营以入石岘（之水）；太平汛水、石柳溪水，则由高车以入石岘（之水）者也。四里许，至牛角河，樟桂溪之水入焉。十里至城东北门，崔子坳、苦竹山二水入焉，即城西小河也。至石板滩三里许，乜到之水入焉。其马乾溪、大湾、响水洞三水，由小岩桂合流，过乜到以汇石板滩者也。至稿坪，大门洞之水入焉。至落塘，鸡爪沟、大塘之水入焉。至石花堡二十余里，乾溪之水入焉。历八楼堡至木树二十余里，石龙河之水入焉。历潮水溪、晚森二十余里，至三岔河，川河、楚河、松之乜架河三水合焉，由此入楚之茶洞。自发源至此，共二百二十里。②

松桃河及支流由松桃厅西部发源，历经乌罗、平头、大平、孟溪、太坪等汉民聚集之地，又延伸至坡东、坡西苗族聚集之所，蜿蜒而入楚省，实为贯穿

---

① 《苗防备览》卷七《道路下·水道·辰江》。
② （道光）《松桃厅志》卷之四《山川》。

松桃厅之重要水道。严如煜在《苗防备览》中载：

> 北河即九江中酉江，一名受水，源分三支。中支自四川酉阳州来，北
> 支自湖北宣恩县来，南支自贵州松桃厅来……南支水有二源，一出平头司
> 西南，经太平营之北折而东北，一出平头司之西北，自西而东与南支相会，
> 共道而东，又受三不管之水经云罗屯至松桃城，张鬼溪、马干溪水先后注
> 之；过篙坪至米糯，米糯溪水注之；又北至木树汛，木树河水注之；又北
> 至潮水溪塘，潮水溪注之；又北至腊耳堡，大帽溪、合刚溪、老木溪、隆
> 团溪、以齐溪、夯溪诸水东北来注之；又东北至古铜汛，古铜溪水注之；
> 又东北至两河口，与酉阳、宣恩二水相会，合流东至葸毛溪、七溪、牛栏
> 诸水先后注之（入永顺县界）……

又言：

> 此河中，两岸层峦叠嶂，高插入云，舟行于卓午始见日光，常有雾气
> 迷漫，又石角岩崎节节皆有。当春涨发时，动辄数日阻水，至其形势之险
> 恶，白乐天所云：难于寻鸟道，险过上龙门者。庶几，近之旧为沅陵之荔
> 溪，船往来其间，如闽中九龙滩必九龙居人为舵师也。军兴以来，当夏令
> 川黔各边山水陡发，间亦雇麻阳、牛波各小船从此河转运，而船必用荔溪
> 人为舵师，每上一滩，数十人或撑、或扛、或牵、或挽，謷呼用力之声与
> 怒涛共喧。由辰州至保靖，计程五六站，无一日可扬帆径进者。自保靖入
> 南小河，虽轻舠可至松桃城下，而水分滩涧，视此河之陡陡又有所加焉，
> 所载不过数石，计程不过十余里。由沅陵至保靖，水路通计二百七十里，
> 而舟行必十余日。至保靖入小河，或乘涨舟运不可以里数计。永绥开厅之
> 始，花园、米糯两处皆设仓贮米，而舟行难以按期交兑，故米糯之运贮旋
> 行停止。①

松桃河航运虽不及乌江、㵲水、锦江等航道畅通，然苗疆新辟，物资转运
浩繁，故松桃河航道对苗疆治理至关重要。从严如煜所言之情形，亦可看出松
桃苗疆受楚省影响甚巨。

水运之外，清代黔东北陆运之驿道发展亦非常迅速。驿道"是国家的重要

---

① 《苗防备览》卷七《道路下·水道·北河》。

命脉，关系着调兵遣将、行军作战、运输粮秣、传送情报、布宣号令、官员巡视、调动、朝见、生员赴考以及物资交流、商旅往来，兼有政治、军事、交通邮传、接待等多种功能"①。因此驿道之设往往对区域经济的发展起到显著的推动作用。清初黔东北依明制陆续恢复驿道，平溪、清浪二卫设有驿、站，为湘黔驿道的重要节点。思南、铜仁、思州三府各设有铺，其中思南府有铺十五，铜仁府有铺十四，思州府有铺六，清初石阡府邮铺未设②。上述这些为（康熙）《贵州通志》所载之数。至乾隆年间，贵州邮递经几次调整，驿铺设置情况如下：

表 5-2　乾隆年间黔东北各府驿铺设置情况表

府属	辖属	驿	站	铺	设兵
思南	思南知府	—	—	司前铺	二名
		—	—	掌溪司铺	二名
		—	—	地施铺	二名
		—	—	天井铺	二名
	安化知县	—	—	安化县前铺	二名
		—	—	仙人铺	二名
		—	—	鹦鹉铺	二名
		—	—	板坪铺	二名
		—	—	蛇盘铺	二名
		—	—	松溪铺	二名
	印江知县	—	—	印江县前铺	二名
		—	—	凉水铺	一名
	婺川知县	—	—	婺川县前铺	二名
		—	—	牛塘铺	二名
		—	—	丰乐铺	二名

---

① 《贵州六百年经济史》编委会．贵州六百年经济史［M］．贵阳：贵州人民出版社，1998：173．

② （康熙）《贵州通志》卷八《邮递》。

续表

府属	辖属	驿	站	铺	设兵
石阡	石阡知府	—	—	铁厂铺	二名
		—	—	板桥铺	二名
	龙泉知县	—	—	龙泉县前铺	二名
		—	—	乾溪铺	二名
		—	—	峰岩铺	二名
		—	—	长林坝铺	二名
		—	—	桶口铺	二名
		—	—	塘头铺	二名
思州	青溪知县	青溪驿	青溪站	—	—
	玉屏知县	玉屏驿	玉屏站	—	—
	思州知府	—	—	府前铺	三名
		—	—	羊坪铺	五名
		—	—	桥头铺	四名
		—	—	三家桥铺	三名
		—	—	大鱼塘铺	三名
		—	—	田溪坪铺	二名
铜仁	铜仁知府	—	—	省溪司铺	三名
		—	—	开添铺	二名
		—	—	游鱼铺	二名
		—	—	提溪司铺	二名
		—	—	苗旺铺	二名
		—	—	乌罗司铺	二名
		—	—	孟溪铺	二名
		—	—	平头司铺	二名
	铜仁知县	—	—	府前铺	二名
		—	—	坝黄铺	二名
		—	—	坝盘铺	二名
		—	—	客寨铺	二名
		—	—	桃映铺	二名

资料来源：（乾隆）《贵州通志》卷六《地理·邮传》。

由表 5-2 可见，思南府设铺十五，思州府设有驿二、站二、铺六，铜仁府设铺十三，石阡府康熙年间未设铺递，乾隆年间设有铺八（石阡知县管辖之龙泉县前铺、乾溪铺、峰岩铺、长林坝铺、桶口铺、塘头铺皆为乾隆三年（1738）所设）。其中，（乾隆）《贵州通志》载思州府印江县有"缠溪铺"，但据（道光）《思南府志》言："《省志》修于乾隆初年，于印江县载缠溪铺系误。"① 故本书中未提及"缠溪铺"。随着乾嘉苗民起义的平复，松桃苗疆道路逐渐开辟，并与川、楚二省陆路相通。（道光）《松桃厅志》载松桃厅有东、南、西北、北四条陆路，并有水路与楚省永绥厅相连。

表 5-3　道光年间松桃厅水陆交通情况表

类型	路别	途经	终点	里程
陆路	东路	松桃水塘、平所塘、凉水井塘、银梳沟塘、樟桂溪塘、凉亭坳塘、麦地塘、安定塘、官舟营塘、正大汛塘、报国塘、哑喇塘、新寨塘、大兴塘、马颈坳塘	铜仁府城	124 里
		由平所塘分，左走马乾溪、有泥堡、康金汛、长坪堡、构皮汛	铜仁正大营	—
		由有泥堡，走盘石、芭茅汛	永绥螺蛳凸	—
	南路	牛角河塘、大平场塘、老鸦穴塘、孟溪场塘、乌罗司	麻兔司	230 里
		由牛角河分路，经太平汛	石岘	—
		由大平场塘分路，西走双凤塘	振武汛	—
	西北路	两河口塘、静岘塘、暴木塘、鸡公岭塘、冷水溪塘	邑梅司	100 里
	北路	长冲塘、卡落塘、黄板塘、桃子坪塘、榔木坪塘、尚家寨塘	彭扛塘	75 里
水路		城水塘、落塘水塘、石花分塘、土孔碉水塘、木树水塘、潮水溪水塘、三岔河水塘	永绥厅	125 里

资料来源：（道光）《松桃厅志》卷之五《邮传》。

---

① （道光）《思南府志》卷之二《地理门·邮递》。

由表5-3可见，道光年间松桃厅水陆交通已经较为完备，出厅城可抵铜仁、思南以及楚之永绥、川之邑梅等地。故（道光）《松桃厅志》言："厅地前当军务，旁午时奏疏，刻日以达于京，无差忒也。今则民苗安堵，晴雨之申详，文移之邮致，月有报，日有行，职役之人，经费必及。"①

清代黔东北水陆交通的完善，给黔东北经济社会发展带来了显著影响。一方面物资运销更为便利，川省之盐、滇省之铜铅都可经由官马大道转运或销售，黔东北土产百货亦与内地市场相通；另一方面，带动城镇商贸的发展，形成了城市、集镇、乡场互通的市场网络结构。

第二节　清代黔东北地区的财政压力与财政运转

区域财赋征收是行政运转、社会管控的重要基础。长期以来，黔东北的经济发展落后于内地中心地区。明代，黔东北财赋征收不能保证财政支出所需，备受财赋不足之苦。郭子章曾言："黔之赋不足以当江南一小县，出自夷落者，倔强不即输，故典目、仓丞等官饿死不得返。出自楚蜀者，秦越不即纳，故卫所哨募等卒枵腹不得饱。司黔计者，日慄慄也。"② 郭子章所言是明代贵州财赋的大抵情形，黔东北地区亦大抵如此。（嘉靖）《贵州通志》载："天下布政司十有三，而贵州为最后，故财赋所出不能当中原一大郡。诸所应用，大半仰给于川湖，顷因有事，铜仁尽所取于川湖者，不足以供。铜仁一岁之费，不知诸所应用，复何以给之。是故，开荒无教树艺，籍屙户、减戍兵，皆今日所不可缓者，又欲割川湖一二州之地以易，每岁数万之供，天下一家，彼此何间，当事者倘以上闻，以五君包荒不遐遗之盛德，宜无不可也，不然，贵州之财赋，吾不知其所终也。"③明末清初，地方不靖，战乱频生，百姓流离失所，财赋征收更无从谈起。因此，清廷定黔后就开始发展区域经济，缓解财政压力，以期实现收支平衡。

---

① （道光）《松桃厅志》卷之五《邮传》。
② （万历）《黔记》卷十九《贡赋志上》。
③ （嘉靖）《贵州通志》卷之四《财赋》。

一、财政压力

"贵州自建省以来'全省赋税不如中州之一大郡'，财政收入不足以解决驻军兵饷、官员俸薪及驿道开支，因此，靠外省'协济''协饷'便成为贵州财政的一个突出问题。"① 清代黔东北地区长期面临财赋不足的压力，总体可以分为清初（顺治、康熙年间）、中期（雍正、乾隆年间）、后期（嘉庆以后）三个阶段，各个阶段财政压力的原因不同，表现亦有差异。

（一）清初黔东北地区的社会凋敝与财政压力

明末，社会动乱，民众困苦，财赋征收无从谈起。永历四年（1650），孙可望平定贵州，裁撤冗官，整顿吏治，安置流民，清丈田亩，招徕商贾，整修道路，重新恢复了正常的社会秩序和税收制度。孙可望降清后，"顺治十五年（1658）三月大将军固山额真罗讬，同经略洪承畴统兵取贵州。"② 对贵州造成了极大的破坏，"兵民死者不下三四十万"③。康熙十二年（1673）至二十年（1681），贵州又成为三藩之乱的主战场之一。其时，"田土荒芜，财赋日绌"④，加之自然灾害频仍，社会凋敝，财政收支极不平衡。赋役征收乃国家行政之基础，故清廷以万历旧册《赋役全书》为蓝本，制定了《赋役全书》，颁行全国。"云、贵系新辟地方，无旧案可查，敕该抚于见征田地内，照数征派，汇册报部。"⑤ 明代赋役以田赋为主，兼及课税。田赋于贵州地区又可分为民田、屯田与土司田，外有"没官田""学田""赈田"等数量无多。明代田赋原采用两税法，有夏税、秋粮二种。明中叶后，土地兼并愈演愈烈，民众困苦，国库空虚。万历年间，张居正采纳都御史庞尚鹏意见，清查田亩，改革赋役，称"一条鞭法"。一条鞭法"清查了隐瞒的田土，把力役并入田亩一并征收，使有田的既要交纳地赋，也要交纳力役银，减轻了农民的一部分负担，减少了征收赋役的手

---

① 《贵州六百年经济史》编委会．贵州六百年经济史［M］．贵阳：贵州人民出版社，1998：206.

② （康熙）《思州府志》卷七《事变志·事纪·国朝》。

③ 南明史（第九册），卷七十二，李定国条［M］．影印版．北京：中华书局，2006：3464.

④ 清实录（第三册），卷一百二十一，乾隆五年十月癸巳日条［M］．影印版．北京：中华书局，1985：939.

⑤ 清实录（第四册），卷四，顺治十八年八月甲寅日条［M］．影印版．北京：中华书局，1985：84.

续，使国家财政得到比较稳定的收入"①。这就是清初制定的赋役全书的蓝本。田赋征收以清丈田亩为基础，故贵州战事告歇后便着手田亩清丈。时任思州知府陆世楷清丈思州境内各土司时，所见皆为乡村残破情景，著诗云："数载孤城卧，卫寒历远村。荆榛山路断，风雨野烟昏。俗异情难悉，期严事较敦。驱驰兼夙夜，坐席岂能温。竟日行荒岭，披荆复扪萝。山村烟屋少，溪路石田多。土旷牛常卧，仓空雀不过。穷乡兼俭岁，未忍说催科。更入穷荒境，高平聚仡苗。未能通嗜欲，渐可服征徭。骇鹿投深莽，饥鹰逐迅飚，不毛今古地，谁与问刍荛。山川经阅历，触景总堪愁。家似鹪鹩寄，身随虎豹游。冈峦分孔道，溪涧杂良畴。若效监门绘，应劳当宁忧。"② 经历长期动乱，百姓流离失所，田地荒芜，故而官府"未忍说催科"，说明当时安抚流民、劝垦荒田的紧迫性。

清初，贵州战乱平息后，黔东北财赋征收亦纳入国家赋税体系之列。清代财赋征收由户部统一管理，并通过"起运""存留""协款""奏销"等制度协调中央与地方的分配关系，各省赋税征收一般以州县为基层单位负责实施。贵州地区的平定比其他省份略迟，至康熙十二年（1673），贵州巡抚曹申吉方上疏，确立府县财赋征收之责，疏言："设官分职，上下相维，夫天下通义。独黔省知府、知县各有亲辖地方，分征钱粮，并无经征、督征之异，非所以定经制而专责成也。请将贵阳、安顺、平越、都匀、镇远、思南、铜仁七府知府经管之地方钱粮，各归附郭之新贵、普定、平越、都匀、镇远、安仁（化）、铜仁七县知县管理；其知府止司督征之责，庶规制划一，永远可行。"③ 清初贵州赋税大抵可分为丁差银、田赋（正供）、杂赋、税课等项。何伟福总结了清代贵州农业税征收的几个特点："第一，不同类型的田土其赋率不同，即便是同一类型的田土各府厅州县也各不同。第二，地赋的交纳既可以纳本色（米谷），也可以折色（银），实行银（钱）粮并征。第三，地丁制在贵州很晚才推行，并且很不彻底，只在部分府厅州县实行。第四，清代贵州耗羡的征收及耗羡不同层次的划分使统治者租金最大化的企图充分表现出来。第五，清政府在不同时期不同

---

① 《贵州六百年经济史》编委会．贵州六百年经济史 [M]．贵阳：贵州人民出版社，1998：210.

② （康熙）《思州府志》卷八《下·艺文》。

③ 清实录（第四册），卷四十一，康熙十二年二月辛亥日条 [M]．影印版．北京：中华书局，1985：549.

程度对贵州田赋实行减免，在一定程度上促进了清代贵州农业的发展。"① 农业税为国家正供，为清代赋税之重者。然清初贵州久经战乱，丁逃田荒，赋税征收情况不容乐观。据（康熙）《贵州通志》所载黔东北各地赋税征收情况如下：

表5-4 康熙年间黔东北各地赋税征收情况表

府别	丁差银（两）			田赋								
				粮米（石、两）			盐钞蜡价等银（两）			马馆银（两）		
	原额	无征	实征	原额	无征	实征	原额	无征	实征	原额	无征	实征
思南	8108	5798	2310	1858石 1838两	697石 697两	1161石 1161两	2875	930	1945	5855	2163	3692
石阡	1015	457	558	722石 89两	462石 23两	260石 66两	3270	2167	1103	3689	2103	1586
思州	1051	795	256	正853石 耗43石	正171石 耗9	正682 耗34	2233	468	1765	2084	422	1662
铜仁	1424	1130	294	1193石	624石	569石	2961	1773	1188	4160	2167	1993

资料来源：（康熙）《贵州通志》卷十《户口》、卷十一《田赋》。

由表5-4可见，清初黔东北地区因丁逃田荒，丁差银与田赋征收均较原额严重缩减。以思南府为例，"户口原额六千四百八十二户，人丁原额五千二百一十三丁五分，内除三十一、三十五两年清编抵补外，尚逃亡人丁三千五百二丁四分一厘四毫六丝"。其中，府辖各司、安化县、印江县逃亡人丁均达一半左右，务川县人丁逃亡最甚，"人丁原额五百三十六丁五分，内除三十一、三十五两年清编抵补外，尚逃亡人丁四百五十七丁五分"②。人丁逃亡严重影响了田土开垦，以致田赋征收受到严重影响。康熙年间，范承勋在《思南府志序》中言："思南为黔中僻郡，汉苗杂处，邻于蜀东，民风颇浇，夙称难治。自本朝开辟入版图者，甫十余年，复罹寇乱，其民既苦于横敛，复苦于逃卒；学校无弦诵之声，闾阎鲜盈宁之乐，积有年所。恢复以来，出水火而登衽席，迄今十稔，抚

---

① 何伟福. 制度变迁与清代贵州经济研究［M］. 北京：中国时代经济出版社，2008：55—56.

② （康熙）《贵州通志》卷十《户口》。

摩作育之备至，而后哀鸿渐集，鸣鹿载歌矣。"① 思南府为黔东北经济繁盛之地，其清初之财赋尚且如此，其他各府亦更为严峻。如（康熙）《思州府志》记载的清初思州府人丁逃亡情形："思属丁出于土，客户例不编入。第人有逃亡而土无死徙，何以兵燹之后，失额如许。即云土亦荒芜，历年岂无开垦，计土报丁似可渐复，乃平定以来，上下相蒙，曾无议及此者，盖国家大矣。如增数百丁，不为益减数百定，不为损留有余。民间，亦见前人之忠厚存心也，然一丁之不清而使土亦尽失，凡民间山场与军屯相邻者，往往被其侵占，盖军土之粮有定，民土之丁不分，故无所据以相孚耳。然则思属之丁何时可望其复额耶。"② 可见，清初思州府人丁既有逃亡，又有隐匿，以至赋役无所征。

除田赋正供之外，清初黔东北地区课税主要以盐税为主，外有"鱼课银""牙帖银"、水银厂税等项。据（康熙）《贵州通志》所载：思南府税课有"年额盐税银四百四十八两三钱，遇闰年分加增闰月盐税银三十七两三钱五分八厘三毫，年额鱼课银八两，牙帖银十两。思南府属婺川县板厂年额水银一百六十九斤八两，例不加闰月，每斤折价银五钱"③。铜仁府税课有"年额盐税银一百七十四两二钱五分一厘，遇闰年分加增闰月盐税银一十四两五钱二分一厘，年额牙帖银一十二两。省溪江口税年额杂税银四百九十八两二钱九分一厘一毫，遇闰年分加增闰月杂税银三十九两八钱四分三厘"。思州、石阡二府未载税课，说明清初此二府商业不兴，税课不盛。此外，清初黔东北地区有官庄租谷，如赈田、学田等项，但数量不多，荒芜亦十分严重，赋税征收亦很少。

（二）清代中期黔东北地区的财政状况

随着顺治、康熙两朝休养生息政策的施行，黔东北地区流民渐次被安抚，荒田渐次复垦，财政收入亦随之有所增加。在雍正年间的改土归流中，黔东北地区的土司虽较少被裁革（仅雍正八年（1730）裁石阡长官司正司，留副司以理苗④），但黔东北周边的酉阳、永顺等地的土司陆续被裁革，改变了黔东北地区土司环列的格局，从而为区域社会稳定奠定了基础。区域稳定后，人口保持了稳定增长，荒田日益得以复垦，财赋征收亦稳定增长。据（乾隆）《贵州通

---

① （道光）《思南府志》卷之九《艺文门·续增艺文·序》。
② （康熙）《思州府志》卷四《赋役志·人丁》。
③ （康熙）《贵州通志》卷十一《田赋·税课》。
④ （光绪）《石阡府志》卷二《地舆志·石阡长官司》。

志》所载黔东北各地赋税征收情况见表 5-5。

表 5-5　乾隆年间黔东北各地赋税征收情况表

府别	丁差银（两）		田赋					
			粮米（石、两）		盐钞蜡价等银（两）		马馆银（两）	
	原额	实征	原额	实征	原额	实征	原额	实征
思南	8108	2495	1859 石 1859 两	1384 石 1384 两	2876	2096	5856	4158
石阡	1015	600	722 石 89 两	339 石 66 两	3270	1473	3689	1961
思州	1051	371	4549 石 2785 两	1596 石 1013 两	2233	1838	2085	1730
铜仁	1424	350	1194 石	998 石	2965	1898	4166	3424

资料来源：（乾隆）《贵州通志》卷十三《食货·田赋》。

可见，乾隆年间黔东北田赋征收已较清初有所发展。除田赋之外，税课发展也颇为显著。

表 5-6　康熙、乾隆年间黔东北各地税课比较表

		思南	石阡	思州	铜仁
康熙年间	盐税	448 两（闰加 37 两）	—	—	174 两（闰加 15 两）
	鱼课	8 两	—	—	—
	牙帖	10 两	—	—	12 两
	其他	水银 169 斤 8 两	—	江口税 498 两（闰加 40 两）	
乾隆年间	盐税	448 两（闰加 37 两）	—	—	174 两（闰加 14.5 两）
	耗羡	1672 两	—	—	—
	牙帖	26 两	—	1.5 两	15 两
	鱼课	8 两	—	—	—
	关税	916 两（闰加 76 两）	141 两（闰加 11 两）	—	498 两（闰加 40 两）

资料来源：（康熙）《贵州通志》卷十一《食货·税课》；（乾隆）《贵州通志》卷十四《食货·税课》。

由表5-6可见，较清初之时，乾隆年间黔东北税课以思南增长最多，其中耗羡增收为思南府税课之重，增收额度为15%①。其次，除思州府外，思南、石阡、铜仁三府皆有关税一项。思南府设于"濯水"，年额达"九百一十五两九钱一分六厘，遇闰加征银七十六两三钱二分六厘三毫"，为黔东北之最；石阡府设于"葛闪渡"；铜仁府设于"江口"。关税征收的增长主要源于区域商品贸易的发展。

此外，雍正改土归流后，苗疆地区的开发成为区域经济开发的重要组成部分。魏源《圣武记》言："苗疆辟地二三千里，几当贵州全省之半。"在苗疆开辟中，黔东北的松桃地区得到开发。据（道光）《松桃厅志》载："雍正八年（1730），平松桃苗，移正大营同知为松桃理苗同知，移铜仁协同驻松桃。七年（1729），铜仁知府姚谦，协府张禹谟，奉檄会同楚员勘议新抚疆界，于是附近松桃之地更益新疆。又设泛于落塘、大塘、木树、乾塘、臭脑、岩坳、构皮、康金、盘架、芭茅坪、大平茶、长冲等地。长冲即松桃故址。雍正十一年（1733），乃移松桃于蓼皋，建松桃城。十三年（1735），城工竣。乾隆元年（1736）始行安插。乾隆四年（1739）报亩。乾隆六年（1741）勘定川、黔大界。七年（1742），清丈田亩。十五年（1750），设塘于坝得地。"② 此时松桃苗疆仍受铜仁府辖制，其财赋征收亦归铜仁府管辖。故铜仁府田赋、税课等较清初有较大幅度增长。

总地来看，经清初战乱平定，社会区域稳定后，各级官府响应中央王朝轻徭薄赋政策，安抚流民，鼓励垦荒，使得财赋征收水平稳步提高。加之雍正、乾隆年间，大规模的改土归流、开辟苗疆，使得黔东北地区经贸网络与周边地区逐渐接轨，商品流通日渐繁盛，税课征收亦随之提高。

（三）清代后期黔东北地区的社会动乱与财政问题

随着苗疆开辟进程的加快，松桃苗疆的苗客矛盾逐渐加剧，进而引发大规模的苗民起义。乾隆六十年（1795），黔、楚边界爆发了大规模的苗民起义，动荡川、楚、黔三省。关于此次乾嘉苗民起义的原因，马少侨编著的《清代苗民起义》总结有二：其一，苗疆开辟后，陆续"设立府、厅、州、县等政府机构，

---

① 何伟福. 制度变迁与清代贵州经济研究 [M]. 北京：中国时代经济出版社，2008：56.
② （道光）《松桃厅志》卷三《疆域》。

而且还建立了镇、协、营、汛等军事据点……苗族人民在政治上不自由，遂成为乾隆六十年（1795）大暴动的重要原因之一"；其二，"在雍正'改土归流'后，汉族及满族地主阶级和高利贷商人的势力也接踵侵入'苗疆'，开始大量收购、掠夺土地，以奴役贫苦的苗族人民"①。起义平定后，"改臭脑为盘石，设碉堡于坝得、凉亭坳、石花、潮水溪、长坪、有泥、陇统、杆子坳、岱东、牛心等地而地益日辟。嘉庆二年（1797），'善后案'内将铜仁拨驻松桃理苗同知改为直隶军民厅，将铜仁协拨转铜仁，另设松桃协，分左右营，以资弹压。计新疆坡东、坡西之地，不足置厅，乃割平头、乌罗四司于铜仁，俾就松桃管辖。嘉庆六年（1801），平石岘；增设新疆一带碉堡"②。然松桃为苗疆新设之地，平头、乌罗二司旧隶铜仁府，且驻军之兵米挽运多依赖于铜仁府。"铜仁府岁运兵米一千三百一十八石二斗六升，铜仁县岁运兵米三千九百八十石九斗一升，兵米每岁由同知衙门给放。自冬月起，至次年八月止，十个月，计不敷米五百石，照市价于粮道衙门请领银两，买补支放。"③ 故松桃赋役征收亦与铜仁府多有交叉之处，事权不专。（道光）《松桃厅志》即言：

> 厅属坡东六汛、坡西八汛地，旧隶铜仁分防同知。平头、乌罗四司地，旧隶铜仁府。石岘一卫地，属新辟。今合其地以设厅。故坡东、西十四汛地，词讼胥决于厅。至催科则有水粮、旱粮之别。旱粮归厅，水粮仍归铜仁征收，照数移厅，以备支给兵米。坡东正大一汛，汛官均属铜协汛；城内县丞一员属铜仁县。平头司外委一员属铜仁协，吏目一员属铜仁府。构皮汛汛官属铜仁协。大抵设堡设碉时，就地之大局形势以为分拨。据汛、堡而言，与松协附近者归松，与铜协附近者归铜；据征收而言，则铜仁府挽运以助松厅兵米者一千石有零，铜仁县挽运以助松厅兵米者三千石有零。以故坡东、坡西惟旱粮归松而水粮仍旧也。然地皆松辖，粮则由他郡代为征收，事亦未能画一。倘照乌、平四司及石岘卫之例，词讼钱粮均归于厅，以专事权，则体制符矣。

嘉庆六年（1801），松桃石岘苗民起义，清廷平定后设石岘汛，实行屯军，

---

① 马少侨.清代苗民起义［M］.武汉：湖北人民出版社，1956：36—37.
② （道光）《松桃厅志》卷之十三《疆域》。
③ （道光）《松桃厅志》卷之十三《经费·兵米輓运》。

田赋征收如下：

> 额设成熟屯田共一千六百一十六亩。
>
> 公余水田二百一十二亩；公余旱田四百九十八亩；公余荒土二百九十八段。
>
> 水田每亩出谷三石，共出谷六百三十六石。
>
> 旱田每亩出谷一石二斗，共出谷五百九十七石六斗。
>
> 二共出谷一千二百三十三石六斗。内除分给佃户一半，实在收谷六百一十六石六斗，合米三百零八斗四升。此项米归同知衙门变卖，支给卫千总廉奉、役食并操演等项之用。余价存库，作屯堡碉卡岁修。
>
> 道光六年（1826）六月，被水冲塌公余水田一百四十三亩，实在不能挑复，业经详情，题豁在案。
>
> 现在公余水田六十九亩【计分收谷一百零三石五斗】。
>
> 现在公余旱田四百九十八亩【计分收谷二百九十三石八斗】。
>
> 现在公余荒土二百九十八段【土无租】。
>
> 现在实收谷三百九十七石三斗。①

道光年间，思南府田赋"有征秋粮米一千三百九十七石九斗四升一合九勺五抄零，有征轻赏银一千三百九十七两八钱二分四厘一毫零"；"有征条编银二千一百六十八两九钱一分一厘六毫零"；"有征马馆银四千四百三十五两二钱四厘八毫零"②。这说明田赋征收保持稳定，且较乾隆年间有所增长。在税课方面亦如此，思南府"府辖盐课额税，每年抽收课银四百四十八两三钱。雍正三年（1725），奉文增税羡银一千六百七十二两。婺川县，原设濯水关盐税一所，每盐百斤，抽收税银八钱，每年约计抽收银九百一十五两九钱二分，遇闰加征。道光十一年（1831），改归府征，合计盐税银三千零三十六两二钱二分，按季起解藩库。原额全征鱼课八两、藩司牙帖十四张、课银二十六两"③。

道光年间，铜仁府亲辖"实在有征丁差银八十五两五钱九分"，其中"提溪司原额人丁俱是硐蛮，原未审丁征银"④，铜仁县"实在有征丁差银一百零八两

---

① （道光）《松桃厅志》卷之十八《武备门·屯兵》。
② （道光）《思南府志》卷之三《食货门·田赋》。
③ （道光）《思南府志》卷之三《食货门·税课》。
④ （道光）《铜仁府志》卷四《食货·户口》。

零六分"①，二项累计，铜仁府实在丁差银 194 两。此时，松桃厅"征丁差银一百五十六两一厘"②。铜仁府与松桃厅丁差银合计达 350 两，与乾隆年间一致（康熙年间，钦奉恩旨，盛世滋生人丁永不加赋）。至于田赋，铜仁府亲辖省溪、提溪二司有征本色米达 283 石，条编银达 828 两，马馆银 1525 两，其他杂税（夫马草料银、条马丁烟银盐钞门摊、课程黄蜡等）共约 182 两③，"府辖有征本色秋粮米三百三十八石四斗九升一合三勺六抄六拃三圭三粒七粟，又条丁等银均于嘉庆三年（1798）平苗善后案内，题定改征米三千三百六十五石八斗三升一勺，供支兵粮，遇闰加征银一百三十三两零九分四厘，改征米一百七十石零六升四勺，俱供支兵粮"④；铜仁县有征本色米 478 石，条编银 363 两，马馆银 1355 两，其他杂税约 163 两。二项累计，铜仁府有征本色米达 770 石，条编银 1191 两，马馆银 2880 两，杂税 345 两⑤。此时，松桃厅有征秋粮米 250 石余，条编银 384 两，马馆银 711 两，杂税约 53 两⑥。铜仁府与松桃厅合计有征本色米约 1020 石，条编银 1575 两，马馆银 3591 两，杂税 398 两，府厅合计较乾隆年间之田赋有增无减。至于税课方面，道光年间铜仁府税课与乾隆年间基本持平⑦，松桃厅新设，"征典铺牙税银十二两。收城东铺面一百八十五间地租，每间收银一钱，共收银一十八两五钱。近城菜圃四块，每块收租银二两，共收银八两。城东近河熟土一幅，新垦成田，每年收租谷九石四斗，每石变价银五钱，共变价银四两七钱。共收铺面、菜圃、租谷变价银三十一两二钱。以上乾隆二年（1737）起租。道光七年（1827），厅主金绶请将银一十二两，以为松桃河、牛角河二处岁雇渡夫工食，除外每岁解司共银一十九两二钱。征税契无定额【随征随解】"⑧。由此可见，乾嘉苗民起义后，黔东北地区各府厅财赋未受到严重影响。然因松桃厅新设，百业待举，铜仁、松桃地方田赋皆"具支兵粮"，地方财赋仍感不足，故（道光）《松桃厅志》言：

---

① （道光）《铜仁府志》卷四《食货·户口》。
② （道光）《松桃厅志》卷十二《食货门·田赋》。
③ （道光）《铜仁府志》卷四《食货·田赋》。
④ （道光）《铜仁府志》卷四《食货·田赋》。
⑤ （道光）《铜仁府志》卷四《食货·田赋》。
⑥ （道光）《松桃厅志》卷十二《食货门·田赋》。
⑦ （道光）《铜仁府志》卷之四《食货·课程》。
⑧ （道光）《松桃厅志》卷十二《食货门·田赋》。

厅地田属中中，赋同下下，其故何哉？乌、平二司之地，旧隶土司，田少山多，原额既歉；坡东、坡西，疆又新辟，水粮归铜仁府、县征收，惟旱粮始归松厅，数更寥寥。设厅而后，苗民虽久向化，仰蒙圣恩浩荡，催科简少，俾之含哺鼓腹，食息于覆载之宽，德意所周，沦肌浃髓。以故厅属田赋，不及大县十分之一。兼改银为米，支给兵食，其不敷给者，济以挽运。夫朝廷设兵，本以卫民，民急输将，义归奉上，今则方州四百里，起运全无。竭赋人之资，不足供本厅兵食之用，且于他郡取盈焉。小民具有心知，吾知必踊跃输将，以仰副圣天子慎重边陲之至意矣。

从此言可知，苗疆开发对于区域经济而言，财赋多支于兵粮，因而虽赋税渐增，然仍有捉襟见肘之感。

二、财政运转

地方财赋是区域乃至全国财政的重要组成部分。黔东北各府厅所征财赋皆需符合清代的财政分配制度。清代针对财赋管理，一方面确定了地方官府起运与存留的比例，从而既满足地方财赋所需又避免官员舞弊；另一方面又通过"协济""协款"等形式调节区域财赋的平衡。清代贵州财赋收入较少，支出较多，财赋收支极不平衡，长期依靠邻省协济，黔东北地区财政收支情况亦如此。

（一）财政分配及管理制度

清代国家财赋由户部集中管理，"凡赋税征课之则、俸饷颁给之制、仓库出纳之数、川陆转运之宜，百司以达于部"[1]。户部通过起运、存留、解款、协款、奏销等制度调节中央王朝与地方官府的财政分配。解款是地方省府除去存留、协款等项，将所征财赋悉数解部，由户部调拨，故又称"京饷"。协款是地方省府之间的财政调节之款。贵州地瘠民贫，财赋无多，故自明代建省以来，长期依靠邻省协济。对于地方州县而言，历年所征钱粮又有起运和存留。《钦定大清会典事例》言："凡州县经征钱粮，运解布政司候部调用，曰起运。""扣留本地支给经费，曰存留。"[2] "为保证财政收支的集权，中央还制定了奏销制度。自基层州、县至中央户部，逐级造送收支清册，户部于年底分省汇总向皇

---

① 《钦定大清会典事例》卷十三《户部》。
② 《钦定大清会典事例》卷一百六十九至卷一百七十。

帝上奏。"①

贵州财政管理首责在巡抚，专责为布政使司，其下设有经历司、照磨所、丰济库、按察使司、清军粮驿道等职。因贵州兵事频仍，又设有"分巡贵东道"（雍正八年（1730）设，驻镇远）、"分巡贵西道"（明为分守贵宁道，驻乌撒。康熙六年（1667）裁，十一年（1672）复设，平大黔威守道，二十八年（1689）改分巡贵西道，驻大定，寻移驻安顺）、"古州兵备道"（乾隆二年（1737）设，驻古州）等职。地方官府则由知府统领，由同知、经历、训导等辅助。州县又有知县、典史、训导等职②。清代黔东北地区保留有众土司，兼有督垦催科之责。清代贵州钱粮管理实行藩库、臬库、道府州县库"三库"管理，各司其职。藩库为贵州全省钱粮总会之所；臬库为按察使司库，主要管理罚没款、驿站款等款；道府州县库则为地方储备之款。黔东北地区之"库"多设于府衙之内，如思南府库有"三间，在治堂内"，印江县库有"一间"，务川县库有"一间，治堂右"③。其他各府与思南府大体相似。

对地方财政而言，起运与存留决定了地方与省府的财政分配关系。以思南府为例，道光年间思南府所辖"实在有征丁差、轻赍等项银四千二十七两六钱六分二厘五毫零，于雍正十年（1732）内奉文拨丁差银九百九十七两二钱，改征兵粮米一千二百四十六石五斗外，实起运藩库条丁、盐钞、蜡价、轻赍、马馆等银三千三十两四钱六分零"。安化县"实在有征丁差、轻赍等项银二千八百二十二八两三钱三分五厘四毫零。于乾隆四十二年（1777），奉文将丁差通摊各属田亩项下完纳。减去银六百零三两二厘外，实在起运藩库条丁、盐钞、蜡价、轻赍、马馆等银二千二百二十五两一千三分三厘三毫零"。印江县"实在有征丁差、轻赍等项银一千九百九两四钱四分七厘六毫零。于乾隆四十二年（1777），内禀文将丁差通摊各属田亩项下完纳，减去银二百四十八两九钱一分外，实在起运藩库条丁、盐钞、蜡价、轻赍、马馆等银一千六百六十两零五钱三分六毫零"。务川县"实在有征丁差，轻赍等银一千七百五十二两五钱九分四厘五毫零。于乾隆四十二年（1777），内禀文将丁差银通摊各属田亩项下完纳，减去银二百八十七两九钱四分二厘外，实在起运藩库条丁、盐钞、蜡价、马馆等银一

① 何伟福. 制度变迁与清代贵州经济研究［M］. 北京：中国时代经济出版社，2008：53.
② （乾隆）《贵州通志》卷十六《秩官志》。
③ （道光）《思南府志》卷之二《营建门·公署》。

千四百六十四两六钱四分七厘二毫"①。可见，地方官府所征收之钱粮绝大部分皆需起运藩库。黔东北其他各府厅与思南府亦相似。

虽地方所征收钱粮多需起运藩库，然地方事务如官员俸薪、祭祀礼仪、城池修缮等项皆需用银，而钱粮转运多有不便，故地方官府亦将所需经费"随奏随销"。（道光）《思南府志》载："思郡阖属官俸役食，嘉庆五年（1800）奉文，春夏二季，均于地丁银内扣留；秋冬二季，赴司请领。其祭仪、坊膳各款，定为坐支。"② 地方稳定之时，官府经费及其他用银皆按季给饷，而在动乱之时，军费浩繁，亦有扣发官员俸薪，以补兵饷之用的现象。"铜仁自嘉庆元年（1796）戡平苗匪，除定制官守，外添战守官兵，规画极为严密，按季给饷，厥费甚钜。咸丰间，军需浩繁，各官廉俸停发，佐二教职微员，准予全支兵饷，于出师者照例给领。同治间，全黔肃清，即复旧制。"③

（二）清代黔东北地区财政支出情况

清代贵州财政支出主要包括军费、官员俸薪、祭仪等项，而尤以军费为巨。清代"贵州全省每年的财政收入不过18万至20万两，而全省的财政支出达90多万两，其中军费开支占主要部分，仅兵饷一项就达50多万两"④。黔东北地近苗疆，军费支出亦占据地方财政支出的主要部分。

1. 军费

黔东北地处苗疆，自明代以来便颇受动乱之扰，经济生产受到严重影响。明代兵制较为复杂，既有中央屯守之兵，又有地方土兵，更有苗牟、苗兵，皆由财赋供养。然明后期兵饷侵蚀日益严重，兵牟缺饷，形同虚设，加重了财政负担。进入清代，清廷革土司、废土兵，建立绿营军，有标、协、营、汛四级。总督、巡抚、提督、总兵所属称标，副将所属称协，参将、游击、都司、守备所属称营，千总、把总、外委所属称汛。标、协管辖一至五营不等，营以下分若干汛。绿营之设，须有军费之供。清廷规定"各直省绿营，驻防官员应支俸薪、马乾、心红、纸张、蔬菜、米豆、草折等银，兵丁饷银及官兵本色米豆，各督抚于冬季，将明年夏秋冬及后年春季应需数目确估造册，汇同司库实存地

① （道光）《思南府志》卷之三《食货门·田赋》。
② （道光）《思南府志》卷之三《食货门·经费》。
③ （民国）《铜仁府志》卷之六《食货·经费》。
④ 何伟福. 制度变迁与清代贵州经济研究［M］. 北京：中国时代经济出版社，2008：63.

丁杂税清册，咨部酌拨"①。然贵州财赋无多，军费支出远远超出其供养能力，故多来赖他省协济。康熙年间，贵州"通共兵丁二万名，每名月支米三斗，每年共应支米七万二千石，额饷银三十一万三千八百两"②。军费之高已远远超出贵州财赋供养能力，故岁拨协济银达"三十七万七千二百余两"③。当时，黔东北地区兵牟设置情况如下：

> 铜仁协，额兵七百四十名。康熙二十四年（1685）裁去一百名，现存六百四十名。驻扎铜仁府（分防正大营、磐石营、龙头营、振武营、地耶营、报国营、马头营、白岩■、龙塘、黄镇营、江口各处地方）。

> 思南营，额兵七百四十名。康熙二十四年（1685）裁去一百四十名，现存六百名，驻扎思南府（分防印江县、婺川县、大堡场、大堰塘、沿河司、塘头场各处地方）。

> 石阡营，额兵二百八十名，驻扎石阡府（分防龙泉县地方）。④

康熙时，思州府由镇远协分防，有"守备一员，带兵三百名"。"十二年（1673），士民具呈总督甘撤回。十九（1680）年，地方初定，城中空虚，署知府邓嘉玺请拨把总一员带兵一百五十名，照前分防。二十一年（1682），添兵五十名。二十五年（1686），铜、黎苗警，先后调去。知府陆世楷详请另设专汛，副将张祚议遣右营游击颜君佐分驻思城，添补原兵三百名之数。"⑤

康熙年间，黔东北兵防初设，兵牟无多。雍乾年间，改土归流、开辟苗疆，兵牟大增，军费亦随之高涨。据何伟福统计："贵州平时军费年支银 599865 两，开支项目包括俸饷 491537 两，公费 22288 两，武职养廉 85940 两等项；军费支出中还有军粮米 98388 石。如遇战争，军事费另行开支。"⑥ 可见，军费开支之巨。据（道光）《铜仁府志》载：乾隆六十年（1795）以前，铜仁府境设"铜仁协副将一员；游击二员，分防二员；守备二员；千总四员，分防四员；把总八员，分防五员；制兵二千名，内马战兵二百名，步战兵八百名，守兵一千名

① 《大清会典》卷十九《户部》。
② （康熙）《贵州通志》卷之第九《兵防》。
③ （康熙）《贵州通志》卷之第九《兵防》。
④ （康熙）《贵州通志》卷之第九《兵防》。
⑤ （康熙）《思州府志》卷三《建设志·兵防》。
⑥ 何伟福. 制度变迁与清代贵州经济研究［M］. 北京：中国时代经济出版社，2008：62.

原设兵七百四十名。国朝康熙二十四年（1685）裁兵一百名，四十二年（1703）添兵五百六十名。雍正十年（1732）添兵八百名"①。乾嘉苗民起义、清廷设立松桃厅后兵力增加，铜仁协兵制有"副将一员；都司一员；守备二员，分防二员；千总四员，分防二员；把总九员，分防八员；外委十三员，分防十员；额外七员，分防二员；制兵一千七百三十七名，内马战兵九十二名，步战兵七百五十八名，守兵八百八十七名"②，武备力量也有所增长，"城有驻守，堡有分防，塘有邮传，碉有守望"，兵制渐周，经费亦繁。据（道光）《松桃厅志》载：松桃厅有驻城"副将一员，左营都司一员，左营左哨千总一员，右营右哨千总一员，左营左哨把总一员，右营右哨把总一员，左营左哨外委千总一员，左营右哨外委把总一员，右营右哨外委千总一员，左营额外外委二员，右营额外外委二员，兵三百八十三名。内：两营马兵八十四名，战守并二百九十五名，蓼皋、樟桂溪、安定三塘，每塘马兵二名"。驻城之外，又有"分拨各汛堡兵，共二千二百零三名"③。此外，乾隆六十年（1795）"善后案"内，设立"土牟"管束土寨，有"土守备七名，土千总二十四名，土把总五十名，土外委九十八名……土兵一百八十五名。护理土塘三十七处，每塘五名，由土牟派拨充项"④。思南、石阡、思州三府虽距松桃苗疆较远，亦设营备兵，护卫地方。添兵设牟，皆需经费支撑，故黔东北地区军费开支浩繁。以铜仁府为例，道光年间铜仁府武职衙门俸薪及各项经费"岁共银二万三千七百四十六两四钱六分三厘九毫九丝，岁共米五千九百二十六石二斗"。此时铜仁府文职衙门共俸、工等银仅"一千一百三十一两零七分八厘"。可见武备在铜仁府经费中所占比例之重。松桃厅军费较铜仁府更繁，道光年间武职衙门"岁共该银四万六千八百九十二两零四厘九毫四丝"，而文职衙门俸薪等银仅"四千零四十九两七钱八分六厘"。此外，松桃厅土守备、土千总、土把总、土外委、土兵等职兼具文、武职性质，然其经费计算为"文职衙门"之列。上述所用军费皆为常年武职衙门官俸、兵饷等银，而战乱之时所用军费更是不计其数。

---

① （道光）《铜仁府志》卷六《武备·兵制·旧制》。
② （道光）《铜仁府志》卷六《武备·兵制》。
③ （道光）《松桃厅志》卷之十七《武备门·兵制》。
④ （道光）《松桃厅志》卷之十七《武备门·兵制·土牟》。

2. 文职官员俸薪、养廉等银

清沿明制，实行官员俸薪制度，并创设养廉银以补财用不足。清代贵州文职俸薪较为固定，按"品"发放。俸薪之外，又有"心红纸张银"、工食银等补贴之银。道光年间，思南府"府属三县总数：思南府知府、经历、教授、训导俸薪暨各署役役食银四百八十八两一钱三分二厘；安化县知县、教谕、训导、典史俸薪暨各署役役食银四百八十三两五分二厘；印江县知县、教谕、训导、典史俸薪暨各署役役食银四百五十二两二钱五分二厘；婺川县知县、教谕、训导、典史俸薪暨各署役役食银四百六十一两四钱五分二厘。通共银一千八百八十七两三钱三分八厘"[①]。铜仁府"文职衙门共俸工等银一千一百三十一两零七分八厘，俱按年赴藩库请领"[②]。以铜仁府为例，各项文职官员经费如下。

表5-7　道光年间铜仁府各项经费支出表

辖属	职官	经　　费
铜仁府属	知府	知府一员，岁支俸薪银一百五两；门子二名，银十二两；步快六名，银三十六两；皂隶六名，银三十六两；轿伞扇夫七名，银四十二两；禁卒二名，银十二两；斗给一名，银六两
	经历	经历一员，岁支俸薪银四十两；门子一名，银六两；皂隶二名，银十二两；马夫一名，银六两
	磐石巡检	巡检一员，岁支俸薪银三十一两五钱二分；门子一名，银六两；皂隶二名，银十二两；弓兵八名，银四十八两；马夫一名，银六两
	省溪司吏目	吏目一员，岁支俸薪银三十一两五钱二分；皂隶二名，银一十二两
	平头司吏目	吏目一员，岁支俸薪银三十两五钱二分；皂隶二名，银一十二两
	儒学教授	教授一员，岁支俸薪银四十五两；学书一名、斋夫一名，银一十二两；膳夫一名，银六两六钱六分六厘；门子一名，银六两；喂马草料银六两

①　（道光）《思南府志》卷之三《食货门·经费》。
②　（道光）《铜仁府志》卷之四《食货·经费》。

续表

辖属	职官	经　费
铜仁县属	知县	知县一员，岁支俸薪银四十五两；门子一名，银六两；皂隶六名，银三十六两；民壮十六名，银九十六两；禁卒二名，银十二两；轿伞扇夫七名，银四十二两；斗给一名，银六两
	县丞	县丞一员，驻正大营，岁支俸薪银四十两；门子一名，银六两；皂隶二名，银十二两；民壮八名，银四十八两；马夫一名，银六两
	典吏	典吏一员，岁支俸薪银三十一两五钱二分；门子一名，银六两；皂隶二名，银十二两；马夫一名，银六两
	儒学教谕	教谕一员，岁支俸薪银四十两；学书一名、斋夫一名，银十二两；膳夫一名，银六两六钱六分六厘；门子一名，给银六两；喂马草料银六两
	儒学训导	训导一员，岁支俸薪银四十两；学书一名、斋夫一名，银十二两；膳夫一名，银六两六钱六分六厘；门子一名，银六两；喂马草料银六两

资料来源：（道光）《铜仁府志》卷之四《食货·经费》。

清代官员俸薪不多，难以支出实际募兵聘请、"孝敬"上司等项的费用，故采用出租官田、增收耗羡、索取规费等方式弥补俸薪之不足。雍正二年（1724），朝廷规定，耗羡归公，后又将归公之耗羡返还部分给官员，"为大小官员办公日用之资"。乾隆时，朝廷明确"养廉银"是官员俸薪外的补贴，也是地方官员收入的重要组成部分。据光绪《大清会典》规定，养廉银数额主要是"根据官员的品级、任职地方赋税之多寡和事务之繁简而定"。黔东北地区思州府、石阡府、思南府知府养廉银达八百两，铜仁府达一千二百两；知县方面，黔东北铜仁县、玉屏县、清溪县养廉银有五百两，其余各知县四百两；松桃厅同知养廉银有八百两；各县丞一百两；经历、吏目、典吏等六十两；其他各官员养廉银不等①。实际上，养廉银数额远超俸薪，甚至达数倍至数百倍不等。

3. 其他支出

除俸薪、养廉支出之外，各府厅亦有"春秋祭祀银""春牛花鞭银""贡生仪银""廪生膳银"等祭仪、教育经费，这些费用由田赋银两存留所得。如思南

---

① 《贵州六百年经济史》编委会. 贵州六百年经济史［M］. 贵阳：贵州人民出版社，1998：228.

府辖存留"春秋祭祀银一十二两；春牛花鞭银六两；贡生坊仪银三两；廪生四十名，膳银二十两，实共存银四十一两"。安化县"春秋祭祀银八两；春牛花鞭银四两五钱；贡生坊仪银三两，廪生膳银十两，实共存银二十五两五钱"。印江县、务川县存留银两皆"与安化县同"①。其他的如城池修缮、驿路疏通等重要事务用银，需上报有司，随奏随销。

第三节　清代黔东北地区的社会救济与社会管控

一、灾荒应对与社会救济

明清时期，黔东北地区自然灾害频发。自然灾害或造成粮食减产或绝收，或引起社会动荡，百姓流离失所。因此，清代黔东北地方官府一方面要针对受灾地区进行社会救济、田赋减免；另一方面还要加强储谷备荒的仓储制度，保证军民的粮食供给。

（一）针对受灾地区进行"蠲恤"，对黔东北地区纾解民力起到了积极作用

《清朝通典》载："蠲之法有三：一免租，一免科，一免役。蠲之故有二：一遇灾，一遇事。"清代，蠲恤地方之法主要有"一赐复、一免科、一免役、一灾蠲"②。清初，贵州久经战乱，粮饷不济，故朝廷多次蠲免钱粮。顺治十六年（1659），"经略洪承畴，准发牛五十只，借给军人开垦荒田，死者验实免赔"③。同年，朝廷诏发饷银和内帑银共八万两赈济贵州，并蠲免全省秋粮。康熙年间，贵州初定，朝廷实行"与民休息"政策，多次下诏减免贵州田赋。如康熙二十五年（1686），上谕言："贵州地方昔年为贼窃踞，民遭苦累，今虽获有宁宇，更宜培养以厚民生，应一体蠲免，用昭恺泽……贵州……省所有康熙二十六年（1687）应征地丁各项钱粮，俱著蠲免；二十五年（1686）未完钱粮，

---

① （道光）《思南府志》卷之三《食货门·田赋》。
② 《清朝通典》卷十六《食货十六·蠲赈·上》。
③ （乾隆）《玉屏县志》卷之九《事纪》。

亦著悉与豁除。"① 康熙三十二年（1693），蠲免贵州三十二年（1693）秋、三十三年（1694）春夏地丁钱粮以及三十三年（1694）应征地丁银米②。康熙五十年（1711），规定"滋生人丁永不加赋"，进一步缓解了农民负担。终清一代，对贵州地区钱粮之蠲免次数较多。据统计，自顺治至嘉庆年间朝廷对贵州共蠲免钱粮 50 多次，其中全省全免 6 次、部分免 7 次；府一级全部免 8 次、部分免 6 次；州县全免 17 次、部分免 1 次；卫所全部免 1 次、部分免 7 次③。黔东北地区受此政策惠及，区域财政困难相对得到缓解。

与此同时，地方官府对田赋钱粮征收方式的调整以及征收陋弊之禁革对纾解农业负担亦起到了积极影响。例如，清初，思州府地丁征收"向系造报人丁，抑或有照产承当者，俱徙各司里民之便，无定例。自康熙四十五年（1706）内，前任蒋守曾将思郡丁银按田地之多寡，照亩输丁，士民称便"。然丁银难随田办，新例初颁，民恐更张。故思州府"将思属丁赋随田办纳之处永为定例，每届编审以地之去留为丁之收除，贫民不致偏累，而丁赋亦不致缺额，至于滋生户口自应遵照部行，将现在少壮人丁造入册内，永不加赋，以彰盛世户口之繁"④。田赋钱粮因田而征，黔东北山田为多，经风雨冲刷，"或将熟田壅塞变为沙石者有之，或将堰沟冲坍阻其水源者有之。既阻水源，水田即变成山田，只堪种以杂粮，广种薄收，不及稻田之一半，而每岁仍照旧额征粮。夫以山土而输田粮，其苦累已多矣。又有甚者，各省新报开垦，黔地实无地可开，不过于熟田粮内逐户悬加，以作新垦之数，且造册报馆，但凭里长那移作弊，无所不至，田多者偏得加少，而田少者反至加多，甚至以无田之粮一倍而骤加数倍，并不通知花户，及至生科，勒令如数全输，苟稍迟延，即加以抗粮之罪，而自此拖累无穷矣。然此犹曰有山土存焉者也。又甚者，有等贫苦士民，家有缓急，欲将此项输田粮之山土典卖与人，地狭而粮重，谁肯受之？万不得已，势必至减粮求售，故往往有田去粮存者，其苦累更不堪言矣。至若水田变为沙石者，

① 清实录（第五册），卷一百二十七，康熙二十五年九月庚寅日条 [M].影印版.北京：中华书局，1985：359.

② 清实录（第五册），卷一百六十，康熙三十二年八月甲戌日条 [M].影印版.北京：中华书局，1985：752.

③ 陈振汉，等.清实录经济史资料·农业编第三分册（下）[M].北京：北京大学出版社，1989.

④ （康熙）《思州府志》卷之八《上·艺文志·丁随田赋议》。

或因其地尚有余田，而原粮依旧全纳，且报垦概行加增，以致田少粮多，种种苦累，所在多有。此等灾伤田粮，不知从前何故不行检踏，以致贻害无已也"。故思南府郭石渠作《请豁无田之粮以厚民生疏》建议：

> 臣请敕下督抚，责令地方官通行查勘，果系无田之粮，悉行豁免；其变为山土者，将粮开除，改为土丁；其变为沙石者，亦令核实开报，减其分数。至里长之那移作弊，尤加严加惩究。嗣后编审，不许私自造册，任意悬增，必通知得业之家，据实造报，当增者增，当减者减，庶不致以荒作熟，以熟作荒，而田与粮均，粮与田称矣。抑臣更有请者，闻黄平等州县，向因雍正六（1728）、七年（1729）内，有事苗疆之初，添设营汛，兵米维艰，州牧只图眼前之利，便不顾将来之累民，捏造公呈，欺谎上官，以为阖属士民，情愿将条丁银两改征实米，运赴岩门司上纳，致令题请施行，其实非士民所情愿也，盖黔地崇山峻岭，道路崎岖，非若他省有舟车挽输之便也。且州邑乡村距岩门司，四五日或七八日不等，士民自此有搬运之劳，有守候之苦，有家人吏役需索之害。计其所输，照旧额多费三倍，始得完清，莫不嗟怨。捏造公呈之人，贻害无穷也。①

黔东北田土有灾害之忧，更因民间买卖而生弊。思州府知府陈元认为其弊有三："凡民间买卖田土，不惟产去丁存，抑且粮不过户有买业数十年而粮册内仍载旧业主姓名者，及至催比钱粮，非彼此推诿，即系包收代纳，其弊一也。或因争产构讼到案年深日久，查有业之家册内无名而卖产之人反得执老册以为夺田张本，此不利于买产者，其弊二也。又有值差徭，旧业主尚但其责，此又不利于卖产者，其弊三也。"故陈知府"见士民构衅结讼，大率由此除典当田地，照例听其收赎，不便过割外，如买卖田产，而价足契明，该买主自应同原业主报明里书，于每年八月内将近开征之时将买卖田地开单呈报，以便推收过割造入实征册内，庶可按名征课。如有抗不入册，田载此户，而册载彼名者，按律详究是否允协，卑府未敢擅为举行，相应详请宪台核夺俯赐批示遵行，俾买主照册输课，既可杜刁民诡寄之奸，亦可免贫民牵累之苦"②。上述地方官府对田赋征收积弊之禁革，对于减轻农民负担，发展农业生产起到了推动作用。

---

① （道光）《思南府志》卷十《艺文门·疏》。
② （康熙）《思州府志》卷之八《上·艺文志·定推收议》。

（二）建立仓储制度，对黔东北地区缓解粮荒、平抑粮价起到了积极作用

明代，仓储制度即在贵州施行，黔东北各府、县、司亦设有"预备仓"储粮以备荒。然明中后期，战乱频仍，各府预备仓无粟可储。"康熙二十八年（1689），御史周士皇请捐米谷贮常平仓，以备荒歉。给事中谭瑄请捐米谷贮仓，以备赈济。俱奉旨依议通行各直省。黔之积贮自此始。"① 清代黔东北仓储有常平仓、社仓、义仓等类型。清初，贵州地区常平仓多储米。雍正三年（1725），贵州巡抚毛文铨疏言："贵州山高多雨，积贮米石恐致潮湿霉变。"遂得旨"存米一石改换稻谷二石，加谨收贮，需用之岁碾旧贮新"②。乾隆十五年（1750），贵州巡抚爱必达奏称："黔省跬步皆山，艰于拨运，若照旧存，必致霉变。请仍于青黄不接时陆续出粜。"得旨："惟该省产米本少，虽余米应粜，亦应俟昂贵时借平市价。""乾隆时又以'贵州不通舟楫，积储均宜充裕'，又令储谷五十万石，其米谷分储各州县。"③ 据（乾隆）《贵州通志》，黔东北各府县积贮情况见表5-8。

表5-8　清乾隆年间黔东北各府县积贮情况表

府属	辖属	积贮情况
思南	府辖	实贮积贮谷3812石8斗3升4合，重农谷104石，钦奉谷208石2斗
	安化县	实贮积贮谷642石六斗九合，重农谷44石，钦奉谷87石6斗，罚米折谷19石2斗8升7合9勺
	印江县	实贮积贮谷3091石1斗8升1合，重农谷17石，钦奉谷40石
	婺川县	实贮积贮谷897石6斗4升5合，重农谷50石，钦奉谷50石3升，罚米49石8斗8升4合
石阡	府辖	实贮积贮谷560石，重农谷95石，钦奉谷146石9斗6升7合
	龙泉县	实贮重农谷36石1斗，钦奉谷43石3斗5升2合

① （民国）《铜仁府志》卷之六《食货·积贮》。
② 清实录（第七册），卷二十九，雍正三年二月乙酉日条 [M].影印版.北京：中华书局，1985：436—437.
③ 《贵州六百年经济史》编委会.贵州六百年经济史 [M].贵阳：贵州人民出版社，1998：234.

续表

府属	辖属	积贮情况
思州	府辖	实贮积贮谷 2216 石 9 斗 6 升，重农谷 94 石 5 斗，钦奉米 38 石 2 升 5 合，谷 410 石 4 斗 2 升 7 合，罚米 25 石
	玉屏县	实贮积贮谷 2557 石 2 斗 5 升 8 合，重农谷 533 石 3 斗 5 升，钦奉谷 231 石 8 升 8 合
	清溪县	实贮积贮谷 2844 石 3 斗 1 升，重农谷 453 石 7 斗 2 升，钦奉谷 23 石 2 斗 5 升
铜仁	府辖	实贮重农谷 30 石 5 升 6 合 5 勺，钦奉米 46 石 4 斗 2 升，谷 11 石 1 斗
	铜仁县	实贮积贮谷 734 石 1 斗 3 升，重农谷 24 石，钦奉谷 107 石 7 斗 3 升

资料来源：（乾隆）《贵州通志》。

松桃厅设立之后，亦设有常平仓，"额设谷一万二千七百七十二石六斗一升九合四勺"①。常平仓为国家常设之仓廪，由地方官府管理，"遇有荒歉，存七粜三，春贷秋敛，具有定制"②。

常平仓之外，各府县又设有社仓、义仓等。黔东北地区义仓设置于道光年间。（道光）《思南府志》载："思郡于道光七年（1827）奉文命广置义仓。其时，知府张元俊广为董劝。自城迄各乡，随地制宜，不主于官，不限以数。行至今日，已有成效。近有得郡伯夏公森圃，首捐钱六百千，邑侯陈公纳斋捐钱三百千，为城乡土民倡，劝募各殷实户量力乐输。由是城中义仓两处，储社谷三千七百余石。各乡仓均有储积，小歉则出粜以平市，存粜价以备秋成买补；大歉则尽谷出粜，存价以俟稔岁买补。后经郡伯周公小湖，捐钱四百千接办，以董其成。由是思民可无饥馑之虞。"③（道光）《铜仁府志》载有《新建义仓记》叙述了铜仁府设立义仓的经过、缘由以及管理办法。

---

① （道光）《松桃厅志》卷之十四《食货门·积贮》。
② （道光）《松桃厅志》卷之十四《食货门·积贮》。
③ （道光）《思南府志》卷之三《食货门·积贮》。

新建义仓记①

蜀铜仁府、县事司刘，为建设义仓，详明立案，以垂久远事。窃照地方建设义仓，劝捐谷石以裕民食。前经具禀。各上宪兹本署府捐谷三百石，署县捐谷一百石，并据绅士、民人捐谷一千六百八十八石，共谷二千零八十八石。今于本城书院之侧，暨去府城九十里之省溪司大佛寺两处，经职员庐大鹏、民人徐肇德等捐建仓、厫各三间，计本城义仓贮谷一千四百七十八石，省溪司义仓贮谷六百一十石。选择公正殷实绅士数人妥为经管。查义仓之设，原以备荒歉之需，偶值歉岁，粜借兼施。铜仁府、县地方，山多田少，乏积谷之家是以捐输为数无多，如遇歉收之年，减价平粜，尚可无虞亏缺。若再加以出借，不特贮谷不敷，且恐所借之户，难免逃亡故绝，或无力还偿，即着落保人分赔，亦恐有名无实，徒滋拖累，日久终归乌有。再四筹酌，嗣后每年当青黄不接时，粮价昂贵，由首事禀明地方官，察看情形，酌量出粜。至粜谷多寡，临时酌定办理，以平市价。所粜之价，缴存府库。秋收后，买谷收仓。如买价合之粜价尚有赢余，作为额外孤、贫、老、弱、残疾、瞽目、疯瘫不能行动无靠之人口粮之用，不准冒滥。所有捐户姓名及所捐谷数，即于各义仓分别勒石以杜侵蚀而垂久远。条规开具于后。

计开：

——义仓之设原为地方救荒久远之计，经理不得其人，必致有名无实，日久仍属废弛。今拟拣派公正绅士数人管理，实力维持。凡出入谷石，按日登簿记载，禀明地方官，以备稽核。如有年老事故，由地方官随时更换。

——义仓拣派公正绅士同经管所有各仓锁钥，本城缴存，儒学收管江口缴存吏目衙门收管。如遇暴雨湿漏，该管绅士随时禀明，发给锁钥及朱标用印封条，交各首事眼同开仓察看。事竣即加印封谨闭，并令各首事一体书押加封，以昭慎重。

——义仓出入谷石俱用府县部颁斛斗较量，以免高下滋弊。

——义仓谷石，每遇歉收之年，如市卖米价较为昂贵，首事查看情形，禀明地方官酌量出粜，雇夫擂碾，择期粜卖，至粜谷若干，临时察看情形酌定。

---

① （道光）《铜仁府志》补遗《新建义仓记》。

——平粜米价，准照市价，每仓石减银五分，庶使贫民得沾实惠。

——城乡户口久经给有门牌，如遇歉收之年，开仓平粜，俱照门牌所开丁口，每人准粜米一升，不准多粜。凡粜米者，照数交签验对门牌入册，以便给飞赴仓领米。

——现在义仓捐输谷石无多，每逢开仓平粜，若逐日出粜，谷石不敷，反致有始无终，请定于三六九日出粜，以平市价。

——义仓之设，原为贫乏者救荒之计，若优裕户口，虽值开仓平粜，亦不准粜。

——义仓出粜，原以出陈易新，至秋收买补，还仓其谷，务须干圆洁净，毋得潮湿以致霉变。

——存贮义仓谷石共计若干，平粜收买俱照一米二谷，不得有名无实。

——义谷贮仓，只准歉收之年减价出粜，以平市价，一概不准出借，以杜日久拖延废弛之弊。

——平粜谷价交存府库，秋收买谷还仓，如买价合之粜价，尚有赢余，为额外孤、贫、老、弱、残疾、瞽目、疯瘫不能行动无靠之人口粮之用，不准冒滥，理合登明。

义仓之外，又有社仓。（光绪）《石阡府志》载：石阡府社仓"在郡城内察院右。明隆庆三年（1569）推官王朝用创建。万历十九年（1591）郡守陆剡增修。二十年（1592）推官高情相劝添捐。二十四年（1596）郡守郭元实另建仓四间。清顺治十四年（1657），杨新桂伙众乱，仓惠谷尽，康熙三年（1664）推官陈龙岩劝城乡举行。历年来仅设社仓六处，共储京斗谷三十八石九斗一升有零。""本城社仓储存谷十九石二斗，西河社仓储存谷五石八斗，苗民里社仓储存谷一石七斗九升，司前社仓储存谷八斗，江内社仓储存谷四石七斗二升，在城里社仓储存谷六石六斗"[1]。义仓、社仓属于民间储粮备荒之法，官府虽有监督之权，然其经营管理多由地方公举威望之人承担。

除此之外，黔东北各地还设有育婴所堂、及幼堂、栖流所、普济堂、养济院等公所以接济社会贫困之人。但这些公所多仅设于府城之内，救济范围相对有限。

---

① （光绪）《石阡府志》卷七《田赋志·社仓》。

二、户籍制度与社会管控

清代户籍管理延续明代制度。"户"有财赋征输，"籍"则有社会管控之意。户依职业或民族划分，由各省有司察其数"岁报于部"，称"烟户"。户有别，"有民户，有军户，有匠户，有灶户，有渔户，有回户，有番户，有羌户，有苗户，有猺户，有黎户，有夷户。凡民，男曰丁，女曰口，未成丁亦曰口。丁口系于户。凡腹民计以丁口，边民计以户。凡丁输赋者，以康熙五十年（1711）为额。岁编审，有羡余，曰盛世滋生人丁，不加赋焉"①。户实则民众之划分，有职业、民族之分，更有"腹民"与"边民"之差别。户有"丁输"，康熙五十年（1711）规定"永不加赋"，减轻民众负担同时，亦表明"户口"政策的宽松。户皆需"注于籍"，"其别有四：一曰民籍，二曰军籍，三曰商籍，四曰灶籍。察其祖寄，辨其宗系，区以良贱，冒籍者、跨籍者、越边侨籍者，皆禁之"。与户口划分不同，籍有社会管控之意。《大清律例》载：人户以籍为定，"凡军、民、驿、灶、医、卜、工、乐诸色人户，并以籍为定。若诈冒脱免，避重就轻者，杖八十。其官司妄准脱免及边乱版籍者，罪同。若诈称各卫军人，不当军民差役者，杖一百，发边远充军"②。清代户籍实则规定了个人与国家之间的约束关系，从而能够清晰体现出国家对人户的社会管控。

清顺治、康熙年间，地方初定，以召集流民、安靖地方为务，故此时户籍多延续明制，编户入籍，财赋征收亦逐渐恢复。清初黔东北户籍亦统称"烟户"，并有民户、军户、灶户、匠户等别。其中，民户有汉民、苗民之别。苗民指"归化"之苗民，尚未归化者"免其编审"。由于黔东北地区"山巅水涯，居处零星，地里鯺沙，编查不易。科吏虑为民忧，应以虚文，在所不免"。故，清代黔东北地区"户口实数，有其过之无不及也"③。雍正、乾隆年间，国库充足，遂逐渐强调户籍社会管控之功能。雍正四年（1726），上谕言：

> 弭盗之法，莫良于保甲。朕自御极以来，屡颁谕旨，必期实力奉行。乃地方官惮其繁难，视为故套，奉行不实，稽查不严。又有借称村落畸零，难编排甲；至各边省，更借称土、苗杂处不便比照内地者，此甚不然。村

---

① 《钦定大清会典》卷十七《户部》。
② 大清律例 ［M］. 田涛，郑泰，点校. 北京：法律出版社，1999：172.
③ （道光）《思南府志》卷三《食货门》。

落虽小，即数家亦可编为一甲，熟苗、熟獞即可编入齐民。苟有实心，自有实效。嗣后督、抚及州县以上各官不实力奉行者，作何严加处分？保正、甲长及同甲之人能据实举首者，作何奖赏？隐匿者，作何分别治罪？其各省通行文到半年以内，被举盗犯，可否照家长自首之例暂治以轻罪？举首之盗，倘有从前未经发觉之案，地方官可否从轻处分，以免瞻徇畏缩？著九卿详议具奏。再，盗案疏防，文武各有处分，虽著有成例，但其中尚有分别。凡山海大盗，聚众多人，土獞、苗蛮。成群劫夺，及响马、老瓜等贼聚有窝穴，势难擒捕者，当责之弁兵；如久无缉获，则文武一例处分，情罪俱当。若盗止十人以下踪迹散处者，则捕役力能擒制，虽事发潜逃，亦能履探；而营、汛弁兵，各有职守，势难远缉。此等盗犯，似当专责州县。武职处分，可否酌量从轻？庶情法得平，中无枉抑。著九卿一并确议具奏。①

乾隆元年（1736），贵州道监察御史田懋奏请："严查保甲，约束援赦人犯事宜。"户部议复："查有籍之孤独无依者，令地方官入养济院收管；流落他乡者，讯明原籍移送。仍请下令各督、抚、提、镇饬地方有司，严查保甲，不时巡防墩台，庶援赦人犯，有簿籍可稽，无为盗之患。"②

保甲编查实则强化了国家对基层社会的管控能力，但与苗疆的传统社会秩序相去甚远。乾隆五年（1740），贵州总督张广泗议奏："黔省零星村寨，请就户口之多寡，联其比伍；各苗寨俱有该管头人，倘敢隐匿匪徒，将该头人惩究。"③ 从张广泗之语可见，保甲编查实则主要针对黔省汉民而言，苗寨仍有"该管头人"。随着改土归流，土司相继被裁革，清廷对原土司地区进行了户籍编审，从而使国家权力进一步深入至苗寨之中。黔东北安靖苗疆的同时，汉民与苗民交流日益频繁，以致汉民占买苗疆土地的现象逐渐增多，导致了乾嘉年间的大规模苗民起义。起义平定后，朝廷增设城堡、建立碉卡，严禁汉民私入苗寨贸易。与此同时，苗寨之户籍编审亦随之停止。（道光）《松桃厅志》载：

---

① 清实录（第七册），卷四十三，雍正四年四月甲申日条 [M].影印版.北京：中华书局，1985：635—636.

② 清实录（第九册），卷十四，乾隆元年三月戊申日条 [M].影印版.北京：中华书局，1985：407.

③ 清实录（第十册），卷一百二十四，乾隆五年八月壬寅日条 [M].影印版.北京：中华书局，1985：822.

"乃者苗气驯扰，渐染华风，壮者服田畴，秀者游乡校，熙熙皞皞，长为太平之民。近又钦奉谕旨，苗免查造，究其归化户口，已逾二万有零。"① 按清制："凡编保甲，户给以门牌，书其家长之名与丁男之数，而岁更之。十家为牌，牌有头；十牌为甲，甲有长；十甲为保，保有正。稽其犯令作匿者而报焉。城市乡屯、灶、厂、寺观、店埠、棚、寮、边檄皆编之。凡海船亦令编甲焉。"② 然而，黔东北苗疆多由"寨头"管理，嘉庆后"寨头"变成"苗牟"，既有"征输"之责，又有"管束"之意。至于迁居苗寨客民，则编入保甲。道光二十六年（1846），上谕言："贵州附居苗寨客民，既经编入保甲，其分户另居者，自应一律编查。著该抚饬令各地方官督率村寨保长人等，将客民旧户迁徙若干、现存若干、其旧户内有子孙分户另居若干，逐一查明造报，毋得假手胥吏，致滋扰累。并令该管道、府、直隶州就近核实确查，不得日久生懈，致成具文。"③

三、黔东北苗疆的军事管控

黔东北自古就是少数民族聚居区。改土归流前，黔东北地区多赖思州、思南二宣慰司之土兵保卫地方。"在多数情况下，土兵则指土司兵，即以耕种土司占有的兵田为生、以向土司服兵役换取田地耕种权并依附于土司的农奴。"④ 改土归流后，宣慰司之土兵亦随之瓦解，明廷于黔东北各府完善兵防建设，设立卫所，委派军士，并大量征用土司土兵及夷兵以维护地方稳定。至清代，清廷裁撤土兵，实行绿营兵制，军备日益齐备。（道光）《铜仁府志》言："铜仁与湖南五寨司毗连，民彝杂处，往往因事忿争，至相仇隙，俗谓打冤家。甚者抗官，甘为逆匪。自入版图以来，劳师动众已屡见矣。我朝恩敷寰宇，威布暇荒，维我铜仁尤为上烦圣虑焉。即小有蠢动，既迅兴扫除，复严为防备，分兵设戍，棋布星罗，苗民遂其生，士商安其业，猗兴盛哉。昔日之岩疆，今日之乐土

---

① （道光）《松桃厅志》卷十三《食货志·户口》。

② 《钦定大清会典》卷十七《户部》。

③ 清实录（第三十九册），卷四百二十八，道光二十六年四月乙巳日条 [M].影印版.北京：中华书局，1985：370.

④ 李良品，李思睿.论历史时期的土兵与土司兵 [J].铜仁学院学报，2012，14（5）：17-22.

也。"①（道光）《松桃厅志》亦言："松桃，明以前俱为红苗巢穴，接连黔、楚、蜀，谓之三不管地。至国朝，平苗拓壤，始隶版籍。如坡东臭脑、康金、盘石，坡西落塘、大塘、木树各汛地，历朝所羁縻勿绝者，今皆驯扰向化，仰见我国家文谟武烈，亘古光昭。苗之不率者，天威震叠，草薙而禽狝之；其柔服安分者，加意抚绥，俾食畴、输租与齐民等。盖自唐、虞，下迄元、明，有苗格化未有如今日之盛者也。"② 清代，黔东北苗疆日益开辟，一方面解决了长期以来地方不靖之忧；另一方面也促进了区域经济社会的发展。为保障地方社会稳定，清代黔东北苗疆军事管控日益加强，军备设施也逐渐完备。

黔东北苗疆自古即为苗族聚居之地。（道光）《松桃厅志》言：松桃"明以前俱为红苗巢穴，接连黔、楚、蜀，谓之三不管地。至国朝，平苗拓壤，始隶版籍。"③ 松桃苗疆开辟与地理环境关系紧密，故先将松桃地理环境图兹列如下：

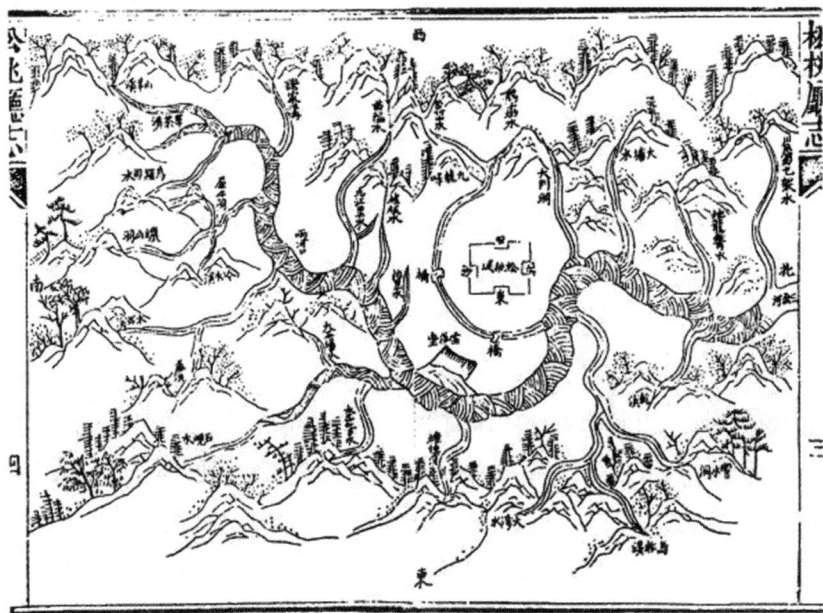

图 5-2　松桃厅地理环境图④

---

① （道光）《铜仁府志》卷之六《武备》。
② （道光）《松桃厅志》卷之二《地理门·建置》。
③ （道光）《松桃厅志》卷之二《地理门·建置》。
④ （道光）《松桃厅志》卷之二《地理门·舆图》。

清代松桃苗疆开辟大致分为三个时期。

其一，顺治、康熙时期，清廷对松桃苗疆主要为军事防御。（道光）《松桃厅志》载："国朝改铜仁总兵为副将，始置营于松桃坡东滑石，坡西孟溪、龙头等地。康熙九年（1670），苗乱，副将贺国贤用兵扑剿，始设营于坡东马颈、报国、正大、马脑、盘石等地，坡西太平、振武、地耶等地。康熙二十年（1681），设汛于坡东哑喇，坡西双凤等地。康熙四十二年（1703），楚苗不靖，提督李芳述剿之，设汛于新寨、麦地、长岭等地。康熙四十三年（1704），平红苗，设正大营，以同知驻其地。"① 这一时期军备所设之滑石、孟溪、龙头、马颈、报国、正大、马脑、盘石、太平、振武、地耶等地皆为堵御苗疆之地，主要分布于松桃西部、南部地区，是加强明代所设之"外哨"。此时，清廷对松桃苗疆地区仍无意深入。清顺治、康熙时期针对松桃苗疆的军备调整主要是针对明代"内哨""外哨"的区分，并加以强化，从而保障相邻之铜仁府、思南府等地的稳定。

其二，雍正、乾隆时期，清廷调整以防御为主的策略，大规模开辟苗疆。（道光）《松桃厅志》言："雍正八年（1730），平松桃苗，移正大营同知为松桃理苗同知，移铜仁协同驻松桃。其年，铜仁知府姚谦，协府张禹谟，奉檄会同楚员勘议新抚疆界，于是附近松桃之地更益新疆。又设汛于落塘、大塘、木树、乾塘、臭脑、岩坳、构皮、康金、盘朵、芭茅坪、大平茶、长冲等地。长冲即松桃故址。雍正十一年（1733），乃移松桃于蓼皋，建松桃城。十三年（1735），城工竣。乾隆初年始行安插。乾隆四年（1739）报亩。乾隆六年（1741）勘定川、黔大界。七年（1742），清丈田亩。十五年（1750），设塘于坝得地。"② 据（道光）《铜仁府志》载：乾隆六十年（1795）前，铜仁府设"铜仁协副将一员、游击二员（分防二员）、守备二员、千总四员（分防四员）、把总八员（分防五员），制兵二千名，内马战兵二百名，步战兵八百名，守兵一千名（原设兵七百四十名。国朝康熙二十四年（1685）裁兵一百名，四十二年（1703）添兵五百六十名。雍正十年（1732）添兵八百名)③。各营汛分防如下表。

---

① （道光）《松桃厅志》卷之三《疆域》。
② （道光）《松桃厅志》卷之三《疆域》。
③ （道光）《铜仁府志》卷之六《武备·兵制》。

表 5-9 乾隆六十年（1795）前铜仁府营汛武备表①

分防	官 兵
铜仁协	游击一员，千总一员，把总一员，兵二百五十名
臭脑营	游击一员，千总一员，兵二百名
大塘汛	千总一员，兵一百五十名
正大营	千总一员，兵一百三十名
岩坳汛	把总一员，兵八十名
芭茅坪汛	把总一员，兵八十名
大平茶汛	把总一员，兵一百名
木树汛	把总一员，兵六十名
构皮寨汛	兵八十名
太平汛	兵四十名
振武汛	兵六十名
江口汛	兵四十名
康金汛	兵五十名
盘朵汛	兵三十名
麦地汛	兵四十名
长冲汛	兵五十名
落塘汛	兵五十名
存驻松桃	副将一员，守备二员，把总三员，兵四百五十名
铜仁哨	把总指挥一员，领队千百户五员，调龙里等八卫旅军共四百名，府城东门营总甲三名，打手一百五十二名
保子营	头目一名，游兵五十六名
清水塘营	头目一名，土兵四十四名
凯漕营	头目一名，苗兵四十九名
毛口寨营	总甲一名，苗兵二十名
亚寨营	大头目一名，小头目二名，苗兵一百五十八名
石江哨	冠带苗哨官一员，苗兵七十名
下麻桐营	苗兵二十名

①　（道光）《铜仁府志》卷之六《武备·兵制》。

续表

分防	官　　兵
琉璃营	总甲一名，苗兵十九名
盘党凹营	头目一名，苗兵二十九名
孤凹营	头目一名，苗兵三十七名
鰕公溪营	头目二名，苗兵二十三名
麦冲营	总甲一名，苗兵十九名
官舟营	头目一名，苗兵三十五名
龙势关	头目一名，苗兵十五名
乾塘营	苗兵十三名
柳普三营	头目二名，苗兵九十五名
下麻州营	头目一名，苗兵二十名
桃映哨	头目一名，仲兵十一名
蜈蚣营	头目一名，仲兵十名
河界营	头目一名，苗兵三十六名
清水隘	头目一名，仲兵三十六名
被岩营	苗兵十名
东门后营	苗兵十七名
鬼朝寨	苗兵十名
董留山寨	苗兵二十名
地架寨	苗兵二十名
麦地寨	苗兵十名
塘寨	苗兵十一名
地逼寨	苗兵八名
骂劳营	头目一名，苗兵二十四名
平头哨	千户一名，头目四名，苗兵二百七十五名
平头司	乡导总甲一名，苗兵十九名
得胜营	头目一名，苗兵九十三名
冷水溪营	头目一名，苗兵二十九名
坝带哨	百户一员，头目五名，仲兵二百五十名
石马营	兵二十名，夭兵五十三名

续表

分防	官　兵
地耶子营	头目一名，仲兵二百名，万历立
倒水营	兵二十名
平会候达溪营	头目一名，仲兵三十九名，后改属平头哨
塘寨	兵五十名，后改属盘石营
瓮梅隘	总甲一名，苗兵十九名
到水哨	总甲一名，苗兵二十九名
小桥营	苗头目一名，苗兵一百一十名
母属营	头目一名，苗兵二十五名
倒马坎隘	头目一名，仲兵二十九名
清水营	百户一员，兵二十九名
张吉溪哨	头目一名，苗兵三十名
永定营	千户一员，头目六名，夭仲兵二百四十三名
盘石营	指挥一员，领哨百户一员，头目六名，仡、土、夭、仲共兵四百八十五名
玛瑙营	百户一员，黑苗兵一百零四名
万安堡	万历十一年（1583），参议金从洋建将附近居民并入堡内，且耕且守
威远营	指挥一员，领哨百户二户，仡夭兵四百八十名
大胜坡子营	名色哨官一名，头目二名，彝兵一百名，招抚水茶苗头一名
蜡冲界牌营	头目二名，小甲二名，苗兵三十二名
振武营	千百户一员，头目三名，仲兵二百三十名
寨高子营	头目一名，仲兵八十名
麻桐营	万历十三年（1585），副使应存、卓详，巡抚都御史舒应龙，巡按御史毛在，批据苗兵吴老革讦建，动支官银起造房舍，移撤永定等营共三百一十九名

乾隆六十年（1795）之前，在铜仁府之亚寨堡、地架堡、孟溪堡、小桥堡、落马堡、落壕堡、城北堡、石子营、坝地冈营、木桶营等处设兵防守，轮流更换。与此同时，铜仁府存有"铜仁协分哨四堡，内碉四十座；沙子坳堡碉十座；

猫儿岩堡碉十座；庵塘坡堡碉十座；伙哨营堡碉十座"①。此时，清廷于松桃苗疆所设营汛大多沿松桃河及其各支流，基本控驭了松桃苗疆地势平坦之地（见图5-3）。

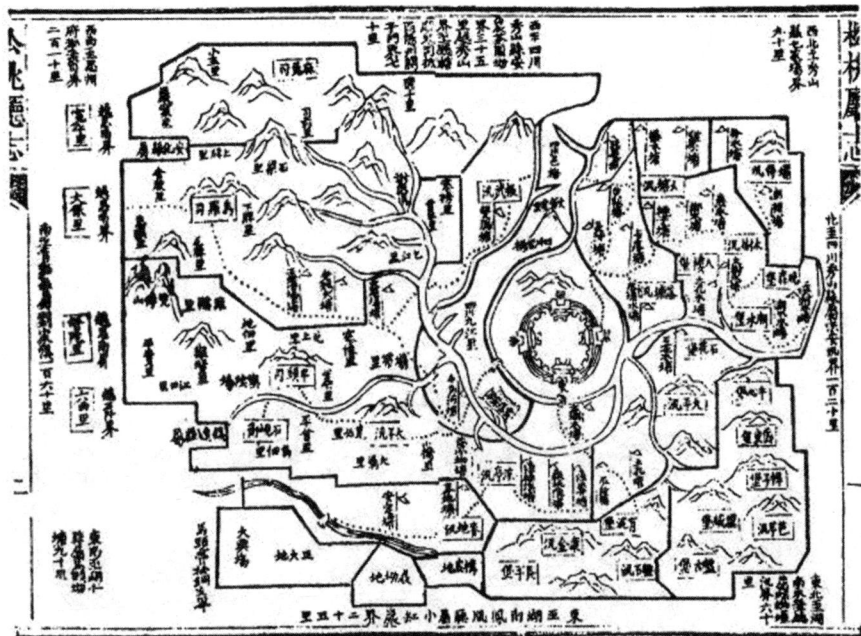

图5-3　清代松桃苗疆营汛分布图②

其三，乾嘉苗民起义后，清廷于松桃苗疆调整建置，增设碉堡，以资弹压。（道光）《松桃厅志》载："乾隆六十年（1795），黔、楚逆苗不靖，经贝子福康安平定后，改臭脑为盘石，设碉堡于坝得、凉亭坳、石花、潮水溪、长坪、有泥、陇统、杆子坳、岱东、牛心等地而地益日辟。嘉庆二年（1797），'善后案'内将铜仁拨驻松桃理苗同知改为直隶军民厅，将铜仁协拨转铜仁，另设松桃协，分左右营，以资弹压。计新疆坡东、坡西之地，不足置厅，乃割平头、乌罗四司于铜仁，俾就松桃管辖。嘉庆六年（1801），平石岘；增设新疆一带碉堡。于是疆域四界：东接楚之凤凰，西接蜀之酉阳，南接青溪，北接蜀之秀山；东南接铜仁，西南接思州，东北接楚永绥，西北接秀山。东西相距一百三十里，南

① （道光）《铜仁府志》卷之六《武备·兵制》。
② （道光）《松桃厅志》卷之二《地理门·舆图》。

北相距二百八十里。山川重沓，疆里艚沙，隆隆然为黔省重地焉。"① 同书亦载："厅治乌罗、平头四司，元、明久隶版图。此外如坡东、坡西，举属苗穴，国朝以次开拓，其境渐广。至乾隆六十年（1795），松苗石柳邓纠结楚苗，四出俶挠，经大师荡平，越一年而松苗之局始结。于是就其地，重则设堡，轻则设碉。据形势，树声援，弭其犷悍之心，予以生全之乐。北极秀、酉，东连靖、绥，指臂相通，辅车互控。"② 乾嘉苗民起义后所设之汛、堡、碉各有作用，"汛、堡系派拨员牟驻守，碉则分布于各堡险要高耸之地，安兵以资瞭望"③。以盘石汛为例，其下有"石堡一座，周围长二百丈，设三门，炮台四座，营房二百零五间。堡西校场一所，长一百一十弓，广二十八弓；演武厅三间"④。盘石汛处于大路地势平坦之地，堡则环列于周，各堡相互声援（见图5-4）。

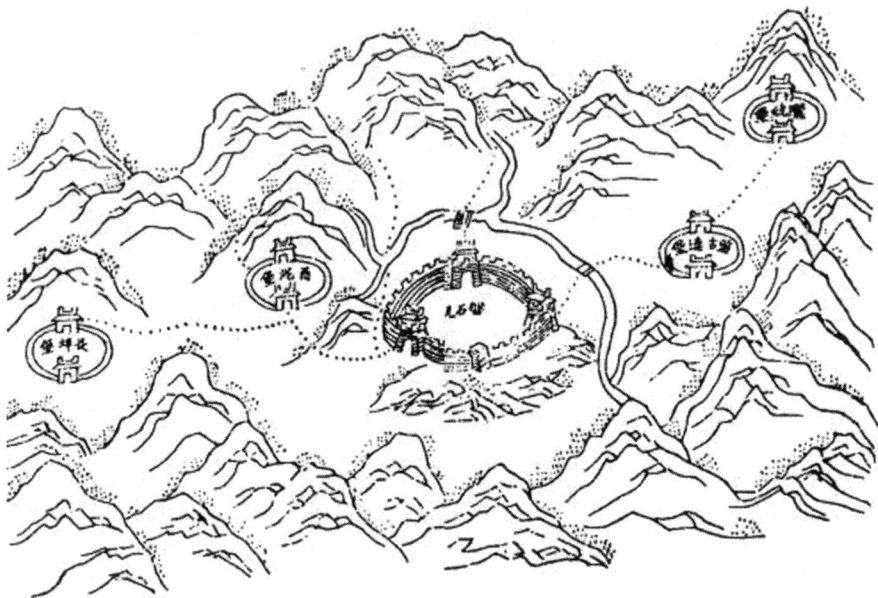

图 5-4　磐石汛、堡设置图⑤

松桃苗疆各汛、堡情况见表 5-10。

---

① （道光）《松桃厅志》卷之六《武备·兵制》。
② （道光）《松桃厅志》卷之十一《碉堡》。
③ （道光）《松桃厅志》卷之十一《碉堡》。
④ （道光）《松桃厅志》卷之十一《碉堡》。
⑤ （道光）《松桃厅志》卷之二《地理门·舆图》。

表 5-10　松桃汛、堡设置情况表①

汛	堡	塘/碉
大塘汛	土堡一座	辖塘四（桃子坪塘、椰木坪塘、暴木山塘、鸡公岭塘）
大平茶汛	土堡一座	辖塘一（下石花水塘）
坝得汛	土堡一座	辖塘二（三岔河塘、冷水溪塘）
太平汛	土堡一座	辖塘五（老鸦穴塘、大坪场塘、牛角河塘、土孔塘、平所塘）
落塘汛	土堡一座	辖塘四（落塘水塘、长冲塘、黄板塘、卡落塘）
麦地汛	土堡一座	辖塘二（麦地汛塘、安定塘）
盘石汛	石堡一座	—
石岘汛	石堡一座	—
	大营土堡一座	此八堡环列于石岘石堡周围。每堡前后左右，安碉四座，即以碉为门。计八堡：内三十二碉，外四十八碉，共碉八十座
	绥宁土堡一座	
	得胜土堡一座	
	久安土堡一座	
	怀恩土堡一座	
	茶园土堡一座	
	西溪土堡一座	
	太平土堡一座	
—	有泥堡	辖碉十座（消水陇碉、上长坪碉、柳瓦碉、牛颈坳碉、下地宙碉、暴木山碉、地宙碉、弩矢坳碉、弩矢坡碉、乾溪坳碉）
—	盘古达堡	辖碉八座（老塘坳碉、塘湾碉、金束塘碉、上马乾溪碉、沙冲碉、沙坪碉、白马山碉、小臭脑碉）
—	陇统堡	辖碉八座（标山嘴碉、东山梁碉、登高坡碉、坟墓山碉、白马山梁碉、二里牌碉、标山坳碉、望楚碉）
—	杆子坳堡	辖碉十一座（大湾碉、小湾碉、禾梨坪碉、下凉水井碉、尖坡碉、大塘碉、小新寨碉、盘古达碉、禾梨碉、固桥碉、凉水井碉②）

---

①　（道光）《松桃厅志》卷之十一《碉堡》。

②　原文所列碉十座，据同书《武备门》核对，少"凉水井碉"，现增补。

续表

汛	堡	塘/碉
—	牛心坡堡	辖碉八座（虾公坳碉、上过肘碉、杆子坳碉、老况山碉、下新寨碉、独高坡碉、望协碉、中新寨碉）
—	石花堡	辖碉十二座（竹子寨碉、对牛董碉、伞梁坡碉、二屯坡碉、半坡梁碉、黄毛坡碉、乾溪前山碉、乾溪后山碉、大丫口碉、转角碉、望竹寨碉、望堡碉）
木树汛	石堡一座	辖塘四（彭扛塘、尚家寨塘、木树水塘、潮水溪水塘）；无碉
芭茅坪汛	石堡一座	辖碉四座（老六山碉、岩壁拉碉、滥草坪碉、后山碉）
康金汛	石堡一座	辖碉三座（康金对面山碉、后山梁碉、狮子岩碉）
—	八楼堡	辖碉九座（转角碉、土孔碉、腰滩碉、长滩碉、三脚碉、新寨碉、望城碉、下石花碉、古牛滩碉）
—	潮水溪堡	辖碉十座（滑石碉、两河口碉、虎渡口碉、木树水塘碉、茶坳碉、上至雾碉、下至雾碉、潮水溪碉、菜田碉、后山碉）
—	晚森堡	辖碉八座（螺蛳滩碉、老虎滩碉、三浪滩碉、磨脑碉、猴儿跳碉、上晚森碉、下晚森碉、儿纳碉）
—	长坪堡	辖碉六座（上麻舟碉、上构皮碉、高坡坪碉、唐寨碉、下高坡坪碉、半坡碉）
—	岱东堡	辖碉五座（上新寨碉、岱东中寨碉、小坡碉、水阳寨碉、固水碉）
凉亭坳汛	—	辖塘四（凉亭坳塘、樟桂溪塘、银梳沟塘、凉水井塘）
振武汛	—	辖塘四（静岘塘、两河口塘、双凤营塘、孟溪场塘）

第六章

清代黔东北经济开发的历史影响

清代黔东北经济开发对区域经济社会造成了深刻的历史影响，促进了黔东北地区与内地的商贸联系，带动了黔东北地区的社会整合，强化了儒家文化在黔东北地区的传播。与此同时，清代黔东北地区经济开发也带来一些负面问题，如民族关系紧张、生态承载能力下降等。总结清代黔东北地区的经济开发的历史影响，对当下多民族地区经济开发具有借鉴意义。

第一节　清代黔东北经济开发的积极影响

一、促进了黔东北地区与内地的商贸联系

黔东北作为内陆边缘地带，受山区环境影响，道路交通设置多不齐备，致使其与内地之间的经贸联系不甚畅通。宋元时期，区域经济多为自给自足模式，发展缓慢。至明代，明廷开通驿路，设立卫所，湘黔滇通道逐渐畅通。国家驿道以贵州为途经之地，物资转运、官员迎往逐渐频繁，对区域经济发展起到了带动作用。进入清代后，黔东北区域与内地的商贸联系逐渐增强，并表现在以下几个层面。

（一）商品贸易多样化，带动了区域经济的发展

黔东北地处武陵山区，虽耕地资源不足，但山林资源丰富，故黔东北主要利用山林资源与内地进行商品贸易。商品贸易大抵可以分为输入和输出两个层面。在输入方面，黔东北地区短缺之盐、桑棉等主要由内地供应。自明代改土

归流后，贵州行省便通过"开中"制度引进内地盐商运销食盐，随后改行"票盐"制度。清代黔东北地区食盐运销施行官督商销体制。内地食盐的运销一方面满足了黔东北地区的食盐需求；另一方面也促进了黔东北地区商品贸易的发展。在桑棉等布料方面，黔东北地区居民原织土布、土锦以满足日常布料需求，随着湖广地区的布料技术的革新，商贾将楚布运销至黔东北地区，满足市场需求。（道光）《松桃厅志》言：内地输入松桃厅之商品主要为"蜀之盐，楚之布"①。在输出方面，黔东北的漆、蜡、桐油、汞矿等山林资源受内地倚重。据（道光）《思南府志》载，思南府土产寥寥，主要以桐油、柏油、山漆及婺川之朱砂、水银为主，可以行远②。清代黔东北的铜仁府、石阡府、思州府三府的商品贸易也大抵如此。

值得指出的是，许多内地移民迁移至黔东北地区后，带来了较为先进的生产工具和生产技术，从而带动了土著居民生产方式的转型，提升了黔东北地区山林资源的利用效率。例如，明弘治年间，四川兵荒，移民进入思南府，因地植棉，获利颇丰，土人相继效仿，从此思南府成为了贵州地区重要的棉花产地。至清初，黔东北各地官府认识到桑棉之利，着力推广，但因地理环境影响，难以种植，最终未能实现。因此黔东北各府、厅、县开始采购周边地区的原材料，积极推广发展纺织业。（道光）《松桃厅志》载：松桃厅"女工不养蚕，地亦不出棉。棉皆取资湖南量买，以供纺织。布阔而粗，取足衣着，不能贸远。余则绩麻为线索，备缝纫之用，且以刺履，针黹简朴"③。与此同时，黔东北地方人士逐渐认识到纺织业对区域经济的带动作用，纷纷建立"纺织局"，普及纺织技术。如思南府田太澍，因家贫而至内地学贾，富裕后，捐资筹办纺织局，普及纺织技术④。此外，其他手工业也随着商品贸易的多样化而得到发展。（道光）《思南府志》言："匠不能备具，木工、石工，间有习其艺者，多笨拙，其细致者，举由他省来。此外埏埴、缝纫、铜、铁、锡、银等匠，胥致他郡，居人亦为之，不精也。"⑤ 这说明虽然各种手工行业仍以内地工匠为主，然本地居民从之者亦多，可见商品贸易对区域经济结构的促进作用之强。

---

① （道光）《松桃厅志》卷之六《风俗》。
② （道光）《思南府志》卷二《地理门·风俗》。
③ （道光）《松桃厅志》卷之六《风俗》。
④ （道光）《思南府志》卷之六《人物门·续增孝义·婺川县》。
⑤ （道光）《思南府志》卷二《地理门·风俗》。

（二）水陆交通渐次完备，增强了区域市场运作效率和覆盖范围

黔东北地区"高山峻岭，穷谷深溪"，水陆交通一直是限制区域经济发展的重要因素。自明初改土归流后，明廷开辟驿道，官马大道逐渐形成，然仍有"人迹罕至"之处。（万历）《铜仁府志》载："郡居辰、沅上游，其地僻绝，深溪穷谷，人迹罕至。"① 其时，市场网络多仅限于主要城镇及官马大道附近，难以覆盖至众多乡村。到了清代，地方官府认识到水陆交通对区域经济的重要影响，才陆续开始完善交通设施，并表现在以下两个方面：

其一，疏通驿路，调整设置，为内地商贾进入黔东北地区行商提供便利。明代于黔东北所设驿、站隶属不清，对驿路管理造成困难。清康熙二十二年（1683），贵州巡抚杨雍建疏言："平溪、清浪、镇远、偏桥四卫地土、钱粮隶于湖南，驿站、夫马则属黔省，以楚属之卫牟管黔省之驿站，甚为不便。其平、清二卫原系湖南地方，应将驿马总归湖南驿道管辖；其镇、偏二卫地土、钱粮归于黔省，每年夫粮、马料在黔省拨给。"清初西南不靖，军事调征频繁，清廷鉴于当时时势，只能稍微调整，平复两省驿站争端。至雍正五年（1727），清廷裁平溪卫，改设玉屏县，隶贵州思州府，黔东北其他驿、站亦隶贵州管辖，"规制始大定"②。乾隆元年（1736），贵州巡抚元展成以"黔省军务浩繁，驿站额马不敷支用"，奏请"于差使最繁之杨老、清平、重安、黄平、施秉、镇远、青溪、玉屏八驿，各添设马二十匹，马夫十名"。乾隆八年（1743），清廷又饬戒驿递扰累，谕称："驿递关系邮传，最为紧要，滥骑滥应，例禁甚严，而外省扰害之弊，究不能免。朕闻云贵督、抚赍折入京，路经湖南地方，所用驿马，在勘合火牌额数以内者，固当应付；乃陋习相沿，有在额数以外者，地方官亦不得不应；更有并无勘合火牌而私索强骑者，亦不能不应。乃被该省上司查出，又以州县滥应驿马，照例参处，甚为苦累。著云贵督、抚严饬差牟家人懔遵功令，不得于勘牌之外多索一骑；如仍前不改，经朕访问，惟该督、抚是问。"黔东北之玉屏、清溪等驿为内地进入云贵山区的重要通道，不仅是军事调拨、督抚文书传递的重要途径，更是内地商贾进入云贵地区经商的通道。明黄汴所编的《天下水陆路程》显示：由北京至云贵，需经怀化驿、沅州罗旧驿、晃州驿、

---

① （万历）《铜仁府志》卷之一《方舆志·形胜》。
② （乾隆）《玉屏县志》卷之二《区域志·沿革》。

平溪卫、清浪卫、镇远府而至贵阳①；由南京至云贵亦由洞庭湖入沅江、辰州府，至镇远府陆路而去②。黄汴为明代徽商，其所编《天下水陆路程》主要记载商贾行旅所需知的各地道路、水陆驿站、食宿条件、物产行情、社会治安以及船轿价格等信息，从其所记载的黔东北水陆驿站信息可知，内地商贾去黔东北行商仍主要走常德、沅州、平溪（玉屏）、清浪、镇远一线，由镇远而入贵阳，再至云南。据清代"仕商必携"的《周行备览》显示：客商由贵阳出发进京所经黔东北地区路线为：镇远府镇远县、五十里椒溪、二十五里清浪卫、二十五里太平堡、三十里平溪卫、三十里鲇鱼堡、二十里晃州驿③。这些记载说明，黔东北地区是内地商贾至云贵地区经商的必经之地。裁卫设县后，地方钱粮、驿递、经费统一调拨，为内地客商到黔东北地区经商提供了便利。

其二，修桥梁，设渡口，完善水陆交通设施，增强区域市场的运转效率和覆盖范围。受山区地形影响，黔东北地区水陆交通需广修桥梁，普设渡口。贵州总督张广泗言："黔省地方，镇远以上自昔不通舟楫。查自都匀府起，由旧施秉通清水江，至楚属黔阳县直达常德；又由独山州属之三脚屯土达来牛、古州，抵粤西属之怀远县直达粤东。乃天地自然之利。请在各处修治河道，凿开纤路，以资挽运而济商民。"因此，随着黔东北经济社会的发展，地方官府开始着力完善水陆交通设施，为商贾行商提供便利。康熙年间，思州知府重修了"惠济桥"，以利商民，其碑记云："思郡西北五十里为峨异里中柱洞，其地名转水者楚蜀孔道也，有溪焉，水势险恶，厉揭维艰，先年建有石桥，圮于天启辛酉，盖病涉之叹六十余年"，故重修之举可谓"济人之政"④。明末清初之际，黔东北地区久经战火，桥梁、津渡多有破坏，故地方官府积极维修，保证水陆交通的畅通。如思州邓继望募修石桥和渡船，其《募渡船序》言："思郡东门外距城不数武，山色空濛，水光潋滟，即黔志载思旸八景中碧潭晚渡者。是年来，舟楫破坏，春秋汛滥，汪洋民病于涉怒，然久之所望乡党邻里中各出钱刀，购买一舟，以通往来，余将余诸父老共睹，利有攸往，民无病涉也。"⑤值得指出的是，清初黔东北地区的水陆交通的修缮多集中于主要城镇附近，而随着区域经

---

①　［明］黄汴《天下水陆路程》卷之一《北京至云、贵二省路》。

②　［明］黄汴《天下水陆路程》卷之二《南京至湖广、云、贵三省东路》。

③　《周行备览》卷三《贵州》，乾隆三年（1738）刊本。

④　（康熙）《思州府志》卷之八《艺文志》。

⑤　（康熙）《思州府志》卷之八《艺文志》。

济的恢复，各集镇乡场的交通亦得以维护。例如，思南的大雁桥（梧桐村通向天桥乡集镇的重要通道）、青山棚凉桥（光明村通向大坝场集镇的重要通道）、官寨接龙桥（官寨通向大坝场集镇的重要通道）① 等桥梁皆为乡村通往集镇的通道，这些桥梁的建设和修缮对增强区域市场的运转效率和覆盖范围起到了积极作用。随着区域市场的逐渐兴盛，商人出于经商便利亦捐资修缮交通。例如，位于乌江岸边的思南鹦鹉溪桶井渡口路就是当地商人、居民共同捐资修建的，其碑记言：

> 从来山蹊之间，介然用之，而成路茅塞之域，险者可使为通衢。惟我桶井，上通川峡，故惟成要路也，何泥涂之泞滑，亦步复之崎岖，所以行人至此，每怀临渊之虞，则以路不诚极哉。然功程浩大，一木难支，赖集腋而成裘，聚少而成多，受约同人，仰经阖郡耆绅、商贾君子共结善缘，同襄盛举，或解囊而为助，或捐资已相输，从此敦匠鸠工凿石，缺者梯级培修，悬者竖墙抵栏，将见客商者，骤行羊肠，竟行坦道，车马负载九曲转为严途，功程告竣，勒石标名，则万古流芳，永垂不朽，是为序。②

由碑文可见，清代乌江航运是黔东北地区物资运输的重要通道，故桶井渡口的修建，使客商从"羊肠九曲而行"，转为走上"坦道""严途"，提高了区域市场的运转效率。

（三）城镇乡场逐渐发育，区域市场网络逐渐形成并与内地接轨

清代是黔东北地区城镇乡场发育的重要历史时期，形成了以思南为中心市场、以各城镇乡场为节点的区域市场网络。区域市场网络一方面通过官马大道与内地市场相连；另一方面逐渐拓展市场覆盖范围，推动黔东北地区商品贸易的运转效率，从而整合黔东北地区的农业、手工业以及商业群体，形成有机的市场体系。在区域体系中，商贾扮演着至关重要的角色，他们将农业人口、手工业者、物资运输从业者等串联起来，一方面将黔东北地区的土特产品转输至内地，从而获得市场价值；另一方面将黔东北地区短缺的盐、铁、布料等物资运输至黔东北地区，满足黔东北地区的市场需求。在市场网络的形成和运转过

---

① 思南县政协文史民宗委，思南县文物局．思南文物［M］．内部印刷，2011：51—59．
② 铜仁市民族古籍古物办公室．铜仁市民族古籍文献资料选编（铭刻卷）［M］．内部印刷，2012：51．

程中，既体现出黔东北地区与内地之间的物资交换和市场需求，也使得区域内城镇乡场分布趋于合理。

其一，市场供给关系是清代黔东北地区市场网络与内地接轨的重要体现。受山区环境影响，黔东北地区在明代改土归流以前，商品贸易较少。到了明代，驿道与内地相通，商贾方大规模进入区域内行商，并主要表现在食盐的"开中"，马匹、大木等物资的采购上，促进了集市的兴起。进入清代后，区域市场进一步向广大偏远山区深入，从而对区域农业、手工业的生产产生了更为深刻的影响，黔东北地区的桐油、蜡、茶、朱砂等物资都进入了市场网络贸易。此外，从方志所载"土产"中"货类"的贸易种类可以推断出：清代黔东北地区的土特产品贸易是随着内地的市场需求变化而变化的。在清代初期，黔东北地区的土特产品贸易主要以朱砂、蜡、棉为大宗；乾隆年间后，黔东北地区的油料作物，如桐油、柏油、山漆等，成为重要的贸易商品。随着市场贸易的繁荣，草药、文石、平箫等地方土特产亦流入市场，而内地输入商品如食盐、布料等的市场规模亦随之增大。总体而言，清代黔东北地区的市场网络不仅满足了内地对黔东北地区土特产品的市场需求，更通过商贾转输食盐、布料等物资的方式，满足了黔东北地区的物资需求，其市场贸易范围的扩大既体现了市场供需关系的变化，同时也是黔东北地区市场网络与内地相连的表现。

其二，区域城镇乡场的分布与集期体现出区域市场覆盖范围和运转效率。城镇乡场在市场网络中处于基层市场体系，其覆盖范围和运转效率对于广大乡村具有重要影响。

首先，城镇乡场的分布既是基层市场覆盖范围的体现，亦是满足社会人口需求能力的表征。施坚雅研究发现："基层市场体系的大小与人口密度反方向变化。在人口稀疏分布的地区，市场区域必须大一点儿，以便有足够的需求来维持这一市场，在人口密集的地区他们则较小。"[1] 从清代黔东北地区城镇乡场分布来看，基层市场在人口较多的思南分布较密集，在人口较少的松桃地区则分布较为稀疏。每个基层市场的辐射范围不尽相同，思南因人口密度大而市场区域较少，松桃因人口密度小而市场区域较大。

其次，城镇乡场的集期是基层市场运转效率的标志，体现出基层市场的周

---

[1] ［美］施坚雅. 中国农村的市场和社会结构［M］. 史建云，徐秀丽，译. 北京：中国社会科学出版社，1998：42.

期性。基层市场的集期越密集，周期越短，则表示市场运转效率越高，对物资贸易的需求越大，越能带动市场区域的经济发展。因此，从基层市场的集期变化，我们可以推断出市场网络的运转效率。明代，黔东北地区的基层市场集期多为12日集。(弘治)《贵州图经新志》载："郡内夷汉杂处，其贸易以十二支生肖为垓市，名如子日则曰鼠场，丑日则曰牛场之类，及期，各负货聚场贸易，乃令场主以禁争夺。"① 至清代后，黔东北地区基层市场多为6日集。集期的变化显示出了黔东北基层市场运转效率的提高。

再次，新兴基层市场的设立与维护是黔东北地区市场网络发展的重要体现。随着市场网络的延伸，新兴市场的设立是满足区域商品贸易需求的必然，对市场区域的经济发展具有直接的促进作用。例如，康熙年间思南府知府汪世印于府城东北开设来远场，带动了一方经贸，碑记载：

　　独念城中市肆，自西迤南，久称辐辏，若郡署以前暨城东北，则比户居民未免晨星落落，三五在天，因思所鳞集而振兴之，力兴维何造，莫若场之利。议论方萌，有以不便左余者，余举行益振，于是就学宫之前，相胜地、鸠畚据、列市廛、刻时日，不厉民，不费公，所捐者不过俸之余，所聚者无非地之利，年未期，往来贸易踵接于道，又久之，而远乡叠至，豫章、楚、蜀间闻风挟齐，尤为无算。至有问津者，舟不胜其载；僦屋者，址不胜其栖。势不能不再捐日费。如河之上下，向各止一舟，今各增一舟，涉川者，无倾覆之险矣。向之铺肆不过百余间，今再增百余间，而信信宿宿，无复蹀行垫隘矣。窃意本朝定鼎以来未之有也，夫画工绘行，粉垩毕具，点缀不佳，暗淡无色，于是再建坊者四，以壮通衢之观，且堪舆家多以比来，贤书登籍无几，良由学宫青龙稍弱，语虽近诞，理或疑然，而是坊之建，则由府署以至遵化门外之魁神阁，云委波属，联络相望，大概与今之场市回合，竟胜于学宫之下，或于人文略为补苴罅漏云。期会之日，余间与二三僚佐寓目其处，但见黄童白叟，士民军武，有歌颂于道者，余私心焉，喜以为海市蜃楼，当不过是畴昔麋裘亦几乎息矣。更念场民，率多穷困，余职守一日，岂辞一日拮据，倘时量移别僚，虽鞭之长不及马腹。所愿后来良吏，踵事增华，嗣余苦志，俾此邦人民叶旄旌之占，享无疆之

---

① (弘治)《贵州图经新志》卷一《集场贸易》。

惠，则于余心之幸不诚厚乎？碑以来远名固非奢不朽示也。①

从思南府来远场之设立来看，地方官府已经充分认识到"场"之利，并积极完善辅助设施（如疏导交通、扩大场址、建坊增肆等），使来远成为"通衢之观"，从而带动区域经济发展。

二、带动了黔东北地区的民族融合

清代黔东北地区经济开发不仅促进了区域资源的利用、市场网络的发展，更带动了黔东北地区的民族融合。具体而言，表现有二：其一，内地移民的进入，改变了黔东北地区的民族构成和分布格局；其二，市场分工体系促进了民族间的交往、交流、交融。

（一）改变了黔东北地区民族构成和分布格局

黔东北地区在明清之前，居民以少数民族为主，境内"风俗同黔中地。在徽之外，蛮夷杂居，言语各异"②。明代设立贵州行省后，内地汉民迁入，区域民族构成逐渐改变。如思南府"旧为蛮夷所居，自祐恭克服后，芟荑殆尽，至今居民，皆流寓者。而陕西、江西为多"。然此时，"印江、郎溪多土人，勤生啬用，亦险健，善持长吏长短"③。到了清代，黔东北地区汉族人口逐渐增多，少数民族所占比例大幅减少。总体而言，在清代黔东北地区经济开发进程中，区域民族构成逐渐形成以汉族为主体、各民族杂居的格局。

清代是黔东北地区汉民族主体地位逐渐形成的重要时期。自明代黔东北地区改土归流，建立府州县制度后，内地汉民逐渐迁入，主要府、县城池内已多为汉民居住，其他各民族分布于各县、司。（嘉靖）《思南府志》载："居郡东南者，若印江、若郎溪，号曰南客，有言语，多艰舻不可晓。郡西北，若水德蛮夷，若婺川，若沿河，号曰土人，有土蛮，稍平易近俗而彼此亦不皆同。惟在官应役者，为汉语。"④（万历）《铜仁府志》载："郡属各司，汉夷杂居，有土、仡、苗仲，种类不一，习俗各殊。"⑤ 此时黔东北地区汉民较少，少数民族

---

① （道光）《思南府志》卷之十《艺文门》。
② （嘉靖）《思南府志》卷之一《地理志·风俗》。
③ （嘉靖）《思南府志》卷之一《地理志·风俗》。
④ （嘉靖）《思南府志》卷之一《地理志·风俗》。
⑤ （万历）《铜仁府志》卷二《方舆志·风俗》

较多，民族争端频发。到了清代，随着内地移民迁入的增多，汉族逐渐占据主体地位。如开辟较早的思南地区"境内悉系土著、汉民，既无客户，亦无苗种，惟安化县所辖存、江、堡、瓮四图，每图十里，有东越印江县，"插花"在松、铜之间为半河地方，有苗民十余寨"①。石阡府"各里间有散处苗民，俱系汉民佃户，四散围绕汉寨而居，并无成寨居住者"②。铜仁府汉族、苗族、侗族杂居，然苗族、侗族多居于县、司地方，府城周围已多为汉民③。思州府所管府、司地方"多系汉民"，仅在"府南"有"洞民"，"山洞诸寨"有"山苗"。松桃厅地方"汉民共三万八千一百一十户，男妇大小一十二万一千七百八十八名口""归化苗民共四千四百四十八户，男妇大小二万一千三百七十九名口"④，汉族户籍人口已经超过苗族，占主体地位。这些资料说明清代黔东北地区的汉族主体地位已经逐渐形成，从而占据了黔东北地区政治、经济、文化的主导地位。

随着内地汉民的迁入，黔东北地区的各少数民族聚居区以及边缘地带形成了汉族与苗族、土家族等少数民族相互杂居的分布格局。以松桃苗疆地带为例，明以前松桃地区为苗族聚居区，因地"接连黔、楚、蜀，谓之三不管地"⑤。松桃之西的乌罗、平头二司是汉族居住地区，"悉系前明安插汉户，久隶版图，并无苗民夹杂之处"⑥，其东为坡东、坡西两个地方，为苗族聚居区。据《黔南识略》载：松桃厅"厅城内无苗民，坡东、坡西苗多汉少，石岘汉苗各半，平头司苗少汉多，自振武汛以西，凡乌罗司地方，皆无苗民"⑦。这说明随着汉族移民的进入，在苗、汉边缘地带呈现出杂居分布的格局。值得注意的是，清代黔东北的汉族亦有演化为苗族的现象。《黔南识略》载："苗民以吴、龙、石、麻、白五姓为多，白姓多居铜仁，松桃则以田姓易白姓，为苗民五大族。余则有唐、贺、杨、欧等姓。又有汉人变于苗者，曰变苗。"⑧ 所谓"变苗"原本皆为汉族，因苗族聚居区赋役较轻，迁移后便典买苗产，与苗族通婚，文化习俗随之

---

① 《黔南职方纪略》卷六《思南府》。
② 《黔南职方纪略》卷六《石阡府》。
③ （道光）《铜仁府志》卷二《地理·风俗》。
④ （道光）《松桃厅志》卷之十二《食货门·户口》。
⑤ （道光）《铜仁府志》卷二《地理·风俗》。
⑥ 《黔南职方纪略》卷六《松桃厅》。
⑦ 《黔南职方纪略》卷六《松桃厅》。
⑧ 《黔南识略》卷二十《松桃直隶同知》。

变迁。

（二）促进了民族间的交往、交流、交融

在清代黔东北地区的经济开发进程中，市场交换体系的形成和完善对区域社会整合起到了重要作用。在市场交换中，农业生产者、手工业者、商贾、官府彼此分工、相互交往。这些市场体系关联者不仅有内地移民或商贾，还包括了本地的世居少数民族，从而促进了民族间的交往、交流与交融。施坚雅研究发现："如果可以说农民是生活在一个自给自足的社会中，那么这个社会不是村庄而是基层市场社区……农民的实际社会区域的边界不是由他所住村庄的狭窄的范围决定，而是由他的基层市场区域的边界决定。"① 施坚雅农村市场研究指出市场网络对区域社会具有显著的影响，其意义在于在原本行政区划、文化圈等边界之外，市场网络是联结各民族、各行业、各阶层的重要网络体系。在清代黔东北地区经济开发进程中，各民族间的交往、交流与交融现象十分突出。

其一，随着市场网络的延展，各民族交往、交流、交融日益频繁。市场网络跨越行政区划，是实现各民族经济交换的重要网络。伴随着清代黔东北地区经济开发进程，区域市场网络逐渐延展至土家族、苗族等少数民族聚集的地区，使得民族间的经济交往日益频繁。清代内地商贾进入黔东北地区采购山林资源，并在商品贸易中广泛地与黔东北土民、苗民接触。《苗防备览》载："铜仁省溪、提溪、乌罗、平头四土司，民苗杂处，人多好巫信鬼，力田务本……舟楫可通，商旅所集。"② 省溪、提溪等地多为土家族聚居之地，内地汉族商贾到这些地区从事贸易活动，民族交往自然随着商品贸易规模的扩大而逐渐频繁。在清代，许多汉民进入苗族居住地区进行商品交换，经年之后便成了当地"土著"。《黔南识略》载：松桃厅"城乡市场，蜀、楚、江西商民居多，年久便为土著……贸易以赶场为期，场多客民，各立客总，以约束之"③。松桃苗民参与市场交换亦逐渐频繁。（道光）《松桃厅志》载：苗民"城市贸易者，苗妇居多。其与汉民居相近者，言语皆与汉民同"④。《苗防备览》载："苗民入市与民交易，驱牛马，负土物，如杂粮、布绢诸类，以趋集场。粱以四小碗为一升，布以两手一

---

① ［美］施坚雅. 中国农村的市场和社会结构［M］. 史建云，徐秀丽，译. 北京：中国社会科学出版社，1998：40.
② 《苗防备览》卷九《风俗下》。
③ 《黔南识略》卷二十《松桃直隶厅同知》。
④ （道光）《松桃厅志》卷之六《风俗·苗蛮》。

度为四尺。牛以拳数多寡定价值，不任老少。其法将竹篾箍牛前肋定其宽侧，然后以拳量竹篾，水牛至十六拳为大，黄牛至十三拳为大，名曰拳牛。买马亦论老少，以木棍比至放鞍处，从地数起，高至十三拳者为大，齿少拳多价差昂，反是者为劣，统曰比马。届期毕至易盐、易蚕种、易农具，以通有无。初，犹质直；今，则操权衡，校锱铢甚于编氓矣。"① 随着参与商品贸易程度的频繁，苗民已由"质直"转为可"校锱铢"，说明黔东北苗民此时已经熟知市场交易的规则。

其二，民族交往频繁，逐渐对经济开发产生认同。在明清之际，黔东北地区民族争端频发，对区域经济社会秩序造成了严重影响。而随着经济开发的进行，区域少数民族逐渐对经济开发表现出积极态度，自觉维护经济开发秩序。在乾嘉苗民起义中，许多苗民多为被"胁迫"而参与其中，故在清廷大规模军事镇压下，众多苗寨纷纷"投首"拥护朝廷。与此同时，许多归附的苗民不仅没有参与起义，而且拥护清军维护社会秩序，为时人所赞颂，并载于史册。如（道光）《铜仁府志》载有"断臂苗"，用来称颂铜仁坡头乡滑石营苗民协助乡绅抵御"叛苗"：

> （乾隆）六十年（1795）苗变，诸绅士率乡兵札卡堵御叛苗，侦其军火子药，俱尽乘机来扑，乡兵皆散。诸绅士不能疾走，有苗亦同时札卡者，愤然曰：贼近矣，诸君子疾行，我为殿。与叛苗十余人相逢窄路，抵拒逾时，诸绅士始得远走，贼为之断其一臂，犹未死。时人呼之为义苗云。
>
> 全凭义勇殿乡兵，有力真堪托死生。独立孤峰曾拒虎，行来巨壑又屠鲸。一夫竟夺诸苗气，半壁还能五指撑。闻道江城耆旧语，至今犹觉梦魂惊。②

许多苗民不仅参与市场交换，还为客民进入苗族聚居地区行商提供便利。《苗防备览》载：松桃厅"豹子场、正大营附近苗寨，颇有在大途旁开店贸易者。黔楚客民贩牛经过投宿其家，与外间逆旅无异。知敬客民，薪水以及住宿取值甚廉，无盘剥客民之习。客或早行，邀其相送，持矛枪护之数十里。遇他

---

① 《苗防备览》卷八《风俗考上》。
② （道光）《铜仁府志》卷之八《艺文》。

寨苗伏草，作苗语招号之。伏草苗不敢犯。如伏草苗不退，辄挺矛与斗，名曰护客"①。从苗民护客亦可见苗民内部对汉民参与苗疆经济开发的积极态度。

三、强化了儒家文化在黔东北地区的传播

长期以来，黔东北地方官员以"仿效中华"为区域文化传统变迁的目标。（道光）《思南府志》载："五方风土不同，习俗亦异。浇漓淳薄，举视教化为转移。崇朴黜浮良，二千石责也。"② 在开发黔东北经济的同时，各级官府通过行政、制度、文教等途径"仿效中华"，以达到"修政齐俗"的效果。

（一）推行儒家教育，强化儒学文化的主导地位

明代开辟贵州之时，明廷就在黔东北土司地区设立儒学，传播儒家文化。永乐五年（1407），思南、思州二宣慰司学设立，成为当时贵州地区较早的官学。永乐十一年（1413）年，思南、思州二宣慰司改土归流后，将司学改为府学，府、州、县儒学逐渐建立。明代黔东北地区儒学教育处于初创阶段，虽设有教授、教谕、训导等职，却长期缺乏乡试之权。《黔诗纪略》言："先是，贵州未设乡闱，就试云南，近者二千里，远者三四千里。中隔盘江，夏秋多瘴，往试者不习水土，十病其九，士多裹足，文化不宣。"③ 直至嘉靖十六年（1537），在思南府人田秋的积极争取下，贵州方开科设考，极大地促进了黔东北儒学的发展。除了官学，明代黔东北地区还设有学院、乡村社学等教育机构，但仍处于初创阶段。

到了清代，随着黔东北地区的经济发展，儒家教育逐渐走向兴盛，并表现在以下几个方面：

其一，各府州县官学逐渐完善。黔东北地区各府、厅、县皆设有府学。思南府领婺川、印江、安化三县，除府学外，各县皆有县学④。松桃厅设立最晚，其厅学设置亦齐备。（道光）《松桃厅志》载："厅自嘉庆二年后，特立专学，设训导以督课之。盖自前此隶铜仁时，固已户诗书，人礼乐，士气蒸蒸，文风

---

① 《苗防备览》卷八《风俗考上》。

② （道光）《思南府志》卷之二《地理志·风俗》。

③ ［清］莫友芝，等. 黔诗纪略［M］. 关贤柱，点校. 贵阳：贵州人民出版社，2002：101.

④ （道光）《思南府志》卷之六《学校门·学校》。

日上，逮厅学建而掇科者，文武两榜，雀起蝉联，方兴未艾，可云盛矣。"① 铜仁府、石阡府、思州府三府及所属县之府、县学亦建立完备。

其二，各府试院、书院、学田等项逐渐齐备。（道光）《思南府志》载：思南府试院"其先为乡官郑氏寓宅……内署不甚宏敞，两廊号舍尤属狭隘。前知府张公元隽添建五楹，知府陈公达庄犹以为隘，乃移射圃于县学宫之右，即其地增置十三楹。百余年来，士子肩摩肘掣之苦及是而除"②。思南府县官员捐资设立宾兴公项、岁贡封费，促进官学发展。书院方面，思南府有中和书院、为仁书院、凤冈书院③、言是堂（安化）、龙津书院（印江）、敷文书院（婺川），铜仁府有铜江书院、卓山书院④，石阡府有明德书院⑤，思州府有明德书院、龙川书院⑥，松桃厅有崧高书院（原蓼皋书院)⑦。

其三，增设社学、义学，移风易俗。思南府有"蒙馆"、思南营义学，所辖安化县有培风书屋、煎茶溪义学、冷溪义学、青龙堡义学、旋厂义学，婺川县有宾兴义学、南关义学、影山义学⑧；铜仁府有府社学、县社学、府义学、县义学、培成书屋、爱莲书馆；松桃厅在城隍庙、文昌宫设有义学，"分城内、城外，延师课读"⑨。义学、社学作为官学的重要补充，既为普通民众读书习礼、接受教育提供了便利，也是黔东北地区移风易俗的重要途径。

（二）推广国家祭祀，约束民间祭祀，缩小文化差异

黔东北地区是少数民族聚居区，各少数民族间文化差异较为显著。（道光）《铜仁府志》言："郡居辰常上游，各土司中汉苗杂处，人多好巫而信鬼，贤豪亦所不免，顾有楚风……苗獠种类不一，习俗各殊。"⑩ 文化差异对区域经济社会发展具有显著影响，因此历代官府都采取了相应措施，移风易俗。康熙四年（1665），贵州总督杨茂勋疏中即言："贵州一省在万山之中，苗蛮穴处，言语不

---

① （道光）《松桃厅志》卷之八《学校》。
② （道光）《思南府志》卷之六《学校门·试院》。
③ （道光）《思南府志》卷之六《学校门·书院》。
④ （道光）《铜仁府志》卷之四《学校》。
⑤ （光绪）《石阡府志》第六卷《学校》。
⑥ （康熙）《思州府志》卷之三《建设志·学校》。
⑦ （道光）《松桃厅志》卷之十《书院》。
⑧ （道光）《思南府志》卷之六《学校门·书院》。
⑨ （道光）《松桃厅志》卷之十《书院》。
⑩ （道光）《铜仁府志》卷二《地理·风俗》。

通，不知礼义，以睚眦为喜怒，以仇杀为寻常，治之之道，不得不与中土异。"① 在各种文化差异中，祭祀文化是民族文化中较为隆重的，更成为民族动员的重要内容。例如，在乾嘉苗民起义中，石柳邓即以"椎牛赛神"为名，"哨聚千余人……买绸制帅旗"②。因此，地方官府为杜绝民族争端，维持区域社会稳定，一方面推广国家祭祀以"齐俗"；另一方面也对民间祭祀活动加以约束，从而减小文化差异带来的负面效应。

黔东北国家祭祀的推广在明代就已经逐渐展开。据（嘉靖）《思南府志》记载，思南府在明代建有文庙、启圣祠、名宦乡贤祠、文昌祠、城隍庙、土地祠、土主庙等祠庙，并设有社稷坛、山川坛、郡厉坛等坛③。到了清代，坛庙得到修正，祭祀礼仪遵循国家仪典。（道光）《思南府志》载："思南坛庙，均建自前明设府时。神之以坛祀者，社稷、风云、雷雨、山川是也。庙则其专祀者。我朝祀典攸隆，特颁郡县坛庙各式，俾有司加厘正焉。世宗宪皇帝四年（1726），饬建先农坛，行耕耤礼。厉坛则效古泰历，公历，国历之制，设坛以为无主者祀，有所归不为厉也……思郡坛庙，置自前明。惟龙神祠、忠烈宫为国朝新创。自祀典而外，庙均正神云。"④ 黔东北地区各府厅中，松桃厅设立最迟，其坛庙亦齐备，所异者"境内山川、宦贤、节义诸祀耳"⑤。坛庙祭祀为国家正祀，对区域文化具有潜移默化的影响。

在移风易俗中，地方官府本着"修其教不易其俗"的文化方针，积极引导儒家文化在黔东北苗疆地区的传播。贵州巡抚张广泗、元展成等都对拾金不昧的行为加以推广，上奏朝廷以表彰苗民对中原文化的认同。在乾嘉苗民起义中，有众多苗族拥护清廷，获得黔东北官府的认可和嘉奖。例如，清代铜仁府徐如澍撰《义苗传》就赞颂了铜仁坡头乡滑石营苗寨苗民协助当地官民堵御"叛苗"的事迹。铜仁府郑吉士亦撰有《石老三》，其诗云："铮铮矫矫石三郎，一犬孤鸣对虎狼。不许妖星临净土，只愁玉石混昆冈。溪流瘴雨鲸鳌涌，云抱荒

---

① 清实录（第四册），卷十六，康熙四年七月乙未日条［M］.影印版.北京：中华书局，1985：235.

② 杨芳《宫傅杨果勇侯自编年谱》"乾隆六十年乙卯"条。

③ （嘉靖）《思南府志》卷之四《祠祀志》。

④ （道光）《思南府志》卷之三《营建门·坛庙》。

⑤ （道光）《松桃厅志》卷之九《祀典》。

村草木香。奖赏已蒙诸大帅，留他硕果励蛮方。"① 对"义苗"的赞颂，一方面表示国家对苗族文化认同的赞许；另一方面也起到象征意义，从而为黔东北地区苗族的文化认同提供范本。

与此同时，随着黔东北地区汉族、土家族、苗族之间经济社会交往的加强，少数民族的祭祀活动被加以限制。严如熤《苗防备览》载："苗民以做鬼为重事，或一年、三年一次，费至百金，或数十金。贫无力者，卖产质衣为之。此习为苗中最耗财之事，亦苗中致穷之一端也。近日，革去此俗，苗中称便。"② 此外，清廷还尝试推广汉苗通婚，鼓励苗民参与地方学宫、会馆、庙宇、牌坊、祠堂等建设，使苗民在区域经济社会发展中逐渐认同内地文化传统。

通过上述措施，各级官府着力缩小文化差异，促进文化交融，从而使区域内汉族、土家族、苗族共同为区域经济社会发展贡献力量。

（三）设立"讲约所"，宣讲圣训，教化民众

在推广儒家文化进程中，清廷设立"讲约所"，由地方官员宣讲圣训、教化民众。《钦定大清会典事例》载："凡直省州县乡屯巨堡及番寨土司地方，设立讲约处所，拣选老成者一人，以为约正，再择朴实谨守者三四人，以为直月，每月朔望齐集耆老人等宣读《圣谕广训》。"③（光绪）《石阡府志》载：石阡府讲约设于"西关外，南街上河堤。郡城内居民散处，四关外河街逢一四七日四乡远近民聚集为市，昔于街中立讲约所，选庠中老成有学行者宣讲上谕。乾隆二十八年（1763），知府罗文思莅任，率僚属绅士，诣讲约所，陈香案，宣讲上谕，文武序班行三跪九叩首礼。礼毕，亲讲上谕，并推广训诲，就事劝诫，老幼悉欢欣拥听。因街中地隘人稠，于三十年（1765），移讲约所立上河街新建之石堤中，甚肃观瞻焉"④。石阡府于集市之时，选于"街中"立讲约所，并行文武"三跪九叩首礼"，有效地传播了儒家文化。

在官府推动下，清代黔东北地区已颇具华风。（嘉靖）《思南府志》载：思南府风俗仍为"蛮獠杂居，言语各异"，虽"渐被华风"然"刀耕火种""得兽祭鬼"等俗仍普遍存在⑤。至清代后，思南府农事皆"务本力穑"而无"刀耕

① （道光）《铜仁府志》卷十《艺文·补遗·铜仁杂咏八首》。
② 《苗防备览》卷八《风俗考上》。
③ 《钦定大清会典事例》卷三百九十七《礼部·风教·讲约一》。
④ （光绪）《石阡府志》卷五《典礼志·讲约》。
⑤ （嘉靖）《思南府志》卷之一《地理志·风俗》。

火种"之语，"汉民尚朴，婚娶礼仪，服食体制与中土同"，故方志载："士敦行谊，重廉耻，尊官长，非公事不轻干谒。自有明诸先正以气节，道学功业文章，表著一时。迄我朝二百年中，涵濡雅化竞竞焉。"① 铜仁府"声教渐敷为之丕变，兼之舟楫所通，商贾所集，化行俗美，风景犹类中州，书所谓旧染污俗，咸与维新，亦彬彬乎礼仪之乡也"②。铜仁省溪、提溪、乌罗、平头四土司"舟楫可通，商旅所集，风景犹类中州，近日人文振起，彬彬礼乐之乡。黔东诸邑，此为秀美"③。松桃厅"风气淳古，都人士循循恭俭"④。铜仁、松桃地区苗民亦较邻近湘西三厅苗族为"少驯"。⑤ 可见，伴随着黔东北地区经济开发进程，儒家文化在黔东北地区传播迅速，不仅提高了境内汉族、土家族对儒家文化的认可，而且深入苗族聚居地区，获得了苗族的认同。

第二节 清代黔东北经济开发的消极影响

清代黔东北经济开发对区域社会经济发展产生诸多积极影响的同时，亦带来一些较为显著的消极影响。笔者总结了清代黔东北经济开发的消极影响，可为区域社会经济可持续发展提供历史借鉴。

一、对生态环境的负面影响

生态环境既是区域社会经济发展的基本条件，亦受到经济社会发展的影响。在清代黔东北经济开发进程中，区域生态环境遭到一定程度的破坏，影响了生态安全和可持续发展。

（一）生态资源的不合理利用，导致了环境质量的下降

清代黔东北经济开发以山林资源为核心，农业方面以山地垦殖，广泛种植高产作物和杂粮，从而提高粮食产量；手工业则攫取山林资源，经过加工换取市场价值；区域市场以向内地输出"土产"的方式，实现资源交换。这种以山

---

① （道光）《思南府志》卷之二《地理志·风俗》。
② （道光）《铜仁府志》卷二《地理·风俗》。
③ 《苗防备览》卷八《风俗考下》。
④ （道光）《松桃厅志》卷之六《风俗》。
⑤ 《苗防备览》卷八《风俗考上》。

林资源为攫取中心的经济开发模式对区域生态环境造成了明显的影响，导致生态环境质量下降，自然灾害频发，石漠化问题较为突出。

其一，水旱灾害频发对区域农业生产造成严重影响。黔东北地区受喀斯特地貌影响，田土瘠薄，蓄水能力较差。史志载："黔固称天漏，然其地硗薄，梯山为田，既乏水泉，则必资雨以为灌荫，故五六七等月，雨不厌多，此固苍苍大生之德，所以滋百谷而活群黎也。"① 受喀斯特地貌影响，山区蓄水较难，雨多则涝，雨少则旱。随着山民为种植苞谷、番薯等高产作物和杂粮对山地进行的大规模开垦，山区生态受到较为严重的破坏，水旱灾害频繁发生。黔东北地区的水灾较为严重，其原因有三："一是以松桃为中心的东北部地区是贵州三大暴雨多发区之一；二是水灾受地形影响明显，一般山区多洪灾，河谷盆地等低洼地带多涝灾，而贵州边缘地带水灾较少；三是这些地区水灾发生的频率极高与江河的泛滥息息相关。"② 黔东北地区的石阡府、思南府都处于乌江流域的中下游地带，极易发生水灾。据（道光）《思南府志》载，思南府 1644 年至 1840 年这近两百年间共发生水灾 6 次、旱灾 1 次、雨雹 1 次、地震 2 次，对农业生产造成了很大影响③。与思南府相邻的铜仁府亦多山田，"虽阴雨连绵，赴泻不至于潦，惟久晴非所宜"④。铜仁府于乾隆四十七年（1782）、嘉庆二十五年（1820）、道光元年（1821）皆遭受过旱灾，旱灾不仅影响粮食生产，还衍生出了火灾。据（道光）《铜仁府志》载，康熙年间，铜仁府"天火忽发，风雷交至。顷刻，兵民房屋俱成灰烬，幸存者百不获一，甚至有全家没于火者，亦有存亡各半者，男妇被难不下二百余人，旧设巡道公署行馆衙署暨知县赵景福捐修县治俱经焚毁，一时官民露处炎蒸，栖止无地，哀号之声、颠仆之状真有目不忍见，耳不忍闻者，从来火灾之惨莫甚于此"⑤。水旱灾害导致农业减产，进而米价昂贵，容易引发社会动荡，对区域社会经济发展造成严重影响。

其二，大规模的山地开发，导致了水土流失，石漠化问题突出。黔东北地区地瘠民贫，故农业开发多聚焦于山地资源。思南府为"山国，婺、印亦岩邑，

① （道光）《思南府志》卷一《气候》。
② 严奇岩. 明清贵州水旱灾害的时空分布及区域特征 [J]. 中国农史，200928（4）：54-62.
③ （道光）《思南府志》卷一《祥异》。
④ （道光）《铜仁府志》卷一《气候》。
⑤ （道光）《铜仁府志》卷一《祥异》。

鲜平原沃衍之区"①，故多种植苞谷、番薯、高粱等杂粮于山地，形成梯田。思州府"田土颇瘠……产米仅敷民食，偶歉收，即借楚米接济"②。松桃厅"农事，山多田少，种稻而外，山坡杂植粟、菽、膏（高）粱、大小麦以补其缺。荞麦分春、秋二种，山谷高耸阴沉之处广种。苞谷亦分早、晚二种，瘠土之民，借佐饔飧。次则红薯，剪芽以种，实缀于根，累累贯珠，味极甘美，秉土之气最养人，以之代饭，可免菜色。山谷间，坡坨石缝，随栽随活，较他种所收，不啻三倍"③。大规模的山地开垦，导致水水土流失严重，土地生产力严重下降。如思南府"依山垦田，凡山间小坦夷处，胥辟治焉"④，山地开垦已具规模，然居民仍"无一年之储，所恃年谷顺成，乃足自给，一遇水旱，鸠形鹄立，遍于四关，各乡之抚老挈幼，远徙上游者，踵相接也"⑤。此外，随着区域工商业发展，森林资源大规模开发，大规模种植桐树、漆树等具有市场价值的树木。以桐油生产为例，黔东北地区是清代桐油生产重镇，各府厅都积极种植桐树以获取经济价值。如松桃厅"地产桐茶，二树除给用外，以其余运出辰、常，而桐油为甚。炒子而榨，谓之'明油'。以之点灯，性耐久。其炒子至焦始入榨者，谓之'黑油'"⑥。经济林的大规模种植影响了生态多样性，从而加剧了水土流失和石漠化。

（二）森林资源的过度开发，影响了生态安全

清代黔东北地区大规模的山地开垦，导致森林资源遭到砍伐或烧毁，动植物数量大规模减少。顺治、康熙年间，黔东北地区经济开发因战乱而较为迟缓；雍正、乾隆年间黔东北地区社会稳定，内地移民逐渐增多，从而大规模开垦山地以种植杂粮和苞谷、番薯等高产作物，对森林资源造成极大的破坏；嘉庆、道光年间，黔东北山地开垦已成规模，森林资源破坏程度已经非常明显。

首先，山地开垦毁坏了森林资源。据（道光）《思南府志》载：思南府"百年前，尚有未垦之地，榛芳蒙密，灌莽纵横。今则山巅水湄，殆无旷土，一

---

① （道光）《思南府志》卷二《地理门·形胜》。
② 《黔南识略》卷十八《思州府》。
③ （道光）《松桃厅志》卷之六《风俗》。
④ （道光）《思南府志》卷三《食货门·田赋》。
⑤ （道光）《思南府志》撺遗。
⑥ （道光）《松桃厅志》卷之六《风俗》。

易再易，而后华实被野，黍稷盈畴"①。这说明，道光年间思南府山地开垦已无旷土。时人记述当时山地开垦之情形言："荒山有片土，隔岁芟蔓薪。烧灰成粪壤，火耕土化纯。"② 大规模的山地开发对森林资源造成严重影响，导致思南府"数十年前，合抱之木，所在多有。今为土贩运售川境。砍伐无余，墟墓神坛，间有存者。膏桐、乌桕，居人以浓阴荫地，不便种植，护蓄亦稀。木类虽繁，只供樵爨"③。树木的大量砍伐导致区域水土流失，进而对农业经济造成了不利影响。

其次，大木盗砍现象突出，导致区域内古树资源受到严重破坏。明清之际，中原地区土建工程颇多，西南山区森林资源遭到大量开采。在明代，黔东北地区已为大木采办重要地区。铜仁府境内大木节年开采，已经殆尽。嘉靖之时，铜仁府已深为大木采办所忧，至万历年间，铜仁府只能"倍价买之荆州"。故时人万士英叹言："今采买之令又下矣，当事者亦知山童路险，召商输买，而帮价之说，因缘而起。夫各项木植，民间交易，才什四五，而官价已居倍蓰，何所困苦而索民相帮？此商人与吏胥交通，不曰违限可虞、则曰往规如是。守稍不洁，见稍不定者，又未免迫于利诱而威怵之。民百其人，人百其口，何能吐只语以求伸哉！调停商民之中、杜绝左右之口，非有定见定力者，未易语此也。"④ 至清代，大木资源仍然市价昂贵，许多"痞恶"冒险盗砍，深为乡民所忧。乡民无奈之下，主动护林。例如，位于思南长坝丁家山村的森林资源遭到盗伐，村民主动护林，有碑文载："众族老幼等公议，立碑禁戒偷砍柴林、桐椿、料木等项。缘先族祖创业于此，遗存此地，以作后代醮挂祭扫之用。因土瘦护蓄油蜡料，屡遭痞恶匪贼偷砍一空，见之可惨。约其族众等公议：自今后，不惧族内诸人，外姓四邻等，不许提刀入林砍伐蒿茨。如有捕获偷砍者，将刀物执出；有捕刀钱一百二十文。如有犯者，加倍赔偿。又忍恶人受贿分肥，亦伏者，一并送入公庭，勿谓言之不预矣。"⑤ 这既是森林资源过度开发的例证，亦体现了乡民维持生态安全的自觉。清代之时，黔东北地区森林盗砍十分严重，

① （道光）《思南府志》卷三《食货门·土产》。
② （道光）《思南府志》卷十二《续增艺文·续增五古·留别思南父老》。
③ （道光）《思南府志》卷三《食货门·土产》。
④ （万历）《铜仁府志》卷二《方舆志·物产》。
⑤ 铜仁市民族古籍古物办公室．铜仁市民族古籍文献资料选编·铭刻卷 [M]．内部印刷，2012.

不仅乡民林木遭到盗砍，庙宇古树亦有盗砍者，官府频频发布公文，严禁盗砍，亦难以完全禁止。

最后，山区动物失去森林依托而减少。清代黔东北地区林木资源的大量开采导致众多野生动物失去家园而减少。明代嘉靖年间，黔东北地区常有虎、豹之患。（万历）《铜仁府志》载："嘉靖十八年（1539）春，有豹夜入城内民人刘顺十家，至晓获之……十九年元夕，三虎吼于东山之椒，地为之震。越四夕。捕其一，乃去。"① （嘉靖）《思南府志》亦载："嘉靖四年（1525），忽一夕，有虎至郡治堂，喉啸数声而出，不知所之。又一日，三虎渡河止于通济桥下，众搏之而毙……嘉靖十二年（1533），郡守葛正鸟一日郊行，从者甚众，忽有虎于旁攘一羊去。"② 然而到清代中后期，史志中已无虎、豹之患的相关记载。这说明随着山林资源的开发，虎、豹等大型野生动物已经失去庇护其的森林。值得指出的是，大型野生动物是区域生物多样性的重要象征，但在古代却是乡民生活的重要威胁，往往受到驱赶或捕杀。清代道光年间，思南府有"狼患"记载，对乡民造成滋扰。志书言："数年来颇有狼患，思地初无是物，不知适从何来，其声凄恶，闻者胆怯，匪惟残畜产也。荒僻之径，独行者亦罹其灾，而小儿被咥为尤甚，此殆沴气使然，所赖地方官设法捕除，以弭其害。"③ 清代思南府之"狼患"，为外来"狼群"迁移而至，受到地方社会的捕杀。

总体而言，清代黔东北地区经济开发是以山林资源开发为核心，对区域生态环境造成了较为明显的负面影响，导致了区域内水土流失严重，加重了石漠化现象，破坏了森林生态系统，进而影响了生态安全。这既与黔东北地区喀斯特地貌的生态脆弱性相关联，亦与清代地方官府盲目扩大经济效应、未能重视生态安全有着必然联系。虽然不能苛求清代地方官府的生态意识，然应吸取历史教训，因地制宜，选择合理资源利用方式，减少或避免经济开发对生态环境的破坏，实现经济开发与生态环境的兼容。

二、对社会稳定的负面影响

人口迁移与民族融合是清代黔东北地区经济开发的重要驱动力。然而，流

---

① （万历）《铜仁府志》卷一《方舆志·祥异》。
② （嘉靖）《思南府志》卷七《拾遗志》。
③ （道光）《思南府志》摭遗。

民、亡命之徒、盗寇等游离于传统社会的人群亦进入黔东北地区，加大了区域社会治理的难度。与此同时，许多"异端"思想受内地社会排挤后流入黔东北地区，成为区域社会治理的重要隐患。

（一）人口流动频繁，对社会治理造成巨大压力

黔东北不仅是经济待开发地区，亦是国家权力控制相对薄弱的"边缘区域"。明清之前，黔东北地区多为少数民族聚居区。明代设立府县后，国家权力对黔东北地区的管控方逐渐形成和发展，然而广袤的山区环境致使地方官府的控制力极其薄弱。因此，许多逸于内地社会体系外的流民、亡命、盗寇等隐匿于此，地方官府力量微薄，难以控驭。加之土司相争、民族冲突等原因，明代黔东北地区的社会治理压力巨大。（嘉靖）《思南府志》载："夫思南，宇内之僻郡也。山谷厄狭，獠仡蜷伏。在昔开疆，羁縻而治，故其法未备，境多缦土，沃而善树。四方流冗、亡命匿命此焉。逋薮虑不为土著而胥宇者，故其民易动。东迤西阳西连真、播，二三酋长无严黜陟，豪举自恣，窃瘝其民。夕目而吁天者，愤噪蜂起，轶我疆场，池鱼之祸，比比罹之，皆异省辖属也，故督课之法难行。"① 正德年间，有贼首方四于龙泉司任仙峰，"无故开设场集"，"武断其中"，地方官司缉捕，"遂叫呼而其"，思南、石阡地方多遭其毒②。思南府开辟较早，而缉捕亡命尚如此艰难，其他各府之社会治理更加堪忧。进入清代后，地方官府严吏治，设保甲，重缉捕，社会治安较明代相对稳定。然而，区域内人口流动频繁，社会治理仍有许多隐忧。

首先，黔东北地区既为充军、流放的犯人发遣之地，亦为邻省"啯匪"逃窜之所，容易滋生事端。黔东北开发较迟，地理环境较内地恶劣，故多为内地犯人发遣之地。这些犯人多发往土司管辖地界，其地少数民族多、汉族少，他们与少数民族往来，多有土司不能钤束者，或与土民相互交结，极易滋生事端。在乾隆十二年（1747），贵州按察使孙绍武即"条奏"："黔属地方狭隘，苗多汉少，军流人犯聚集太众，与苗往来，所关非细。"③ 至乾隆十六年（1751），贵州巡抚开泰又奏请禁止将充军、流放的犯人发往土司地界，方得批允。其奏

---

① （嘉靖）《思南府志》序。
② （嘉靖）《思南府志》卷七《拾遗志》。
③ 清实录（第一二册），卷二百九十一，乾隆十二年五月下戊午日条 [M]. 影印版. 北京：中华书局，1985：818.

疏言："各省军、流等犯发遣贵州者，前经部议，俱解巡抚衙门就地方情形派拨安插，原为慎重苗疆起见，今查各属中竟有转发土司者。伏思此等人犯，狡悍者多，守分者少，即安插内地尚须时加约束，若今与苗夷杂处，难免教诱为匪。现饬各属，嗣有军、流等犯，概不得转发土司。"① 犯人为清廷发遣而至，邻省"咽匪"则为逃窜而来。黔东北地近川楚，邻省"咽匪"多有逃窜者，聚众抢掠，对社会稳定造成严重影响。据《清实录》载：乾隆四十六年（1781），"婺川县禀报拿获川省咽匪彭昌文，讯供首匪系刘老十、毛老九等共七八十人，因川省查拿，假装行旅，由四川彭水县入婺川境，现赴正安州一带逃窜。随即追至正安之小溪沟，与该州兵役会合截拿，当经拿获钟凤鸣等二犯，杀伤匪徒甚多；贼匪亦持械抗拒，被伤兵役二名。现在并力穷追"②。由上可见，军流人犯、邻省"咽匪"进入黔东北地区，对区域社会稳定造成极其严重的负面影响。

其次，盗贼隐匿山林，缉捕困难。黔东北地区山谷幽深，盗贼隐匿其中，地方官府难以缉捕。（嘉庆）《续黔书》言："虽有猛吏锐意追捕，迤至不胜犯，不胜诛。何也？聚则抨弓注矢，探丸飞堕；散则牧犊饮羊，摩厉迎猫，皆吾民也。又或郊关之外，毒箐幽崖，我不得而至焉。囊箧腰缠，委之而去，仅以身免历险冲危踉跄呼，显于有司弁役疾驰而至，则踪景消灭，是故始于剥商，渐则官被劫夺；始于攫货，近则人茹金刃，何可忍言。"③ 盗贼聚则劫掠乡民，散则隐于乡间为"民"或匿于山林之中，有司纵为"猛吏"，亦难以缉捕。在清代黔东北经济开发进程中，许多邻省奸匪流窜而至，对社会稳定造成严重影响。严如煜《苗防备览》载：黔东北地区"施溪土民亦驯，而川楚奸匪往往流徙其中。土民愚，客民诈。将欲宁人息事，当以诘奸禁暴，为亟亟"④。此外，清代黔东北地区行政区划"犬牙相错"，"有距城里余，即为他属所辖者；有远隔五六百里，转为本属所辖者"，对盗贼缉捕，维护社会稳定造成了阻碍。故官府积极推行保甲之法，广立碉卡，设乡约之职。然"乡约不必尽皆善类，其径官场市、村寨，皆其日历而夕游，不逞之民倚以为重。故乡约者，能吏则用为线，

① 清实录（第一四册），卷三百九十七，乾隆十六年八月下癸亥日条［M］.影印版.北京：中华书局，1985：230.
② 清实录（第二三册），卷一千一百二十五，乾隆四十六年六月下庚子日条［M］.影印版.北京：中华书局，1985：171.
③ （嘉庆）《续黔书》卷一《治盗》。
④ 《苗防备览》卷九《风俗下》。

以捕盗者也；懦吏则用之为蠹，以滋盗者也。严其责成，厚其赏赉，风声树而奸民息。此非存乎在上者哉"①。由此可见盗贼缉捕之难。

（二）"异端"思想流入，对黔东北地区社会稳定造成阻碍

黔东北地处西南山区，历史上国家控制力相对薄弱，具有"内地的边缘"的社会结构特征。这就使得许多内地"异端"思想受到打压后潜入黔东北地区，从而成为区域社会稳定、经济发展的不稳定因素。

其一，清代黔东北地区"巫蛊"之术的潜入及其负面影响。黔东北地区"归化"较迟，故"人多好巫而信鬼"，地方贤豪亦不能免②。加之区域内少数民族众多，亦多"以做鬼为重事"③。因此随着经济开发进程，许多内地"巫蛊"之士进入黔东北后，以"异端"思想迷惑民众，成为区域社会稳定的重要隐患。例如，乾隆十一年（1746），就有杨继美潜入松桃黄板寨，以"符水迷法"传习苗民④，引发了苗民与地方官府之间的对抗。在清代，黔东北苗族生活多以"鬼"为重，极易受到"奸民"迷惑，从而引发社会动荡。在乾嘉苗民起义中，"癫子"挑唆苗民的重要手段就是利用"巫蛊"之术。据起义苗民供述，起义之前便有"癫子"流窜苗寨，利用"吃血"（或称"歃血"）煽动起义，并以"苗巫"做法事，"念咒语"，祈求鬼神协助。在与官府抗争过程中，"前头总打一面旗……旗的颜色各种俱有，这写的白帝天王、飞山公主都是苗子敬的神。苗子出来打仗，走到半路，大家呼呼的声喊，就算叫唤神道帮他。造这旗的时候，先要祭神，所以拿旗的人若被打死了，他们是最忌讳的"⑤。可见，内地"异端"正是利用了苗族迷信鬼神的风俗，从而引发了大规模的社会动乱。

其二，邪教思想传入黔东北地区，影响了乡民"教化"。在清代，许多内地"邪教"传入黔东北地区，蛊惑乡民，加大了地方官府社会治理的难度。所谓"邪教"，就是被历代政府、合法宗教和主流社会所排斥的民间教派⑥。"邪教"

---

① 《黔南识略》卷十六《思南府》。
② （道光）《铜仁府志》卷二《地理·风俗》。
③ 《苗防备览》卷八《风俗考上》。
④ 清实录（第十二册），卷二百六十二，乾隆十一年闰三月丁酉朔日条 ［M］. 影印版. 北京：中华书局，1985：394.
⑤ 中国第一历史档案馆，中国人民大学清史研究所，贵州省档案馆. 清代前期苗民起义档案史料（中册）［M］. 北京：光明日报出版社，1987：406.
⑥ 刘平. 中国"邪教"的由来与演变 ［J］. 中国社会历史评论，2005（0）：239-254.

思想是内地正统之外的"异端"，极易引发社会动乱，因此受到各级官府的打压。随着黔东北与内地平原地区联系的加强，许多"邪教"受到内地的打压后流窜至黔东北地区。从教派来看，清代流入黔东北地区的"邪教"主要有"白莲教""大乘教""无极教""一乘教"等数种，其流入时间与黔东北地区经济开发进程是大抵一致的。乾隆十一年（1746），张广泗奏言："雍正年间，有云南大理府妖人张保太倡习白莲邪教，后流入贵州、四川，传及各省。近闻贵州省城有魏姓斋婆招引徒众习教，党类甚多；并闻四川涪州有刘权、云南有张二郎皆系为首之人，现已将黔省魏斋婆拿获审办，并密咨川、滇二省，一并严拏刘、张二犯从严究治。"① 此次"拿获大乘教逆犯魏王氏、唐世勋等男妇一百四十余名口，搜获与首逆张晓、刘奇来往密札、格簿、敕帖，又据魏王氏之徒弟邓光熙呈首妖书等项"②。此外，又有"无极教""一乘教"等"私设度牒图记，捏造妖言"③。例如，乾隆十七年（1752），思州府有龙乾惕"传钞伪稿"，"捏造诏书，尤为悖诞，丧心已极，实系大逆不道之徒"④。清代"邪教"多具有"反清"色彩，受到清廷及地方官府的坚决镇压。因此，"邪教"流窜至黔东北地区后多宣扬朝廷不合理行为，引诱民众对抗官府，对区域经济社会发展造成了阻碍。

总体而言，伴随着清代黔东北地区经济开发进程，内地"异端"思想进入黔东北地区，或引诱民众对抗官府，或煽动民族冲突，成为区域社会稳定的隐患。

三、对民族关系的负面影响

在清代黔东北经济开发进程中，各民族间存在经济、文化、社会利益不平衡，从而引发了多次大规模民族冲突。黔东北地区民族冲突主要体现在苗族因经济社会不平等而发起的大规模民族起义。据（道光）《松桃厅志》载：清代

---

① 清实录（第十二册），卷二百六十五，乾隆十一年四月癸未日条 [M].影印版.北京：中华书局，1985：434.

② 清实录（第十二册），卷二百六十七，乾隆十一年五月甲子日条 [M].影印版.北京：中华书局，1985：476.

③ 清实录（第十二册），卷二百六十八，乾隆十一年六月庚午日条 [M].影印版.北京：中华书局，1985：482.

④ 清实录（第十四册），卷四百〇七，乾隆十七年正月下己丑日条 [M].影印版.北京：中华书局，1985：341.

松桃苗疆共发生七次规模较大的苗民起义，其中乾嘉苗民起义动荡黔、川、楚三省，影响最为深远①。如何化解民族冲突、维持区域社会稳定，不仅是推动民族融合进程中需要解决的重要问题，亦是维持区域经济开发秩序不可回避的难题。

首先，各民族间经济社会利益不平衡是民族冲突产生的重要根源。在清代黔东北经济开发进程中，内地移民大量涌入各少数民族地区，已形成苗寨"逼处内地，四面民村"② 之局面。在边缘地带，汉族、土家族、苗族杂居，苗族的生存空间受到了限制和挤压。随着区域经济开发，"苗生齿日繁，边隅之间往往多事"。黔东北地区苗族多居于松桃地区，"率以寨计，有与汉民分寨而居者，有自相毗连至数十寨不等者"③，至嘉庆初年已"约有一千七十余寨"④。然而，苗族人口的增长与生存空间的日益压缩形成了显著的矛盾，并表现在经济、社会、文化等层面上。

其一，生产技术相对落后，生产资料受到侵占，苗族处于区域经济体系末端。苗族生产方式延续了"刀耕火种"的初级农业水平，"山多于田，宜谷者少。燔榛芜，垦山坡……既种三四年则弃地而别垦，以垦熟者硗瘠故也。弃之数年，地方既复，则仍垦之"⑤。苗族农业生产需要以大量山地资源为基础，生产技术落后，收成本就较少。后来大量汉民涌入，争相购买苗田，导致苗族土地资源受到侵占，生产生活更是受到严重影响。《黔南识略》载：松桃"苗地多瘠，苗民嗜利而无远虑，好饮酒宴会，罄所入以供之，不知积储。汉奸因以重财盘剥，算其宅园田土以偿债，苗日以贫，则或偷窃度日，或窝贼分赃"⑥。许多失地苗民从事手工行业或服务行业，然受到生产技术限制，仅"供口腹、资贸易而已"⑦。此外，受到语言不通、习俗差异等影响，苗民不习商贾，故在市场交易中仅可出售"土物"如"杂粮、布绢诸类"⑧，处于区域经济体系的末端。

---

① （道光）《松桃厅志》卷十九《师旅考》。
② 《苗防备览》卷十七《要略》。
③ （道光）《松桃厅志》卷之六《苗蛮》。
④ 《苗防备览》卷三《村寨考下》。
⑤ 《苗防备览》卷八《风俗考上》。
⑥ 《黔南识略》卷二十《松桃直隶同知》。
⑦ 《苗防备览》卷八《风俗考上》。
⑧ 《苗防备览》卷八《风俗考上》。

其二，苗族社会地位较低，难以享有区域经济社会发展福利。由于各民族经济社会发展水平不同，苗族社会地位较低，常常被地方官府视为社会稳定的重要威胁。（万历）《铜仁府志》载："苗人即今溪洞生、熟苗夷，古槃瓠种，刚狠轻生，出入常佩刀弩。铜仁、省溪、平头有之，不入版图，不供赋役，平原沃野，擅据分耕，稍值荒歉，即肆劫夺。始狗鼠盗耳，今公然纠略也，久为湖、贵二省之害。"① 至清代，史志仍多有苗族劫掠客民的记载。如《苗防备览》载："苗性刚直，轻生好斗，睚眦之隙，动辄捉人纠党。伏菁莽中，曰伏草。"② 因此，在清代，苗族在区域社会中往往被视为有待"开化"的民族，地方"兵役人等强取民苗物件""屯牟放债盘剥苗民"③ 等现象时有发生。与此同时，黔东北地区经济社会发展，形成了较为系统的社会福利措施，但苗族仍然居于待"开发"地带，难以享有区域经济社会发展的福利。以灾害应对为例，清代黔东北地区自然灾害频发，对区域农业生产造成了较大影响。国家及地方官府减免钱粮、资助受灾民众恢复生产，然许多苗族因尚未"归化"而难以得到相应的赈济。这些苗民失去生产、生活资料，不得不"劫掠"乡民，从而成为影响区域社会稳定的重要因素。

其三，与其他民族之间文化差异明显，苗族受到歧视甚至压迫。文化差异是民族隔阂、民族冲突产生的重要因素之一。因历史发展脉络不同，清代黔东北各民族之间的文化差异较大，民族歧视甚至敌视的现象较为明显，引发了较为严重的民族冲突，这种现象突出表现在苗族与其他民族之间。在清代黔东北地区其他民族眼中，苗族在语言、服饰、饮食、祭祀等各个方面都与汉族传统文化迥异，视苗民为区域社会稳定之"患"。受生产技术和生产资料限制，许多苗民生活困难，只能依靠劫掠附近客民为生。据（道光）《铜仁府志》载："苗人每数百长驱烧劫村寨或数十成群伏草掳掠，凡掠去男女必多备财物以赎之，如所赎金少，将被掳者加以非刑，有马枷、木靴之类，苦不堪言。"④ 因此，地方官府视苗族为未"开化"民族，多有歧视、敌视、压迫之举。

其次，民族冲突的重要表现就是弱势民族对经济、社会利益不平等的抗争。由于经济、社会、文化等层面的不平等，苗、汉之间的民族冲突时有发生。

---

① （万历）《铜仁府志》卷二《方舆志·风俗》。
② 《苗防备览》卷八《风俗考上》。
③ （道光）《铜仁府志》卷之八《艺文志·碑记》。
④ （道光）《铜仁府志》卷二《地理·风俗》。

苗族起义的成因复杂，然追求民族平等、经济利益、社会公正等层面始终是起义的核心动因。以清代乾嘉苗民起义为例，起义苗民打出"逐客民、复故地"的口号，正是对清代雍正、乾隆时期汉民大规模迁入苗疆、侵占苗田的直接反抗。据起义苗民供述："平日苗子与客民交易，钱财被客民盘剥，将田亩多卖与客民，他们气愤，说要杀害抢回。"① 苗民土地被客民侵占，导致人口日益增多的苗族耕地不足，生活艰苦，这是此次起义范围逐渐扩大的重要原因。据起义"苗王"石三保供述：先是苗寨中出了"癫子"，"说如今苗子的土地，都被汉人占了，若肯帮我们烧杀客家，不但可以夺回田地耕种，还可做官，远近传说，人人情愿，所以越聚越多是实"②。起义之初，苗民只为烧杀"客民"，夺回土地，但随着官兵镇压起义，许多苗民害怕遭到"清洗"，加上起义苗民胁迫，不得不加入了起义队伍。石三保言："小的苗子们多半是贫苦的，但向来各寨峒田地，都不纳钱粮，也不派差使。皇上天恩高厚，小的苗子们也都知道，实在感激。况小的家内尚可将就吃饭，何敢闹事。只因苗众田地，积年被客民盘算，各寨渐多失业，越觉穷苦，大家心里不服，所以发起癫来，焚抢客民，冀图泄愤。后来抗拒官兵，戕害官吏，事情闹得大了，大家害怕，只图求死，又怕要洗苗子，所以越聚越多，这是实情。"③ 从此次起义苗民陈述来看，起义原因正是苗疆土地问题的日趋严重。

起义镇压之后，清廷着力于苗疆治理，一方面"添营伍、严斥堠"，增强军事管控能力；一方面实行民族区隔政策，严禁客民私入苗地。从区域社会稳定角度而言，这些措施起到了积极效果。然而，在苗疆治理过程中，清廷亦开展了大规模的均田活动，剥夺了许多"逆苗"地产，实行军屯，从而加深了对苗族的压迫，成为民族冲突的重要隐患。以石岘苗民起义为例，起义之前石岘"四山壁立，林深箐邃，有腴壤"④，为苗族聚居区，起义之后"将石岘通溪，凡属苗地产基、山场，概行勘丈尽净，定界入公"⑤，添设石岘卫，以致后续史

① 中国第一历史档案馆，中国人民大学清史研究所，贵州省档案馆，合编.清代前期苗民起义档案史料（中册）[M].光明日报出版社，1987：281.

② 中国第一历史档案馆，中国人民大学清史研究所，贵州省档案馆，合编.清代前期苗民起义档案史料（下册）[M].光明日报出版社，1987：232—233.

③ 中国第一历史档案馆，中国人民大学清史研究所，贵州省档案馆，合编.清代前期苗民起义档案史料（下册）[M].光明日报出版社，1987：258.

④ （道光）《松桃厅志》卷之二十八《说·安设石岘卫说》。

⑤ （道光）《松桃厅志》卷之十八《屯兵》。

志载：此 "地近乌、平二司，并无苗寨，亦无典买苗产之户"①。从此可见，清廷仍未能从民族平等角度对待黔东北苗族，故其政策仍以民族隔离、军事管制为主。如《黔南识略》言："昔之议苗疆者，首重古州八万，今则以松桃为最要。古州奥衍阻深，在吾腹里，环之者皆黔中郡邑，稍有萌芽，力能禁御，且向化日久，安于耕凿，可编册而稽也。松桃远悬一隅，界荆蜀之极边，红苗种类黠于他苗，试准挟镖，捉白放黑，诚有如旧志所云者。其巢穴又延蔓于三省之交，稍失其驭，将彼此有震邻之虞。"② 随着清后期经济社会控制力的下降，"道光、咸丰、同治三朝，苗民多次起来反抗。官兵修筑的碉堡，往往成了苗民抗争的据点"③。

---

① 《黔南十方识略》卷六《松桃厅》。
② 《黔南识略》卷二十《松桃直隶同知》。
③ 罗运胜.明清时期沅水流域经济开发与社会变迁［M］.北京：社会科学文献出版社，2016：261.

第七章

结　语

　　清代是中国由封建社会向近代社会转变的重要时期，亦是传统经济模式逐渐向现代经济发展的关键阶段。以清代黔东北地区经济开发为个案，考察区域经济开发中的国家在场，不仅对梳理黔东北地区的经济开发进程具有学术价值，而且能够通过研究加强对国家与"边缘"地区经济开发关系的认知。

　　历史上，中央王朝针对黔东北地区曾经进行了多种类型的开发，但明清以前的开发多属于"间接"开发，主要施行"修其政，不易其俗"的治理策略。这种开发模式以维持区域社会稳定和政治认同为主旨，尽可能避免中央王朝直接经理当地各事务，更不着力改变各民族的传统生计方式和生产技术。明代建立贵州行省，于黔东北地区推行府州县行政体制，促进了黔东北地区在政治、文化、经济等层面的转变。然而，明代黔东北地方官府处于初设状态，既依赖各下级土司的协助，又困于当地民族冲突对社会稳定的冲击，地方官员难以化解流官、土司、民族之间的矛盾，从而使得黔东北地区经济开发的范围非常有限。

　　本书通过清代黔东北地区经济开发的探讨发现，清代是黔东北地区经济开发的重要历史时期，不仅提升了黔东北地区的资源利用范围和效率，更推动了黔东北地区与内地之间的直接联系。这种联系不仅表现在物资的交换上，还表现在民族流动的频度、文化交融的进程以及政治文化的认同等层面。总结清代黔东北经济开发的历史经验与深刻教训，对于我们当今南方少数民族地区的经济开发具有重要的借鉴价值。

一、清代黔东北经济开发的历史经验

清代黔东北地区经济开发揭示了内陆边缘地带与中原"核心"地区互动、

融合的历史进程。在此进程中，不仅表现出国家对区域经济开发的重要影响，还体现了在经济开发中如何利用优势资源、整合地方社会、动员民族参与等方面的内容，更揭示了市场网络及其承载的商人、资本等经济力量对于区域经济的推动作用。

（一）国家是区域经济开发的主导力量

在清代黔东北经济开发进程中，中央王朝与区域经济的关系，既存在着"吸引"，又存在着"控制"，从而达到主导区域经济开发的实践效果。一方面，中央王朝以内地"核心"地区经济模式推动黔东北"边缘"地区的经济转型；另一方面，中央王朝通过主导经济开发规则、稳定地方社会秩序，从而主导了黔东北地区经济社会的发展方向。

首先，促进区域经济开发模式的转型是国家主导区域经济的重要方式。经济开发模式的落后是"边缘"地区经济开发的重要阻碍。明清之前，黔东北地区的经济模式主要以农业生产为主，以渔猎等山林利用为辅，呈现出粗放性和原始性的特点。明代改土归流后，明廷以移民迁徙为契机，引入了内地精耕细作的农业生产方式，从而促进了黔东北地区农业经济的转型。然而受限于区域民族冲突、社会稳定等原因，明代黔东北地区的经济模式转型尚未充分完成。进入清代后，清廷一方面继续发挥移民的带动作用，促进生产技术的提高、生产资料的扩充，大规模开发山地资源，从而促进了黔东北地区农业、手工业的发展；另一方面，疏通水陆交通，强调山林资源的市场价值，形成了与内地接轨的市场网络体系，扩大市场贸易规模，从而实现了黔东北地区经济模式的转型。在此过程中，中央王朝将内地"核心"区经济发展模式"移植"至"边缘"地区，一方面转变"边缘"地区的经济落后状况；另一方面推动"边缘"与"核心"的经济社会一体化进程。这对于当今我国南方少数民族经济社会建设而言，无疑是具有借鉴价值的。

其次，制定"轻徭薄赋"的开发政策是国家"补贴"贫困地区的重要方法。由于历史积淀差异，南方少数民族地区具有贫困普遍性和紧迫性的特点。受经济制约，贫困地区不仅地方官府的财政压力巨大，而且社会稳定性差，民族冲突时有发生。在"国家—地方"的财政分配中，国家不仅要转变贫困地区的经济模式，还需要制定系统的"轻徭薄赋"的经济开发政策，从而缓解贫困地区的财政压力，实现全国财政系统的"倾斜""补贴"。从清代黔东北地区经济开发进程看，清廷不仅比照内地，设立了较为系统的社会救济措施，如"社仓""义仓"等，还针对区域财赋进行了多次的减免，从而使区域财政压力得到了一定程度的缓解。这种国家"补贴"贫困地区的方法对于今天南方少数民族地区而言仍然是值得借鉴的。南方少数民族地区是我国经济系统的重要组成部分，亦是我国扶贫攻坚的重要地区，国家亟须制定系统的优惠政策，从而缓解贫困地区的财政压力，促进区域经济的发展。

最后，保持社会稳定、促进民族融合是国家维持经济开发秩序的重要基础。社会动荡和民族冲突是区域社会经济发展的重要障碍。明代，黔东北地区虽已改土归流，然区域外土司环伺，不仅常常引发社会动荡，更导致民族关系十分紧张，民族冲突时有发生。进入清代后，清廷强调军卫、府县的社会管控能力，并逐渐开辟苗疆，使区域社会保持相对稳定，各民族逐渐融合，从而为黔东北经济社会发展奠定了社会基础。社会稳定和民族融合不仅是区域社会治理的重要目标，亦是国家认同形成的重要基础。在当今南方少数民族地区的经济开发与社会治理中，应该强化国家行政对影响社会稳定的不利因素的管制，并以文化多样性和民族平等为原则，着力促进各民族的交往、交流与交融，从而形成命运共同体，共同为区域经济社会的繁荣贡献力量。

总体而言，清代国家推动黔东北经济开发的历史进程揭示了"国家—地区""核心—边缘"的互动关系，对我国当今少数民族地区的经济社会建设具有历史借鉴意义。

（二）区域经济开发应充分利用优势资源

区域经济开发是依托生产技术手段，充分利用自然资源，整合社会资源，从而改变区域农业、手工业、商业等行业的落后状态。在此过程中，自然资源和社会资源是区域经济开发的重要基础。清代以前，黔东北地区经济开发主要阻碍有二：一是人口较少，民族融合程度较低，使得经济开发缺少"人力"资源；二是山地多、平地少的生态环境不利于农业垦殖。进入清代后，黔东北地区经济开发一方面通过移民和民族融合解决人力资源不足的问题；另一方面针对区域内山林资源丰富的特点，多维度地开发山林资源。

首先，在内地平原地区人地关系紧张的情况下，"地广人稀"的山区环境是吸引内地移民的显著优势。因山区环境和开辟较迟等原因，历史上黔东北地区缺乏充足的人力资源，这不仅表现在人口数量较少上，还表现在区域内民族融合程度较低等层面。自明初改土归流后，明廷通过军事、商业等方式，将内地居民迁至黔东北地区，从而充实了黔东北地区的人口数量。进入清代后，内地平原地区人地关系趋于紧张，黔东北各级官府以"地广人稀""轻徭薄赋"为政策吸引内地移民主动迁徙而来，使区域人口数量逐渐增长，从而为区域经济开发储备了人力资源。随着内地移民的大量迁入，如何促进各民族的交往、交流与交融成为维持社会稳定、推动经济社会发展的重要问题。对此，清廷一方面通过儒学传播和移风易俗推动区域民族的融合；另一方面逐渐调整区域经济、社会资源在各民族间的配置，保障弱势民族合理的经济、社会需求，以期解决区域经济开发所带来的社会矛盾。在此过程中，清廷所采取的有效措施，对于当今我国着力开发南方少数民族地区而言是具有借鉴价值的。

其次，丰富的山林资源是黔东北地区手工业、商业发展的重要资源。与内地平原地区相比，黔东北地区耕地资源少、山林资源丰富，因此经济开发的重要方向之一就是开垦山田，引种耐旱、高产作物，使山地资源得以充分利用。然而，受限于地理环境，清代黔东北的粮食生产多数情况下仅能满足境内民食，不足以流通市场，实现经济增收。因此，黔东北地区需要着力发展手工业、商业等，使山林资源进入市场流通，实现经济价值。从清代黔东北地区经济开发的历史进程来看，山林资源利用主要是针对林木资源、药材等，通过手工业的初级加工，经市场网络流通，实现经济增收。与此同时，黔东北地区缺乏的食盐、布料等重要物资自区域外市场进入黔东北地区，这种物资交换是互补性的，对于区域经济发展具有促进作用。因此，当今南方少数民族地区的经济开发应充分发掘本区域资源的独特性，大力开发优势资源、稀缺资源，引进先进技术手段，形成特色产品和品牌，从而实现区域经济的发展。

总体而言，清代黔东北地区的经济开发是围绕着人力资源、山林资源等优势资源进行的，对于当今南方少数民族地区的经济发展具有借鉴意义。

（三）区域经济开发应充分调动市场作用

市场对于区域经济发展具有显著的带动作用。市场体系与行政体系既有相似性，又有差异性。在相似性方面，"两者都是等级体系，体系内每提高一个层次，属地单位也更大一些。在两种体系中，有限的官府力量都集中于较高的层次，中心市场的市场体系以下的市场体系，和县以下的行政体系一样，只受到较为轻微的官僚控制"。在差异性方面，市场体系"与行政结构不同，市场结构采取了连锁网络形式。正是基层市场对两个或三个中间市场体系的共同参与、中间市场对两个或三个中心市场体系的共同参与等，使以各集镇为中心的小型地方经济连接在一起，并首先组成地区经济结构，最终形成具有社会广泛性的经济"①。从清代黔东北经济开发进程来看，中央王朝在黔东北地区推行府州县行政体制的同时，着力发展区域市场体系，从而促进了区域经济社会的发展。这对于当今少数民族地区经济社会发展是具有历史借鉴意义的。

首先，应充分认识市场网络对于区域经济社会发展的促进作用，强化区域市场网络与核心地区中心市场的互联互通。明清以前，黔东北地区是全国市场网络的边缘地带，不仅物资生产、交换、分配等基本处于自给自足的状态，而且区域市场与全国市场的沟通和联系较少，难以享受全国经济社会发展的成果。进入明代后，黔东北地区改土归流，在行政体制方面逐渐与内地接轨，区域市场网络也逐渐发展。然而，受地理环境和社会整合等因素限制，区域市场网络尚处于初级阶段，不仅市场网络布局尚不完善，而且集镇乡场的运转效率亦较为低下，难以发挥市场体系的经济社会促进作用。进入清代后，黔东北地区一方面逐渐疏通水陆交通、完善市场辅助设施；另一方面逐渐调整市场分布，使得黔东北地区的行商坐贾逐渐增多，带动了区域资源的开发，从而提升了区域市场与全国市场的沟通效率。当今，经济社会一体化逐渐加强，自给自足的经济发展模式已不可行。对于"边缘"地区而言，只有逐渐开放市场，强化市场网络的互联互通才能享有内地市场经济的发展成果，实现区域经济社会的发展。

其次，应调整市场布局，提高运转效率，充分发挥市场网络的经济辐射功能和社会整合作用。市场网络既有显著的经济辐射功能，又对区域社会整合具有重要的促进作用。从清代黔东北地区市场网络的发展历程看，调整市场网络布局和提高运转效率是发挥市场网络功能的关键。在市场网络布局方面，清代思南府设立"来远场"，既缓解了府属西南的市场贸易压力，又使府属东北从居民"晨星落落"转变为一片"往来贸易踵接于道……远乡累至"的繁荣景象②。与此同时，清代黔东北地区市场网络布局逐渐向少数民族地区延伸，从而使得区域内各民族整合于市场体系之中，带动了少数民族地区的经济社会发展。在

---

① ［美］施坚雅. 中国农村的市场和社会结构［M］. 史建云，徐秀丽，译. 北京：中国社会科学出版社，1998：39.
② （道光）《思南府志》卷之十《艺文门》。

市场运转效率方面，清代黔东北城镇乡场的集期逐渐缩短，由明代的十二日转变为六日，提升了物资贸易的频度，对区域物资生产具有促进作用。与此同时，内地客商逐渐在各城镇乡场设立"会馆"，从而促进了市场体系的稳定和高效。这些历史经验对于当今边缘地区的市场建设具有借鉴意义。

最后，应强化区域市场的主体性，从而使区域市场在市场体系中占据较高的等级。市场体系具有等级结构的特征，较高等级的市场在物资流通、商业资本等方面亦占据着有利位置。清代黔东北地区以思南府为区域中心市场，并通过各城镇乡场实现市场网络的延展。这种市场等级结构促使思南府经济社会的繁荣程度高于黔东北其他各府、厅。随着黔楚边界的苗疆地带逐渐开辟，铜仁府、松桃厅的交通设施逐渐完善，湖广商人逐渐向铜仁府会集，从而提升了铜仁府的市场等级，促进了铜仁府的经济社会发展。与此同时，市场等级还需要强化区域市场的主体性，避免区域市场的外控性。清代黔东北地区的市场贸易以内地商贾为主，具有显著的外控性，对于区域市场发展是不利的。从清代黔东北地区市场体系发展历程来看，区域市场体系的发展，应着力打造主导产业，形成集群效应，从而强化主体性、提升区域市场在市场体系中的等级。

二、清代黔东北经济开发的历史警示

清代黔东北地区经济开发影响了生态可持续和民族团结，对于当今南方少数民族地区经济社会建设具有警示意义。历史教训表明，应因地制宜，选取适当的资源利用模式，尽可能避免对生态系统的破坏；充分调动各民族的积极性，拓展经济开发的覆盖范围和参与程度；尊重各民族的传统文化，形成团结、交融的民族关系。在经济社会建设过程中，只有吸取历史教训，方能实现可持续发展。

（一）应因地制宜，选取适当资源利用模式，避免破坏生态环境

黔东北地处武陵山区腹地，属南方喀斯特地貌，境内平地较少，山林资源丰富。这种生态系统既具有复杂性，又具有脆弱性。因此，区域经济开发一方面需要因地制宜，选取农业、畜牧业和林业等多种开发方式，以期实现资源利用的经济性；另一方面更需要时刻警惕经济开发对生态环境的破坏，维持生态系统的平衡，避免造成大规模的生态灾难。要做到这一点，就需要对区域传统生计方式进行历史性地梳理和研究，探寻传统生计方式适应生态环境、传统文

化中的生态知识维护生态安全的有效途径。从清代黔东北经济开发进程来看，大规模地迁移内地居民，一方面实现了生计模式的转型，促进了区域经济的快速发展；另一方面以山地开垦和森林破坏为特点的生态利用方式具有粗放性，对区域生态造成了较为严重的破坏，导致山地石漠化严重、动植物种类大幅度减少、自然灾害频发，影响了生态系统的平衡。以古鉴今，当今应充分利用现代生态知识和生产技术，选取适当的资源利用模式，尽可能地维持经济开发与生态安全的和谐，避免对生态系统的持续破坏。为此，可以从以下几个层面加以思考：

其一，提升生态安全意识，促使广大民众自觉维护生态环境。经济开发对生态系统的破坏，归根结底就是广大民众维护生态安全的意识不足。"生态安全是指生态系统的健康和稳定延续情况，是人类在生产、生活和健康等方面不受生态破坏和环境污染等影响的保障程度，包括饮用水与实务安全、空气质量与绿色环境等基本要素。"① 生态环境的破坏不仅直接导致区域社会经济发展的迟滞，更对区域民众的身体健康有显著影响。因此，应积极宣传生态环境破坏所带来的负面影响，引导广大民众自觉、自发地维护生态环境。

其二，挖掘传统生态知识，引导生产技术与地方性知识相融合。黔东北地区分布着许多少数民族，积累了丰富的生态知识，并形成了诸多适应生态环境的文化习俗。这些地方性知识是长期实践的结果，反映出当地民族对生态规律的认知，对当今生态环境保护具有重要的借鉴价值。因此，应该充分发掘当地民族的生态知识，利用现代技术手段加以创新和改造，使地方性生态知识与现代科技充分融合，实现生态系统与经济开发的和谐发展。这就需要加强民族学、生态学的研究，推动少数民族生态知识与现代科技的接轨，为区域经济社会发展贡献力量。

其三，制定相关法律、法规、制度，从国家治理角度维护生态安全。维护生态安全不仅需要民众认识和技术手段，还需要建立相关的法律、法规及制度。十九大报告指出："建设生态文明是中华民族永续发展的千年大计。必须树立和践行绿水青山就是金山银山的理念，坚持节约资源和保护环境的基本国策，像对待生命一样对待生态环境，统筹山水林田湖草系统治理，实行最严格的生态

---

① 马国君. 历史时期金沙江流域的经济开发与环境变迁研究 [M]. 贵阳：贵州大学出版社，2015：169.

环境保护制度，形成绿色的发展方式和生活方式，坚定走生产发展、生活富裕、生态良好的文明发展道路，建设美丽中国，为人民创造良好生产生活环境，为全球生态安全做出贡献。"生态文明建设是我国实现"人与自然和谐共生"的重要战略，体现了我国维护生态环境的决心。

总之，区域经济开发不能以破坏生态环境为代价，而应因地制宜，选取与生态环境相适应的利用模式，并积极吸取历史教训，促进地方性生态知识与现代科学技术手段的融合，从而提升区域生态环境的可持续性。

（二）应注重民族平等，尊重民族传统文化，维持社会稳定

黔东北地区民族众多，各民族资源占有及利用模式具有明显差异，形成了较为均衡的经济开发格局。然而，明清时期，随着内地移民的大规模迁入，改变了黔东北的人口结构和资源利用模式，加剧了经济社会不平衡。与此同时，中央王朝实施的经济开发以各城、镇为主，难以全面覆盖各少数民族地区，影响了少数民族参与经济开发的积极性。这种开发模式片面地强调"核心"地区对"边缘"地带的直接开发，带有较为显著的民族偏见，对区域经济社会的和谐发展具有明显的负面影响。因经济社会不平衡，各少数民族纷纷抗争"客民"对土地、山林等生态资源的抢占，从而引发了多次民族冲突，影响了区域经济开发秩序和社会稳定。如何协调各民族的经济互动关系，调动其参与经济开发的积极性，共同为区域经济社会发展贡献力量，不仅是历史时期经济开发进程中要处理的重要事务，更是当今少数民族地区经济社会建设过程中不可回避的话题。

其一，以民族平等为宗旨，调动各民族参与经济开发的积极性。民族平等是我国处理民族事务的基本宗旨，在调节民族关系、促进民族发展等方面具有显著作用。清代黔东北经济开发不是以民族平等为前提的，因而加剧了民族间的经济社会不平衡，影响了各民族参与经济开发的积极性，阻碍了区域经济社会发展进程。在当今少数民族地区经济开发过程中，应着重强调民族平等的重要意义，注重各民族间的公平、正义，使各民族共同参与区域经济建设，共同享受经济社会发展的成果，共同营造和谐的民族关系，形成民族命运共同体。

其二，尊重各民族传统文化，营造团结、交融的民族关系。因民族源流、历史发展脉络不同，各民族形成了差异明显的文化习俗，并在民族交往、交流中互相认知、相互了解，形成既有交融又有冲突的族际制衡格局。这既是民族

文化多样性的表现，又是民族间多元共存的重要特征。然而，清代中央王朝片面强调民族间的文化差异性，对少数民族传统文化进行"移风易俗"，影响了团结、交融民族关系的形成和维护。这种强制性的文化变迁，不仅造成了民族隔阂，甚至多次引发民族冲突，进而影响了区域经济社会的发展。因此，我们应以史为鉴，尊重各民族的传统文化，积极引导民族间的交流、交往、交融，促进各民族文化的"多元共存"，进而巩固、发展中华民族共同体。

其三，强调社会稳定的重要意义，抵制"异端"思想的不良影响。在清代黔东北经济开发进程中，有许多外来"异端"思想流入黔东北地区。这些"异端"思想游离于文化传统的边缘地带，流入行政体制难以触及的空隙，蛊惑民众，消解了国家认同，影响了区域社会稳定，阻碍了经济社会发展进程。对这些"异端"思想，历代中央王朝和地方官府都进行了抵制，并取得了一定的成效。今天，我们要时刻警惕文化糟粕，积极培育优秀传统文化，完善中华优秀传统文化的传承体系，促进中华民族共有精神家园的建设。

总之，清代黔东北地区经济开发进程警示我们要高度重视民族团结和社会稳定的重要意义，以民族平等为宗旨，尊重各民族传统文化，抵制"异端"思想，促进民族团结、和谐关系的形成，积极引导各民族参与经济社会建设，自觉维护中华民族共同体，为我国经济社会跨越式发展贡献力量。

参考文献

一、中文文献

（一）中文专著

[1] [清] 张廷玉. 明史 [M]. 北京：中华书局，1974.

[2] 明实录 [M]. 影印版. 上海：上海商务印书馆，1930.

[3] 清实录 [M]. 北京：中华书局，1986—1987.

[4] [民国] 赵尔巽，等撰. 清史稿 [M]. 北京：中华书局，1977.

[5] 中国第一历史档案馆. 康熙朝汉文朱批奏折汇编 [M]. 北京：档案出版社，1984—1985.

[6] 中国第一历史档案馆. 雍正朝汉文朱批奏折汇编 [M]. 南京：江苏古籍出版社，1990.

[7] 中国第一历史档案馆. 雍正起居注 [M]. 北京：中华书局，1993.

[8] 中国第一历史档案馆. 雍正朝汉文谕旨汇编 [M]. 桂林：广西师范大学出版社，1999.

[9] 中国第一历史档案馆. 乾隆帝起居注 [M]. 桂林：广西师范大学出版社，2002.

[10] 清朝文献通考 [M]. 杭州：浙江古籍出版社，1988.

[11] 钦定大清会典 [M]. 乾隆二十九年（1764）刻本.

[12] 钦定大清会典 [M]. 光绪二十五年（1899）刻本.

[13] 钦定大清会典事例 [M]. 光绪二十五年（1899）刻本.

[14] 中国第一历史档案馆整理. 清代档案史料丛编 [M]. 北京：中华书

局，1978.

（二）地方志

[1]［明］沈庠，修．赵瓒，纂．（弘治）贵州图经新志［M］//段志洪，黄家服．中国地方志集成·贵州府县志辑．成都：巴蜀书社，2006.

[2]［明］谢东山，修．张道，纂．（嘉靖）贵州通志［M］//段志洪，黄家服．中国地方志集成·贵州府县志辑．成都：巴蜀书社，2006.

[3]［明］江东之，王耒贤，沈思充，修．（万历）贵州通志［M］．北京：书目文献出版社，1990.

[4]［明］郭子章．（万历）黔记［M］．万历三十六年（1608）刻本．

[5]［清］卫既齐，主修．（康熙）贵州通志［M］．1965年油印本．贵阳：贵州省图书馆．

[6]［清］鄂尔泰，等修．（乾隆）贵州通志［M］．乾隆六年（1741）刻本．

[7]［民国］刘显世，谷正伦，修．（民国）贵州通志［M］．民国三十七年（1948）铅印本．贵阳：贵阳书局．

[8]［民国］京滇公路周览会贵州分会宣传部．今日之贵州［M］．民国二十五年（1936）铅印本．

[9]（宣统）贵州地理志［M］//段志洪，黄家服．中国地方志集成·贵州府县志辑．成都：巴蜀书社，2006.

[10]［清］田雯，撰．（康熙）黔书［M］//段志洪，黄家服．中国地方志集成·贵州府县志辑．成都：巴蜀书社，2006.

[11]［清］爱必达，张凤孙，等修撰．（乾隆）黔南识略［M］//段志洪，黄家服．中国地方志集成·贵州府县志辑．成都：巴蜀书社，2006.

[12]［清］李宗昉，撰．（嘉庆）黔记［M］//段志洪，黄家服．中国地方志集成·贵州府县志辑．成都：巴蜀书社，2006.

[13]［清］张澍，撰．（嘉庆）续黔书［M］//段志洪，黄家服．中国地方志集成·贵州府县志辑．成都：巴蜀书社，2006.

[14]［清］犹法贤，撰．（嘉庆）黔史［M］//段志洪，黄家服．中国地方志集成·贵州府县志辑．成都：巴蜀书社，2006.

[15]［清］严如煜，修．苗防备览［M］．道光二十三年（1843）重镌本．

233

［16］苗疆屯防实录［M］．扬州：扬州古籍出版社1960年复制印行本．

［17］［清］魏源．圣武记［M］．北京：中华书局，1984．

［18］［明］洪价，修．钟添，纂．田秋，删补．（嘉靖）思南府志［M］//段志洪，黄家服．中国地方志集成·贵州府县志辑．成都：巴蜀书社，2006．

［19］［明］万士英．（万历）铜仁府志［M］．铜仁市碧江区档案局整理，德宏民族出版社2013年影印版．

［20］［清］郑逢元，纂．（康熙）平溪卫志书［M］//段志洪，黄家服．中国地方志集成·贵州府县志辑．成都：巴蜀书社，2006．

［21］［清］蒋深修，纂．（康熙）思州府志［M］//中国西南文献丛书编委会．中国西南文献丛书·西南稀见方志文献（第一卷）．兰州：兰州大学出版社，2003．

［22］［清］赵沁，修．田榕，纂．（乾隆）玉屏县志［M］//段志洪，黄家服．中国地方志集成·贵州府县志辑．成都：巴蜀书社，2006．

［23］［清］夏修恕，周作楫，修．萧琯，何廷熙，纂．（道光）思南府志［M］//段志洪，黄家服．中国地方志集成·贵州府县志辑．成都：巴蜀书社，2006．

［24］［清］敬文，等修．徐如澍，纂．（道光）铜仁府志［M］//段志洪，黄家服．中国地方志集成·贵州府县志辑．成都：巴蜀书社，2006．

［25］［清］徐铉，修．萧琯，纂．（道光）松桃厅志［M］//段志洪，黄家服．中国地方志集成·贵州府县志辑．成都：巴蜀书社，2006．

［26］［清］郑士范，纂修．（道光）印江县志［M］．清道光十七年修，民国二十四年石印重印本．

［27］［清］邱仕伟，等修纂．（光绪）石阡府志［M］//中国西南文献丛书编委会．中国西南文献丛书·西南稀见方志文献（第一卷）．兰州：兰州大学出版社，2003．

［28］［民国］马震昆，修．陈文燽，主纂．（民国）思南县志稿［M］//段志洪，黄家服．中国地方志集成·贵州府县志辑．成都：巴蜀书社，2006．

［29］［民国］婺川县修志局图书馆汇辑．（民国）婺川县备志［M］//段志洪，黄家服．中国地方志集成·贵州府县志辑．成都：巴蜀书社，2006．

［30］［民国］杨化育，修．覃梦松，纂．（民国）沿河县志［M］//段志

洪，黄家服．中国地方志集成·贵州府县志辑．成都：巴蜀书社，2006.

［31］［民国］夏如宾，等撰．（民国）玉屏县概况［M］//段志洪，黄家服．中国地方志集成·贵州府县志辑．成都：巴蜀书社，2006.

［32］［民国］李世家，纂修．（民国）玉屏县志资料［M］//段志洪，黄家服．中国地方志集成·贵州府县志辑．成都：巴蜀书社，2006.

［33］［民国］张礼纲，修．黎民怡，等纂．（民国）德江县志［M］//段志洪，黄家服．中国地方志集成·贵州府县志辑．成都：巴蜀书社，2006.

［34］［民国］周国华，等修．冯翰先，等纂．（民国）石阡县志［M］//段志洪，黄家服．中国地方志集成·贵州府县志辑．成都：巴蜀书社，2006.

［35］（民国）江口县志略［M］//段志洪，黄家服．中国地方志集成·贵州府县志辑．成都：巴蜀书社，2006.

［36］［民国］杨焜，修．（民国）思县志稿［M］//段志洪，黄家服．中国地方志集成·贵州府县志辑．成都：巴蜀书社，2006.

［37］［民国］蔡仁辉，纂修．（民国）岑巩县志［M］//段志洪，黄家服．中国地方志集成·贵州府县志辑．成都：巴蜀书社，2006.

［38］中共贵州省铜仁地委档案室，贵州省铜仁地区政治志编辑室．（民国）铜仁府志［M］．贵阳：贵州民族出版社，1992.

（三）今人著作

［1］陈锋．清代财政政策与货币政策研究（第二版）［M］．武汉：武汉大学出版社，2013.

［2］陈锋．清代盐政与盐税（第二版）［M］．武汉：武汉大学出版社，2013.

［3］陈国安．土家族近百年史（1840—1949）［M］．贵阳：贵州民族出版社，1999.

［4］陈春声．市场机制与社会变迁——18世纪广东米价分析［M］．北京：中国人民大学出版社，2010.

［5］陈贤波．土司政治与族群历史——明代以后贵州都柳江上游地区研究［M］．北京：生活·读书·新知三联书店，2011.

［6］成臻铭．清代土司研究——一种政治文化的历史人类学观察［M］．北京：中国社会科学出版社，2008.

［7］段超．土家族文化史［M］．北京：民族出版社，2000.

[8] 傅衣凌.福建佃农经济史丛考 [M].福州：福建协和大学中国文化研究会，1944.

[9] 傅衣凌.明清社会经济史论文集 [M].北京：人民出版社，1983.

[10] 傅衣凌.明清时代商人及商业资本 [M].北京：人民出版社，1956.

[11] 葛剑雄.中国移民史 [M].福州：福建人民出版社，1997.

[12] 高应达.明清时期改土归流后黔中少数民族区域社会的变迁——以黔东及黔东北地区宗族为例 [M].杭州：浙江大学出版社，2011.

[13] 葛兆光.七世纪以前中国的知识、思想与信仰世界 [M].上海：复旦大学出版社，1998.

[14] 葛兆光.七至十九世纪中国的知识、思想与信仰 [M].上海：复旦大学出版社，1998.

[15]《贵州六百年经济史》委员会.贵州六百年经济史 [M].贵阳：贵州人民出版社，1998.

[16] 何伟福.清代贵州商品经济史研究 [M].北京：中国经济出版社，2007.

[17] 何伟福.制度变迁与清代贵州经济研究 [M].北京：中国时代经济出版社，2008.

[18] 贺喜.亦神亦祖——粤西南信仰构建的社会史 [M].北京：生活·读书·新知三联书店，2011.

[19] 罗贤佑.历史与民族——中国边疆的政治、社会与文化 [M].北京：社会科学出版社，2005.

[20] 蓝勇.历史时期西南经济开发与生态环境变迁 [M].昆明：云南教育出版社，1992.

[21] 罗中玺，田永国.乌江流域历史文化研究——以黔东北地区为个案 [M].杭州：浙江大学出版社，2011.

[22] 罗运胜.明清时期沅水流域经济开发与社会变迁 [M].北京：社会科学文献出版社，2016.

[23] 刘志伟.在国家与社会之间 [M].北京：中国人民大学出版社，2010.

[24] 马大正.中国边疆经略史 [M].武汉：武汉大学出版社，2013.

[25] 史继忠. 贵州民族地区开发史专论 [M]. 昆明：云南大学出版社，1992.

[26] 孙秋云. 核心与边缘：18世纪汉苗的传播与碰撞 [M]. 北京：人民出版社，2007.

[27] 谭必友. 湘西苗疆多民族社区的近代重构 [M]. 北京：民族出版社，2007.

[28] 田敏. 土家族土司兴亡史 [M]. 北京：民族出版社，2000.

[29] 温春来. 从"异域"到"旧疆"——宋至清贵州西北部地区的制度、开发与认同 [M]. 北京：生活·读书·新知三联书店，2008年.

[30] 王笛. 跨出封闭的世界——长江上游区域社会研究（1644—1911）[M]. 北京：中华书局，2001.

[31] 王明珂. 羌在汉藏之间：川西羌族的历史人类学研究 [M]. 北京：中华书局，2008.

[32] 王铭铭. 走在乡土上——历史人类学札记 [M]. 北京：中国人民大学出版社，2009.

[33] 伍新福. 中国苗族通史 [M]. 贵阳：贵州民族出版社，1999.

[34] 吴雪梅. 回归边缘：清代一个土家族乡村社会秩序的重构 [M]. 北京：中国社会科学出版社，2009.

[35] 王云. 明清山东运河区域社会变迁 [M]. 北京：人民出版社，2006.

[36] 吴永章. 中国土司制度渊源与发展史 [M]. 成都：四川民族出版社，1988.

[37] 许倬云. 许倬云自选集 [M]. 上海：上海教育出版社，2002.

[38] 游建西. 近代贵州苗族社会的文化变迁（1895—1945）[M]. 贵阳：贵州人民出版社，1997.

[39] 尹玲玲. 明清两湖平原的环境变迁与社会应对 [M]. 上海：上海人民出版社，2008.

[40] 袁翔珠. 清政府对苗疆生态环境的保护 [M]. 北京：社会科学文献出版社，2013.

[41] 杨念群. 儒学地域化的近代形态：三大知识群体互动的比较研究 [M]. 北京：生活·读书·新知三联书店，2011.

［42］周春元，张祥光，胡克敏，等．贵州古代史［M］．贵阳：贵州人民出版社，1982.

［43］赵世瑜．小历史与大历史——区域社会史的理念、方法与实践［M］.北京：生活·读书·新知三联书店，2006.

［44］朱圣钟．区域经济与空间过程：土家族地区历史经济地理规律探索［M］．北京：科学出版社，2015.

［45］张雄．中国中南民族史［M］．南宁：广西人民出版社，1989.

［46］张应强．木材之流动：清代清水江下游地区的市场、权力与社会［M］．北京：生活·读书·新知三联书店，2006.

［47］郑振满．明清福建家族组织与社会变迁［M］．北京：中国人民大学出版社，2009.

［48］郑振满．乡族与国家——多元视野中的闽台传统社会［M］．北京：生活·读书·新知三联书店，2009.

［49］张正明．长江流域民族格局的变迁［M］．武汉：湖北教育出版社，2006.

（四）期刊论文

［1］敖以深．明代黔东北地域儒学传播及原因分析［J］．贵州社会科学，2011（2）.

［2］柏贵喜．清代土家族地区商品经济的发展及其影响［J］．贵州民族研究，1997（4）.

［3］曹大明，黄柏权．内地的边缘：武陵山区区域特征述论［J］．北方民族大学学报（哲学社会科学版），2014（6）.

［4］曹大明，黄柏权．从想象、走进到反思：人类学视野下的“边缘”研究谱系［J］．世界民族，2012（3）.

［5］苍铭．西南边疆历史上人口迁移特点及成因分析［J］．中央民族大学学报（哲学社会科学版），2002（5）.

［6］陈国安，史继忠．试论明代贵州卫所［J］．贵州文史丛刊，1981（3）.

［7］段超．宋代土家族地区农业发展浅析［J］．南民族学院学报，1999（4）.

［8］段超．试论改土归流后土家族地区的开发［J］．民族研究，2001（4）.

[9] 段超. 土司时期土家族地区的农业经济 [J]. 中国农史, 2000 (1).

[10] 邓京力. "国家与社会" 分析框架在中国史领域的应用 [J]. 史学月刊, 2004 (12).

[11] 邓亦兵. 清代前期全国商贸网络形成 [J]. 浙江学刊, 2010 (4).

[12] 范同寿. 试论清末贵州商业发展的社会因素 [J]. 贵州文史丛刊, 1998 (3).

[13] 傅衣凌. 明清时代江南市镇经济的分析 [J]. 历史教学, 1964 (5).

[14] 黄柏权. 武陵民族走廊及其主要通道 [J]. 三峡大学学报 (人文社会科学版), 2007 (6).

[15] 黄柏权. 元明清时期武陵民族走廊的民族格局 [J]. 三峡大学学报 (人文社会科学版), 2009 (1).

[16] 黄剑波. 乡村社区的国家在场——以一个西北村庄为例 [J]. 西北民族研究, 2005 (1).

[17] 科大卫, 刘志伟. 宗族与地方社会的国家认同——明清华南地区宗族发展的意识形态基础 [J]. 历史研究, 2000 (3).

[18] 李锦伟. 农业结构的变化与明清黔东商品经济的发展 [J]. 农业考古, 2010 (1).

[19] 李良品, 李思睿. 论历史时期的土兵与土司兵 [J]. 铜仁学院学报, 2012 (5).

[20] 李良品. 乌江流域民族地区历代科举人才的地理分布 [J]. 贵州民族研究, 2004 (3).

[21] 鲁西奇, 董勤. 南方山区经济开发的历史进程与空间展布 [J]. 中国历史地理论丛, 2010 (4).

[22] 鲁西奇. 南方山区开发的历史进程、特征及其意义 [J]. 中国经济与社会史评论, 2009.

[23] 鲁西奇. 中国历史上的三大经济带及其变动 [J]. 厦门大学学报 (哲学社会科学版), 2008 (4).

[24] 龙先琼. 略论历史上的湘西开发 [J]. 民族研究, 2001 (5).

[25] 龙先琼. 政治秩序变动与区域社会生活的变迁——对改土归流前后湘西社会生活演变的历史考察 [J]. 吉首大学学报 (社会科学版), 2009 (1).

[26] 李元斌. 国家、乡土与族群——清代伊犁维吾尔人的历史人类学解读 (1760—1860) [J]. 新疆大学学报（哲学·人文社会科学版），2014 (3).

[27] 史继忠. 明清时期贵州地主所有制的发展 [J]. 贵州文史丛刊，1998 (5).

[28] 田敏. 论思州田氏与元明思州宣慰司 [J]. 民族研究，2001 (5).

[29] 田敏. 明初土家族地区卫所设置考 [J]. 吉首大学学报（社会科学版），2004 (4).

[30] 田敏. 元明清时期湘西土司的设置与变迁 [J]. 中南民族大学学报（人文社会科学版），2011 (1).

[31] 王宠佑. 中国矿业历史 [J]. 中华工程师学会会报，1919 (8).

[32] 王卫平. 论明清时期江南地区的市场体系 [J]. 中国社会经济史研究，1998 (4).

[33] 吴永章. 明代贵州土司制度 [J]. 贵州社会科学，1983 (6).

[34] 谢晓辉. 只愿贼在，岂肯灭贼？——明代湘西苗疆开发与边墙修筑之再认识 [J]. 明代研究通讯，2012 (18).

[35] 谢晓辉. 中原王朝对11世纪前湘西地区认知的变迁研究 [J]. 广西民族大学学报（哲学社会科学版），2014 (5).

[36] 袁晓文. 藏彝走廊的族群互动研究：汉彝文化边缘的冕宁多续藏族 [J]. 西南民族大学学报（人文社会科学版），2010 (12).

[37] 杨志强. "国家化"视野下的中国西南地域与民族社会——以"古苗疆走廊"为中心 [J]. 广西民族大学学报（哲学社会科学版），2014 (3).

[38] 曾超. 乌江丹砂开发史考 [J]. 涪陵师范学院学报，2006 (4).

[39] 赵世瑜. 国家正祀与民间信仰的互动——以明清京师的"顶"与东岳庙为个案 [J]. 北京师范大学学报（社会科学版），1998 (6).

[40] 朱英. 关于晚清市民社会研究的思考 [J]. 历史研究，1996 (4).

[41] 张幼棋，史继忠，王旮幸子. 明代以来国家政治版图中的贵州 [J]. 当代贵州，2013 (1).

[42] 鲁西奇. 中国山区开发的历史进程、特点及其意义 [N]. 光明日报，2014-07-23 (014).

[43] 谢晓辉. 延续的边缘：宋至清湘西开发中的制度、族类划分与礼仪

[D]. 香港：香港中文大学，2007.

二、英文文献

（一）翻译著作

[1] ［美］陈锦江（Wellington K. K. Chan）. 清末现代企业与官商关系[M]. 王笛，张箭，译. 虞和平，审校. 北京：中国社会科学出版社，2010.

[2] ［美］杜赞奇（Prasenjit Duara）. 文化、权力与国家——1900—1942年的华北农村[M]. 王福明，译. 南京：江苏人民出版社，1996.

[3] ［美］费维恺（Albert Feuerwerker）. 中国早期工业化[M]. 虞和平，译. 北京：中国社会科学出版社，1990.

[6] ［美］科大卫（David Faure）. 皇帝和祖宗：华南的国家与宗族[M]. 卜永坚，译. 南京：江苏人民出版社，2009.

[7] ［美］柯文（Pail A. Cohen）. 在中国发现历史[M]. 林同奇，译. 北京：中华书局，1989.

[8] ［美］科文（Pail A. Cohen）. 历史三调——作为事件、经历和神话的义和团[M]. 杜继东，译. 南京：江苏人民出版社，2014.

[9] ［美］罗威廉（William T. Rowe）. 汉口：一个中国城市的商业和社会（1796—1889）[M]. 江溶，鲁西奇，译. 北京：中国人民大学出版社，2005.

[10] ［美］米格代尔（Joel S. Migdal）. 强社会与弱国家：第三世界的国家社会关系及国家能力[M]. 张长东，等译. 南京：江苏人民出版社，2012.

[11] ［美］米格代尔（Joel S. Migdal）. 社会中的国家：国家与社会如何相互改变与相互构成[M]. 李杨，郭一聪，译. 南京：江苏人民出版社，2013.

[12] ［美］莫里斯·弗里德曼（Maurice Friedman）. 中国东南地区的宗族组织[M]. 刘晓春，译. 上海：上海人民出版社，2000.

[13] ［美］马歇尔·萨林斯（Marshall Sahlins）. 历史之岛[M]. 蓝达居，等译. 上海：上海人民出版社，2003.

[14] ［美］施坚雅（G. William Skinner）. 中国农村的市场和社会结构[M]. 史建云，等译. 北京：中国社会科学出版社，1998.

[15] ［美］施坚雅（G. William Skinner）. 中国封建社会晚期城市研究——施坚雅模式[M]. 王旭，等译. 长春：吉林教育出版社，1991.

［16］［美］施坚雅（G. William Skinner）. 中华帝国晚期的城市［M］. 叶光庭，等译. 北京：中华书局，2000.

［17］［美］王斯福（Stephan Feuchtwang）. 帝国的隐喻——中国民间宗教［M］. 赵旭东，译. 南京：江苏人民出版社，2009.

［18］［美］詹姆斯·C. 斯科特（James C. Scott）. 农民的道义经济学：东南亚的反叛与生存［M］. 程立显，刘建，等译. 南京：译林出版社，2001.

［19］［美］詹姆斯·C. 斯科特（James C. Scott）. 弱者的武器［M］. 郑广怀，张敏，何江穗，译. 南京：译林出版社，2011.

（二）英文著作

［1］SCOTT J C. The Art of Not Being Governed［M］. New Haven：Yale University Press，2009.

［2］BOURDIEU P. Outline of a Theory of Practice［M］. NICE R，trans. Cambridge：Cambridge University Press，1977.

后 记

2020 年，注定是不平凡的一年。一场突如其来的疫情，袭扰全球，打乱了许多人正常的生活轨迹，既让人回望"岁月静好"的时光，更让人深刻地体会到中国特色社会主义制度的优越性。习近平总书记的"人民生命重于泰山""健康丝绸之路""人类卫生健康共同体"等倡议为人民、为中国、为世界带来了希望。

值此人类命运的重要历史时期，能够将本书付梓，于个人而言，犹如那迷茫之中的一缕"曙光"。本书是在博士论文的基础上完成，在写作、修改、出版的过程中，众多师友为我提供了指导、帮助，感恩之心莫敢忘怀。

首先，感谢导师中南民族大学段超教授。先生"德业双修、实事求是、知行合一、为学尊道"的学术理念让我受益终身，每每读起总有新的感悟，以后亦当时时自省，不敢懈怠。本书从选题、写作、出版的各个环节，段教授都给予了悉心指导，付出了大量的心血。

其次，感谢中南民族大学民族学与社会学学院的培养。特别感谢田敏教授在我读书期间给予的指导。柏贵喜教授、李吉和教授、雷振扬教授、闫天灵教授、孟凡云教授在本书的写作与修改中提供了很多的帮助，也给予了我莫大的鼓励。

再次，感谢同窗好友的相知、相伴。于迷茫之时有良师指引，于忧烦之时有益友相伴，实乃人生之大幸。感谢张旭、李亚、张晨、敖慧敏、冉红芳、李锦云、孙玮、龙昭宝、文海等人如家人般的互爱互助。

多年来，家人默默付出，承担了大部分的家务，为我完成本书提供了"后勤"保障。对此，我深表感激，希望在以后的生活中，能够承担更多、付出更多，使家庭和谐、幸福。

黎帅

2020 年 7 月